회심

A Call to the Unconverted

by Richard Baxter

잉글랜드 P&R 시리즈는 개신교를 탄생시킨 존 칼빈의 사상을 그대로 이어받아 신앙의 삶으로 구현한 청교도들, 그중에서도 가장 왕성하고도 풍부한 저술 활동으로 헤아릴 수도 없는 명저들이 가득한 잉글랜드 청교도와 그 신앙을 계승한 영적 위인들의 저서를 소개합니다. 존 후퍼(John Hooper), 윌리엄 퍼킨스(William Perkins), 리차드 십스(Richard Sibbes), 토마스 굿윈(Thomas Goodwin), 리차드 백스터(Richard Baxter), 존 오웬(John owen), 존 번연(John Bunyan), 매튜 헨리(Matthew Henry), 조지 휫필드(George Whitefield), 존 라일(John Ryle), 찰스 스펄전(Charles Spurgeon), 마틴 로이드 존스(Martyn Lloyd-Jones) 등 일일이 열거하기 힘들 만큼 많은 영적 위인들이 잉글랜드 개혁신앙의 맥을 이어 왔습니다.

회심

리차드 백스터 지음 | 백금산 옮김

지평서원

차례

· 옮긴이 머리말 _ 백금산 목사 · 6
· 지은이 머리말 _ 리차드 백스터 · 14

1장 아직도 회심하지 않은 사람들에게 전하는 경고 · 18

2장 하나님께서 맹세로 하신 선언 · 56

3장 회심하지 않는 사람에게 임하는 죽음 · 62

4장 악인이 회심하여 사는 것을 기뻐하시는 하나님 · 102

5장 악인의 멸망을 기뻐하시지 않는 하나님 · 112

6장 의심할 여지 없는 진리 · 124

7장 돌이키고 돌이키라, 어찌 죽고자 하느냐 · 136

8장 회심하지 않는 이유를 물으시는 하나님 · 156

9장 회심하지 않는 자의 죽음은 자신의 책임 · 190

10장 회심하려는 사람에게 드리는 열 가지 지침 · 228

부록 다섯 편의 기도문 · 242

| 옮긴이 머리말 |

본서의 이해를 돕기 위한 안내

백금산 목사

본서의 주제

본서는 '회심'이라는 주제를 다루고 있습니다. 회심은 그 누구를 막론하고 인간에게 가장 급하고도 중요한 문제입니다. '내가 회심했는가? 회심하지 못했는가?'라는 질문은 '내가 구원을 받았는가? 구원받지 못했는가?'라는 가장 심각한 질문의 다른 표현입니다.

그러하기에 무릇 자기 자신을 성도라고 생각하는 사람들은 '내가 과연 회심을 했는가?'라는 물음을 스스로에게 진지하게 던져 보아야 합니다. 이 질문에 대해 '그렇다'라고 자신 있게 대답할 수 있는 사람은 참으로 복된 사람입니다. 그러나 이러한 구원의 확신이 없는 사람은 자기의 구원이 확인될 때까지 가장 긴급하고도 중요하게 이 회심의 문제를 다루어야만 합니다. 이 세상에서 자신의 구원보다 더 중요한 문제는 없기 때문입니다.

예수님의 제자들이 예수님의 파송을 받아 이스라엘 여러 동네로 다니면서 귀신들을 쫓아내며 병자들을 고치는 사역을 훌륭하게 마친 다음에, 너무 기뻐서 예수님께 "주여, 주의 이름이면 귀신들도 우리에게 항복하더이다"(눅 10:17)라고 보고했을 때 예수님이 제자들에게 하신 대답을 들어 봅시다.

"그러나 귀신들이 너희에게 항복하는 것으로 기뻐하지 말고 너희 이름이 하늘에 기록된 것으로 기뻐하라 하시니라"(눅 10:20).

그렇습니다. 우리의 이름이 하늘에 기록된 것을 확인하는 것, 즉 우리가 회심한 것을 아는 것이야말로 우리가 가장 기뻐해야 할 일입니다. 그리고 이미 회심해서 구원을 얻고 자신의 이름이 하늘에 기록된 사람들이 그렇지 않은 사람들을 위해서 해야 할 가장 중요한 사명은, 그들의 회심을 위해서 기도하는 일입니다. 전적으로 타락하고 부패한 죄인이 회심하고 구원을 얻는 것은 오직 하나님의 주권적인 은혜로 이루어지는 일이기 때문입니다. 또한 중요한 일은 하나님의 말씀을 통해 그들에게 회심의 필요성과 중요성과 긴급성을 전해 주는 일입니다. 회심은 자기의 죄를 회개하고 예수 그리스도를 믿는 믿음을 의미합니다. 이러한 믿음은 들음에서 나며 들음은 하나님의 말씀을 전하는 사람들이 있어야만 가능합니다.

본서의 가치

본서는 청교도 회심 설교의 최고봉일 뿐만 아니라 리차드 백스터의 저작 가운데서도 가장 유명한 책입니다. 영적 거성들이 살았던 영광스러운 청교도 시대의 목사들은 자신들이 목양하는 교회의 성도들의 회심 문제를 가장 중요하게 생각했습니다. 그래서 그들은 자기 교회 안에 소속되어 습관적이고도 형식적으로 출석은 하지만 실제로는 회심하지 않은 죄인들과, 교회 밖에 있는 회심하지 않은 죄인들을 향해 자신들의 지성과 열정과 온 힘을 다하여 회심의 필요성과 중요성을 설교했습니다. 따라서 '회심'이라는 주제는 청교도 설교의 가장 특징적이고도 실제적인 주제 가운데 하나였습니다.

본서는 이러한 회심에 관련된 많은 청교도들의 저서 가운데서 조셉 얼라인(Joseph Alleine)의 『불신자들에 대한 경고』Alarm to the Unconverted와 더불어 쌍벽을 이루는 회심 설교의 백미(白眉)에 속합니다.

본서는 발간 당시부터 당대의 베스트셀러가 되었고, 수많은 사람들이 회심하고 하나님의 나라에 들어오는 데 귀하게 사용되었습니다.

또한 본서는 청교도 저자들 중에서 가장 많은 작품을 남겼을 뿐만 아니라 어떤 면에서 가장 목회적이고도 실제적인 저술을 한 리차드 백스터의 저서 가운데 『참된 목자』, 『성도의 영원한 안식』과 더불어 당대 베스트셀러가 되었던 책이기도 합니다. 특히 본서는 지금까지 후대의 독자들에게 가장 많이 알려지고 읽힌 책이기도 합니다.

본서를 읽으면서 유의할 점 두 가지

21세기를 살아가는 현대의 그리스도인에게 백스터의 이 귀중한 책은, 대부분의 다른 청교도들의 책과 마찬가지로 읽고 소화하는 데 그 형식과 내용 면에서 걸림돌이 있다는 사실을 미리 알아 둘 필요가 있습니다.

첫째, 청교도식 문체가 우리에게 주는 어려움이 있습니다. 청교도들과 현대인들이 글을 쓰는 방식은 매우 다릅니다. 현대인들은 대부분 짧고 간결한 요약 방식의 글을 선호하는 경향이 있습니다. 그러나 청교도들은 길게, 많이 설교하거나 그렇게 글 쓰는 것을 좋아했습니다.

예를 들면 조셉 카릴(Joseph Caryl)의 『욥기 주석』은 4절판 크기에 6천 페이지가 넘고, 존 오웬(John Owen)의 『히브리서 주석』은 2절판 크기에 2천 페이지가 넘습니다. 또한 안소니 버기스(Anthony Burgess)는 요한복음 17장을 가지고 145번이나 설교했고, 토마스 맨튼(Thomas Manton)은 시편 119편으로 190번에 걸쳐 설교하기도 했습니다. 청교도들은 자신들이 행한 하나님의 말씀 연구의 열매를 가지고 마지막 남은 한 방울의 과즙까지도 짜내 성도들에게 주기를 원했던 것입니다.

이러한 청교도적 방식을 충실히 따르는 본서는, 에스겔 33장 11절 한 구절에서 뽑아낸 일곱 가지 교리의 확대와 해석 및 적용으로 되어 있습니다. 단 하나의 성경 구절에서 이렇게 많은 교리적 내용을 이끌어 내어 이토록 철저하게 적용하는 것은 청교도 시대에는 아주 일반적인 관행이었지만, 현대 그리스도인들이 보기에는 매우 감탄스럽고도 놀라운 일입니다.

그러나 어떤 독자들에게는, 같은 내용을 계속 반복하거나 한 주제를 길게 서술하는 청교도의 글쓰기 방식에 대해 미리 이해하지 못한 채로 이러한 청교도의 글들을 읽는 것이 매우 힘들고 고통스럽게 느껴질 수도 있습니다. 현대의 간결체에 익숙해져 있는 독자들이 그렇게 느끼는 것도 무리는 아닙니다.

글의 분량을 짧게 하느냐 길게 하느냐, 아니면 문장의 호흡을 짧게 하느냐 길게 하느냐 등 글의 분량과 문체의 문제에는 서로 장단점이 있습니다. 몇 분 혹은 몇십 분이면 다 읽을 수 있는 단편소설을 선호하는 사람이 며칠 혹은 몇 주일 동안 읽어야 하는 대하소설을 읽는다는 것은 쉬운 일이 아닙니다. 그러나 맑은 옹달샘이나 작은 개울물처럼 짧고도 간결하게 내용을 전개하는 단편소설이 주는 깔끔한 맛과, 넓은 대지를 굽이굽이 가로질러 흐르는 큰 강물처럼 길고도 복잡한 내용을 전개함으로써 웅대함을 느끼게 하는 대하소설의 깊은 맛은 전혀 다릅니다.

이런 면에서 청교도의 글은 마치 대하소설과 같습니다. 그러므로 단편소설 같은 짧은 분량의 글을 선호하는 현대의 독자들이 대하소설처럼 긴 청교도 저작의 분량과 문체라는 장애물에 막혀서 청교도의 책을 멀리하거나 읽지 않으려고 하는 것은 매우 어리석은 일이며, 엄청난 영적 유익을 놓치는 실수입니다. 이것은 마치 목욕물과 더불어 아기를 버리는 행위와도 같습니다. 성도들의 영적 체험을 다루는 데 그 내용의 깊이와 넓이와 높이 면에서 2000년 교회사의 어느 시기를 살펴보더라도 17세기 청교도 문헌을 능가하는 책들을 만나기란 그리 쉬운 일이 아닙니다.

그러므로 독자들이여, 표현 방식에 대한 차이 때문에 이 책 속에 담긴 보배 같은 내용을 놓치지 마시기 바랍니다. 오히려 오래, 길게, 간절하게, 반복적으로 표현할 수밖에 없는, 잃어버린 영혼을 향한 저자의 사랑과 관심과 열정을 이해하려고 노력해 보십시오. 이런 자세를 가지고 인내하면서 읽다 보면 여러분의 영혼에 심오한 흔적을 남기는 깊은 감동을 맛보게 될 것입니다.

둘째, 회심의 내용을 다루는 면에서도 청교도들과 현대인들 사이에는 많은 차이가 있습니다. 오늘날 우리는 회심이라는 주제를 너무 인간 중심적으로 다루고 있습니다. 또한 사람들에게 회심해야 할 필요성을 제시하는 방법도 너무 피상적이고 현세적입니다. 죄인이 구원받아야 할 원인과 이유가 되는 죄의 심각성과 죄에 대한 하나님의 진노에 관해서는 별로 언급하지 않습니다. 사람들이 듣기 싫어한다는 이유만으로 아예 죄와 심판에 대한 이야기를 하지 않거나 대충 얼버무려서 넘어가고 맙니다. 그러고는 너무 빨리 구원받고 난 다음에 받을 복의 문제로 나아갑니다. 그나마 그 복도 너무나 현세 구복적(求福的)인 메뉴들로 제시되어 있습니다.

이것은 사람들이 회개의 깊이와 믿음의 본질에 대해서 너무 피상적으로 생각하도록 만드는 원인이 됩니다. 인스턴트 식품처럼 인스턴트 구원을 제공해 주는 것입니다. 결국 인스턴트 식품을 너무 많이 먹는 현대인들이 온갖 질병에 취약하며 심각한 암에 걸릴 가능성이 높아진 것처럼, 인스턴트 회심에 대한 설명을 듣고 교회에 들어온 사람들 가운데 치명적인 사생아들과 영적인 어린아이들과 환자들이 너무 많아지고 말았습니다.

청교도들은 회심의 문제를 그렇게 피상적으로 다루지 않습니다. 무엇보다 회심에 관한 모든 가능성과 주제들에 대해 하나님 중심적인 관점을 견지하면서 그 뿌리까지 파고들어 철저하게 다룹니다. 인간의 전적인 타락과 부패를 믿었던 청교도들은 회심한 이후의 복을 제시하기 전에 먼저 인간의 죄가 얼마나 심각한 것인가를 진저리가 날 정도로 철저하게 다룹니다. 죄를 인식하는 깊이만큼 구원의 깊이를 안다고 믿었기 때문입니다.

또한 자기 스스로는 구원이 불가능한 인간의 무능력을 강조할 뿐만 아니라 오직 하나님의 은혜로만 구원받을 수 있음을 말하면서 조금도 지치지 않습니다. 또한 인간이 회심해야 할 중요성에 대해서도 단순히 예수 그리스도를 믿고 난 다음에 이 세상에서 받는 현세적인 복보다는 영원한 천국과 지옥의 관점에서 이 문제를 다룹니다. 영원한 삶의 관점에서 바라보면 이 세상에서 우리가 살아가는 짧은 생애는 아침에 잠깐 보이다가 사라지는 아침 안개 같은 것이 아닙니까? 청교도들은 이 세상에서의 삶이 영원한 본향으로 가는 나그네의 삶이라는 것을 분명히 인식하고 있었습니다.

본서는 현대식으로 말하자면 내용 면에서 하나의 복음 전도지입니다. 청교도들의 복음 전도 방식은, 10분 정도 초고속으로 사영리(四靈理)나 브릿지를 읽어 주고는 복음을 다 전했다고 생각하면서 예수님을 영접하라고 강요하는 현대 그리스도인들의 제트기식 전도 방법과는 확실히 달랐습니다. 우리는 본서를 통해서 청교도식 복음 전도의 내용과 방식을 접하게 될 것입니다. 본서가 이러한 청교도식 복음 전도와 복음 전도 방식을 가장 잘 대표하기 때문입니다. 만일 이 책을 현대에 가장 많이 알려진 사영리나 브릿지 식의 전도지와 비교해서 읽어 본다면, 그 차이를 극명하게 볼 수 있을 것이며, 복음 전도에 대한 새로운 이해를 얻게 될 것입니다.

본서가 세 부류의 독자들에게 줄 유익

본서는 아직 회심하지 않은 사람들과 이미 회심한 사람들, 그리고 목회자 모두에게 많은 유익을 줄 것입니다.

첫째, 이 책은 아직 회심하지 않은 사람들에게 회심의 결정적 계기를 마련하는 도구로 사용될 것입니다. 현재 교적부상으로는 교회의 교인으로 등록되어 있지만 아직 하늘나라의 생명책에는 등록되어 있지 않은 수많은 명목상의 그리스도인에게, 이 책은 자신의 상태를 진지하게 점검해 보는 계기를 제공할 것입니다.

사실 누가 이런 사람인지 우리는 잘 모릅니다. 그러나 한국 교회 안에는 분명히 회심의 진리를 선명하게 듣지 못한 채 수십 년을 지내 온 불행한 사람들이 많이 있을 것입니다. 이런 사람들에게 이 책은 천둥소리 같은 경고의 나팔소리가 되어, 자신의 회심 문제를 진지하게 생각하고 회심하기 위해 하나님께로 나아가게 만들 것입니다. 그러므로 자신이 회심했는지 회심하지 않았는지를 잘 모르는 사람들은 필히 이 책을 읽어 보아야 합니다.

둘째, 이 책은 이미 회심한 사람들에게도 큰 유익을 줄 것입니다. 이런 성도들에게는 회심하기 이전의 자기 상태가 얼마나 비참했는지, 그리고 상대적으로 지금 회심한 이후의 상태가 얼마나 복된지를 충분히 깨닫는 계기가 될 것입니다. 그래서 구원의 감격이 식어 버린 많은 성도들에게 예수님에 대한 첫사랑이 회복되도록 도우며, 자신의 회심 문제를 좀 더 정확하게 이해하게 도울 것입니다.

셋째, 이 책은 목회자들이 목양 사역을 하는 데 큰 도움이 될 것입니다. 복음을 전해야 하는 사역자들에게 자신이 목양하는 교회 안에 있는 사람들이 무조건 구원받은 사람이리라 가정한 채 설교하거나 목회하는 것이 얼마나 위험한지를 깨닫게 할 것입니다. 또한 아직도 회심하지 못한 영혼들을 바라볼 때, 이 책의 저자인 백스터가 가진 구령(救靈)의 열정이 거울이 되어 우리 자신을 돌아보게 만들 것입니다. 혹시 회심하지 않는 영혼들을 향한 구령의 열정에 우리는 너무 안일하고 무관심하지 않습니까?

오, 주여! 이 시대의 모든 사역자들에게 백스터가 가졌던 뜨거운 구령의 열정을 흠뻑 부어 주옵소서!

본서를 번역하면서

본서를 번역하면서 17세기 청교도들이 사용한 영어 문체를 부드럽게 번역한다는 것이 실로 어려운 작업이었음을 고백합니다. 혹시 역자가 부족하여 오역이나 어색한 문장들이 되었을 수도 있겠지만, 전체적인 저자의 내용은 충분히 전달되리라고 믿습니다.

또한 독자들이 본서의 의미를 친근하게 이해하도록 돕기 위해 원문에 없는 소제목들을 역자의 임의로 만들어 붙였다는 점을 밝힙니다. 내용 전개의 중요한 흐름이 바뀔 때마다 그 단락의 핵심 내용들을 소제목으로 만들었습니다. 이러한 소제목을 통해서 이 책에 한결 쉽게 접근할 수 있으리라 생각합니다.

이 책을 한국 교회에 소개할 수 있는 기회를 주신 하나님께 감사드립니다. 아무쪼록 이 책이 많은 사람의 회심을 이루는 데 사용되어지기를, 그리고 주께서 이 책을 읽는 모든 분들에게 복 주시기를 바랍니다.

| 지은이 머리말 |

회심하지 않은 자부터
성숙한 성도에 이르기까지의 안내서

어셔 주교와의 만남

존경받을 만하며 학식 있는 그리스도의 종 어셔(Usher) 주교와 잠깐 만나는 동안, 그는 저에게 이따금씩, 그러나 시종일관 '서로 다른 여러 부류의 성도들을 위한 안내서'를 쓰도록 끈질기게 강권했습니다. 즉, 회심하지 않은 자에서부터 시작해서 그리스도 안에 있는 어린 신자들과 성숙한 신자들을 위하여 이들이 빠져 있는 습관적인 여러 가지 죄악에서 벗어날 수 있도록 특별한 도움을 주는 책을 쓰도록 말입니다.

우리가 처음 만났을 때 그가 저에게 던진 갑작스런 그 권고는 이전부터 그의 마음속에 있었던 것임을 알게 되었습니다. 그래서 저는 그런 작업은 이미 다른 사람들이 충분히 했으며, 제가 그런 책을 쓰기에 적합하다고 생각하는 것은 저의 약점을 모르고 저를 너무 과대평가한 것이라고 말했습니다. 그러나 그는 저의 말에 수긍하지 않고 계속 요청했습니다.

그때 저는 그의 논리에 설득당하지도 않았고, 이미 발간된 책들보다 더 나은 안내서를 써야 할 특별한 필요성도 느끼지 못했습니다. 또한 남들보다 더 잘할 수 있으리라고 생각하지도 않았습니다. 그래서 저는 그와 헤어질 때까지 그의 요청에 응해야겠다는 어떤 특별한 생각이 없었습니다.

그러나 어셔 주교가 소천한 이후 그의 말이 종종 머릿속에 떠올랐습니다. 그리고 그에 대한 존경심이 커질수록 더욱더 그의 요청에 응해야겠다는 쪽으로 생각이 기울게 되었습니다.

전체적인 저술 계획

마지막으로 '가족 지침서'를 써야겠다고 마음먹었을 때, 어떻게 그 작업을 일관되게 수행할 수 있을지, 그리고 사람들 사이의 여러 관계를 논하기 전에 먼저 사람들의 영혼의 여러 상태가 언급되어야 한다는 이해력이 점차 생기기 시작했습니다. 그래서 저는 하나님의 도우심으로 다음의 순서대로 글을 써 나가기로 결심했습니다.

첫째로, 아직 회개할 마음이 전혀 없는, 회심하지 않은 죄인들이나 적어도 아직은 회개를 시작하지 않은 죄인들을 위해서 쓸 것입니다. 이런 사람들에 대해서는 단순히 지침을 주는 것보다는 설득력 있게 일깨워 주는 작업이 더욱 효과적이라는 생각이 들었습니다. 왜냐하면 지침이라는 것은 사람들이 기꺼이 거기에 순종할 자세를 가졌다고 가정하는 것인데, 우리가 처음 다루어야 할 사람들은 에베소서 4장 19절에 기록된 바 정욕으로 자신을 죄에 넘겨 준 사람들과 같이 고집 세고 죄악 가운데 잠들어 있는 자들이기 때문입니다.

둘째로, 회개하려는 의지를 조금 가지고 있거나 회개를 시작하려는 사람들을 위해 쓸 것입니다. 그들에게는 그들이 다시 태어날 때 유산되지 않도록 철저하고도 참된 회심을 안내하고자 합니다.

셋째로, 어리고 약한 성도들을 위해서 쓸 것입니다. 이러한 성도들에게는 그들이 확실하고 안전하게 세워지는 데 도움이 되는 지침을 줄 것입니다.

넷째로, 죄에 빠진 타락한 사람들을 위해서 쓸 것입니다. 그들에게는 다시 안전하게 회복될 수 있도록 지침을 주려고 합니다. 이 밖에도 어떤 특별한 시대적인 잘못들과 일반적이고도 치명적인 죄에 대항하도록 돕는 짧은 설득과 지침에 대해서 글을 쓸 것입니다.

의심과 고통받는 양심에 대한 지침에 대해서는 이미 기록되었습니다. 그리고 믿음이 강한 성도들을 위한 지침서는 쓰지 않을 작정입니다. 그들은 이미 하나님께로부터 아주 많은 것들을 배웠기 때문입니다.

그리고 마지막으로, 더욱 특별하게 가족 간의 여러 관계들을 위해 가족들을 위한 지침에 대해서 쓰려고 합니다.

이들 중 일부는 이미 쓰여졌습니다. 앞으로 제게 생명이 얼마나 더 남아 있을지, 혹은 쉴 만한 여유가 얼마나 있을지는 하나님만이 아십니다. 그렇기 때문에 저는 이런 여러 방면에 대해 책을 쓰는 대로 각각 출판하려고 합니다. 책의 부피나 가격에 상관없이 이 책들이 서로 다른 상태에 있는 사람들을 위해서 쓰일 것이기 때문입니다.

본서의 발간 목적

이 책은 다음과 같은 사람들의 유익을 위하여 발간되었습니다.

첫째, 자기 집에 있는 종들이나 자녀들이 아직 회심하지 않아서 가족 내에서 이들에게 종종 이 책을 읽어 주려고 하는 주인들이나 부모들을 위해서 발간되었습니다.

둘째, 이 책을 읽고서 자기 자신을 돌아보려는 모든 회심하지 않은 사람들을 위해서 발간되었습니다.

셋째, 이와 같이 회심하지 않은 사람들을 불쌍히 여기고, 특히 그들이 가까이에서 이 책을 구하기 어려운 경우에는 그들에게 이 책을 선물하려고 하는 부유한 사람들을 위해서 발간되었습니다.

주님께서는 낮 동안에 우리를 깨우셔서 우리 자신과 다른 사람들의 영혼 구원을 위해서 일하게 하시며, 우리로 하여금 창조주이시요 구세주이시며 사람들의 영혼을 성화시켜 주시는 복되신 하나님께 순종하며 살아가게 하십니다.

1장

아직도 회심하지 않은 사람들에게 전하는 경고

이 책을 읽게 될 회심하지 않은 모든 사람들에게,
특히 키더민스터 교구에 있는 나의 청중들에게

여러분, 그리고 형제들이여!

영원하신 하나님께서는 여러분이 영생을 얻도록 만드셨으며, 여러분이 그것을 잃어버렸을 때 자기의 독생자를 통해서 구원하셨습니다. 또한 여러분이 죄와 비참함 가운데 빠져 있을 때 복음을 주시고 자신의 성령을 통해서 이 복음을 인치셨으며, 자신의 사역자들로 하여금 이 복음을 세상에 선포하게 하셨습니다. 그리하여 용서가 값없이 제공되도록 하셨으며, 하늘이 여러분 앞에 열리게 하셨습니다. 이는 여러분이 육신의 정욕과 거짓된 세상을 따라 살아가지 못하도록 막고, 죽음에 이르기 전에 여러분이 창조되고 구원받은 목적에 걸맞는 삶을 살도록 하기 위함입니다.

1. 사역자를 통해 회심하지 않은 자를 부르시는 하나님

이제 하나님께서는 직접 계시를 통해 말씀을 받았던 예언자들과 사도들을 여러분에게 보내시지 않습니다. 대신에 그리스도와 사도들이 처음 전했던 것과 동일한 복음을 전하도록 임명받은 평범한 사역자들을 통해서 여러분을 부르고 계십니다.

하나님께서는 여러분을 감독하고 계시며, 여러분이 하나님과 여러분 자신의 죽음을 얼마나 잊고 사는지, 또 여러분이 마치 자신이 해야 할 일이나 겪어야 할 일을 이해하지 못하는 사람처럼 영원한 것들을 얼마나 가볍게 취급하는지를 보고 계십니다. 하나님께서는 여러분이 입술로는 믿는다고 말하면서도 얼마나 용감하게 죄를 짓고 있는지, 얼마나 하나님의 심판을 두려워하지 않으면서 사는지, 얼마나 여러분의 영혼 문제를 소홀하게 다루는지, 그리고 얼마나 부정한 일들을 하면서 살아가고 있는지를 다 보고 계십니다.

그분은 무서운 날이 임박했다는 것을 아십니다. 그날에 여러분의 슬픔이 시작될 것이며, 반드시 통탄하게 될 것입니다. 그때는 고통과 파멸 속에서 부르짖어도 아무 소용이 없을 것입니다. 또한 여러분이 지금 참되게 회심하여 그런 일들을 미연에 방지하지 못한다면, 그때 지난날 어리석게 행동한 기억들 때문에 자신의 가슴을 쥐어뜯게 될 것입니다.

여러분 자신보다 여러분을 더 잘 아시는 주님께서는 죄악되고도 비참한 여러분의 영혼을 불쌍히 여기십니다. 그래서 우리 사역자들에게 의무를 주시사 주님의 이름으로 여러분에게 말하고 여러분의 죄와 비참을 분명히 가르쳐 주며, 여러분의 최후가 어떻게 될 것인지, 그리고 여러분이 계속 이렇게 살아간다면 조만간 여러분이 얼마나 비참하게 변할 것인지를 전하게 하셨습니다.

"곧 하나님께서 그리스도 안에 계시사 세상을 자기와 화목하게 하시며 그들의 죄를 그들에게 돌리지 아니하시고 화목하게 하는 말씀을 우리에게 부탁하셨느니라"(고후 5:19).

하나님께서는 여러분을 가능한 한 하나님의 아들 예수 그리스도의 피로 가까이 이끌어 용서와 은혜와 영원한 영광을 선물해 주시겠다는 아주 은혜롭고도 포괄적인 약속을 하시면서, 하나님의 이 선물이 얼마나 필요하며 중요한 것인지를 여러분이 진지하게 생각하도록 가르치라고 우리에게 명령하셨습니다.

하나님께서는, 여러분이 세상적인 관심사와 쾌락에 빠져 유치한 장난감 같은 것을 간절히 추구하며, 영원한 생명을 위해서 준비해야 할 여러분의 짧고도 귀중한 시간을 아무것도 아닌 것에 낭비하고 있는 것을 모두 다 보고 계시며 불쌍히 여기십니다. 그래서 하나님께서는 사역자들에게 명령을 내려, 여러분을 불러 여러분이 얼마나 노력을 낭비하면서 여러분의 영혼을 잃어버리게 하고 있는지, 그리고 여러분이 하나님의 부름에 응답한다면 얼마나 위대하고도 좋은 것들을 가질 수 있는지를 전하게 하셨습니다.

"내가 또 주의 목소리를 들으니 주께서 이르시되 내가 누구를 보내며 누가 우리를 위하여 갈꼬 하시니 그때에 내가 이르되 내가 여기 있나이다. 나를 보내소서"(사 6:8).

우리는 하나님을 믿고 하나님의 음성에 복종합니다. 그래서 우리는 날마다 하나님의 말씀을 듣고 여러분에게 나아갑니다. 하나님께서는 '때를 얻든지 못 얻든지'(딤후 4:2) 항상 하나님의 말씀을 설교하며 '목소리를 나팔같이 높여'(사 58:1) 여러분의 죄와 악들을 보여 주라고 우리에게 명령하셨습니다.

그러나 우리 사역자들은 무척이나 슬픕니다. 여러분이 전혀 반응하지 않기 때문에 우리의 영혼은 심히 안타깝습니다. 여러분은 귀를 막고 목을 뻣뻣하게 하고 있으며, 마음을 강퍅하게 하고 있습니다. 여러분은 우리의 가슴을 찢어 놓고 있습니다. 그리고 사역자가 하나님께로 돌아가서 "고통 가운데 우리가 하나님의 말씀을 전했지만 아무런 소용이 없었으며 전혀 들으려고 하지 않았습니다"라고 보고하도록 만듭니다.

아! 우리의 눈에서는 눈물이 샘 솟듯 할 것입니다. 이 무지하고도 무감각한 백성이 자기들 앞에 그리스도가 계신데도, 자기들 앞에 용서와 생명과 천국이 있는데도 이런 것들을 알려고 하지도 않고 그 가치를 인정하려고 하지도 않기 때문에 슬퍼하게 될 것입니다. 만일 그들이 완고하게 무시하거나 경멸하지 않았더라면 그들도 다른 사람들처럼 그리스도의 은혜와 영광을 소유할 수 있을 텐데요!

아! 주님께서 우리에게 이 비참한 영혼들을 더욱 불쌍히 여기는 마음으로 채우시고, 심지어 우리 자신이 그들의 발 앞에 엎드리고 그들의 집에 따라 들어가 뜨거운 눈물로 그들에게 전하게 하시기를 간구합니다.

우리가 오랫동안 많은 사람들에게 설교했지만 소득이 없었습니다. 우리는 그들이 쉽게 이해할 수 있도록 많은 노력을 합니다. 그런데도 그들 중 많은 사람들은 우리가 전하는 설교를 이해하지 못합니다. 우리가 그들이 생생하게 느낄 수 있도록 심각하고도 가슴을 찌르는 단어를 선택하려고 노력하지만, 그들은 느끼지 못합니다.

만일 가장 위대한 것이 그들에게 효과가 있다면, 우리는 그들을 깨울 수 있을 것입니다. 만일 가장 달콤한 것이 그들에게 효과가 있다면, 우리는 그들을 부추겨서 그들의 마음을 얻을 수 있을 것입니다. 만일 가장 두려운 것이 효력이 있다면, 우리는 적어도 그들에게 겁을 주어서라도 그들로 자신의 약점에서 벗어나게 할 수 있을 것입니다. 만일 진리와 성실이 그들에게 효력이 있다면, 우리는 곧 그들에게 확신을 줄 수 있을 것입니다.

만일 그들을 창조하신 하나님과 그들을 구원하신 그리스도의 말씀을 그들이 청종한다면, 그들은 곧 변화될 것입니다. 만일 그들이 성경의 음성을 듣는다면, 우리는 곧 그들을 납득시킬 수 있을 것입니다. 만일 이성, 즉 가장 탁월한 이성의 소리를 듣는다면, 우리는 의심할 여지 없이 그들을 신속하게 확신시켰을 것입니다. 만일 경험, 즉 그들 자신의 경험과 온 세상의 경험에 그들이 귀를 기울인다면, 상태는 개선될 것입니다. 그렇습니다. 그들이 자신 안에 있는 양심의 소리를 듣는다면, 상황은 현재보다 더 나아질 것입니다.

그러나 그들이 아무 소리도 듣지 않는다면, 우리가 그들을 위해서 무엇을 할 수 있겠습니까? 만일 그들이 천국에 계신 두려워해야 할 하나님도 무시한다면, 누가 그들을 회심시키기에 합당한 자가 될 수 있습니까? 만일 그들이 구속자의 측량할 수 없는 사랑과 보혈마저 경시한다면, 그 무엇이 가치가 있겠습니까?

만일 천국의 영광이 그들에게 전혀 매력적인 영광이 아니라면, 그리고 영원한 기쁨이 아무런 가치도 없게 여겨진다면, 다른 어떤 것으로 그들을 깨울 수 있겠습니까? 하나님과 사람들이 그들에게 지옥에 대해서 경고하여도, 만일 그들이 지옥에서도 견딜 수 있고 무저갱에서 춤을 추며 소멸하는 불과 함께 지낼 수 있다고 한다면, 우리가 이 영혼들을 위해서 무엇을 할 수 있겠습니까?

다시 한 번 천국의 하나님의 이름으로 저는 여러분에게 하나님께서 사역자에게 주신 말씀을 전하겠습니다. 이 말씀은 여러분을 회심시키든지 정죄하든지, 또는 여러분을 변화시키든지 아니면 심판 때에 여러분에 대해 증언하든지 하게 될 것입니다. 또한 여러분의 면전에서 여러분이 이미 회개하라는 심각한 부르심을 받았다는 것에 대해 증언하게 될 것입니다.

귀를 기울이십시오. 여러분 모두는 세상에 빠져 육신과 사탄의 종이 되어 있으며, 이 땅에서 번영을 구하느라 여러분의 모든 인생을 소비하고 있습니다. 여러분은 자신의 양심을 술과 폭식과 게으름과 어리석은 운동에 빠지게 했습니다. 여러분은 하나님을 무시하고 하나님께서 명령하신 것을 가장 나쁜 것처럼 여김으로써 지금도 죄를 짓고 있으며, 앞으로도 역시 죄를 지을 것임을 아십시오.

2. 죄가 불러오는 매우 두려운 죽음

　귀를 기울이십시오. 여러분 모두는 하나님을 주목하지 않았으며, 거룩한 일에 마음 쓰지 않았습니다. 또 주님의 말씀과 주님께 드리는 예배, 혹은 영생에 대한 생각이나 언급 속에서 구세주를 만나지 못했습니다. 여러분이 자신의 불멸의 영혼에 대해 부주의한 것입니다. 또한 여러분은 여러분의 영혼이 회심했는지 회심하지 않았는지에 대해 자신을 성찰하거나, 자신이 주님 앞에 나아갈 준비가 되었는지에 대해서 생각하는 일에 단 한 시간도 투자하지 않았습니다.

　하나님의 부르심에 귀를 기울이십시오. 여러분 모두는 빛 가운데 있으면서도 죄를 지음으로써 자신을 무신론과 배교에 빠뜨리는 죄를 범했습니다. 또 하나님의 말씀을 믿지도 않았습니다. 들을 귀가 있는 자들은 은혜롭고도 두려운 하나님의 부르심을 들으십시오. 하나님의 눈이 항상 여러분을 바라보고 계십니다.

　여러분의 죄가 다 기록되고 있습니다. 여러분은 분명히 여러분의 죄가 기록된 책의 내용이 밝혀져 읽히는 것을 듣게 될 것입니다. 하나님께서는 지금 그 책을 보관하고 계십니다. 그분은 그 내용을 당신의 양심에 기록하실 것입니다. 그것은 너무나 두려운 일입니다. 그렇게 되면 여러분은 자신이 지은 모든 죄들을 자신 안에 가지게 될 것입니다.

　오, 죄인들이여! 여러분은 자신이 지금 무엇을 하고 있는지를 분명히 알았을 것입니다. 도대체 계속해서 죄를 짓고 있는 여러분은 누구입니까! 여러분이 날마다 남용하면서 무분별하게 대하는 저 하나님의 영광에 비하면 태양조차 어둠에 불과합니다. 범죄한 천사들도 그분 앞에 설 수 없어서 마귀와 더불어 고통받기 위해 버림을 당했습니다. 하물며 미천한 벌레 같은 여러분이 어떻게 그렇게 분별없이 죄를 지으면서 창조주께 반항한단 말입니까?

여러분은 살아 계신 하나님께서 죄를 범한 사람을 대적하실 때 그 불쌍한 영혼이 어떻게 될 것인지에 대해서 거의 모르고 있습니다. 여러분을 만드신 하나님의 말씀은 여러분을 파괴할 수도 있습니다. 그분이 한 번 얼굴을 찡그리시면 여러분은 이 세상을 떠나 완전한 흑암 속으로 들어가게 됩니다. 여러분을 유혹했던 마귀가 얼마나 열정적으로 여러분을 가지고 놀려고 하겠습니까? 여러분을 자신의 소유로 삼아 마음대로 사용하기 위해서, 여러분을 지옥에 보내겠다는 하나님의 심판을 얼마나 기다리고 있겠습니까? 하나님께서 말씀하시면 그 즉시 여러분은 지옥에 있게 될 것입니다. 하나님께서 여러분을 대적하시면 모든 것이 여러분을 대적할 것입니다.

여러분이 이 세상을 그렇게 사랑했지만, 이 세상은 단지 여러분의 감옥일 뿐입니다. 여러분은 진노의 날까지 이 세상에 단지 남겨져 있을 뿐입니다.

"악인은 재난의 날을 위하여 남겨 둔 바 되었고 진노의 날을 향하여 끌려가느니라" (욥 21:30).

심판이 여러분에게 다가오고 있을 뿐만 아니라 여러분의 영혼이 그 심판에 다가가고 있습니다. 그렇습니다. 잠시 후면 여러분의 친구들이 여러분에 대해서 이렇게 말할 것입니다. "그는 죽었다." 그렇게 되면 여러분은 지금까지 무시했던 것들을 보게 될 것이며, 지금까지 믿지 않았던 것들을 경험하게 될 것입니다. 죽음 이후에 여러분은 대답할 수 없는 논증을 받게 될 것입니다. 그 논증은 하나님의 말씀과 길에 대해서 여러분이 트집 잡은 것과 여러분의 모든 자기기만적인 망령들에 대해서 효과적으로 논파(論破)할 것입니다.

그때 여러분의 생각이 얼마나 신속하게 바뀌게 될까요! 할 수 있다면 그때에도 불신자가 되어 보십시오. 그때에도 성경을 반대하고, 거룩하고도 천상에 속한 삶을 극렬하게 반대해 왔던 여러분의 입장을 고수해 보십시오. 그때에도 여러분에게 성경을 가르치던 선생들과 하나님을 두려워하는 백성들을 반대하기 위해 내세웠던 그 이유들을 하나님 앞에서 늘어놓아 보십시오. 그때에도 성도들의 부지런한 삶을 경멸했던 여러분의 생각들과 옛 견해들을 고수해 보십시오.

지금 가장 강력한 논리들을 준비해 놓으십시오. 그래서 그때 심판관 앞에서 사람들이 하는 것처럼 여러분의 육적이고도 세속적이며 불경건한 삶에 대해서 변명해 보십시오. 그러나 여러분이 반드시 알아야 할 것이 있습니다. 그것은 바로 여러분이 여러분의 협박에 두려워하지도 않고, 우리처럼 친구들의 방해도 받지 않을 심판관 앞에서 심판받게 되리라는 사실입니다.

오, 불쌍하게도 속고 있는 가련한 영혼이여! 당장 여러분을 침묵시키고 여러분의 목소리를 바꾸고 여러분의 생각을 변화시킬 그 놀라운 광경과 여러분 사이에는 육체라고 하는 얇은 천막밖에 없습니다. 죽음이 이 천막을 거두어 가자마자 여러분은 소리 없이 신속하게 그 육체가 여러분을 떠나는 것을 볼 것입니다. 그날과 그 시간은 상상을 초월할 정도로 빠르게 올 것입니다!

여러분이 지금 좀 더 유쾌한 시간을 가지려 하고, 좀 더 즐겁게 한 모금 더 마시거나 한 입 더 먹으려고 하며, 좀 더 이 세상에서 이름을 널리 알리거나 돈을 벌려고 하는 모든 일들이 그 죽음의 순간에는 부질없는 짓거리가 되고 말 것입니다. 그 순간이 오면 여러분이 소유하고 있던 것들도 다 없어지고, 여러분의 쾌락들이 끝장날 것이며, 여러분이 마음에 두었던 모든 것들이 사라지게 될 것입니다.

훔친 돈으로 술집에 앉아서 기분 좋게 술을 퍼마시고 있는 도둑을 체포하려고 경찰이 급하게 말을 타고 달려오는 상황이 여러분에게도 펼쳐질 것입니다.

여러분이 세상의 염려와 즐거움에 빠져서 부끄러운 일들을 즐겁게 행하고 있을 때, 죽음이 여러분이 전혀 모르거나 감히 상상하지도 못하는 그런 장소와 상태로 여러분의 영혼을 잡아 데리고 가기 위해 지금 급하게 오고 있습니다. 여러분이 대담하고도 부지런히 죄를 짓고 있을 때, 여러분을 체포하여 감옥으로 데리고 가기 위해 한 사람이 런던으로부터 오고 있다고 가정해 보십시오. 비록 여러분이 그를 보지는 못했지만 그가 오고 있다는 사실을 알고 있다면, 그로 인해 여러분의 기분이 상할 것입니다. 그리고 그가 급히 오고 있다는 것을 생각하고 그가 여러분이 있는 집의 문을 두드리는지 귀를 기울이게 될 것입니다.

오, 마찬가지로 비록 아직까지는 죽음이 여러분을 덮치지 않았지만 여러분은 죽음이 신속하게 오고 있다는 것을 알 수 있습니다. 죽음보다 더 신속하게 일을 처리하는 관리(官吏)는 없습니다. 죽음보다 더 확실하게 일을 처리하는 사자(使者)도 없습니다.

태양이 밤에는 수억 킬로미터나 멀리 떨어져 있지만 아침에는 여러분과 함께 있는 것만큼이나 확실히 죽음이 신속하게 여러분을 찾아올 것입니다. 그때 여러분이 좋아하던 운동이나 오락거리들은 어디 있겠습니까? 그때에도 히히덕거리면서 이런 것들을 대담하게 계속하시겠습니까? 그때에도 여러분은 여러분에게 경고했던 것들에 대해서 조롱하겠습니까? 그때 믿는 성도가 되는 것과 방탕한 세속적인 사람이 되는 것 중에서 어느 것이 더 낫겠습니까? 그때 여러분이 쌓아 둔 모든 재물이 누구의 것이 되겠습니까?

"또 내가 내 영혼에게 이르되 영혼아, 여러 해 쓸 물건을 많이 쌓아 두었으니 평안히 쉬고 먹고 마시고 즐거워하자 하리라 하되, 하나님은 이르시되 어리석은 자여, 오늘 밤에 네 영혼을 도로 찾으리니 그러면 네 준비한 것이 누구의 것이 되겠느냐 하셨으니, 자기를 위하여 재물을 쌓아 두고 하나님께 대하여 부요하지 못한 자가 이와 같으니라"(눅 12:19-21).

여러분은 며칠이나 몇 주가 훌쩍 지나가 버리고, 낮이 순식간에 밤이 되고 밤이 순식간에 낮이 되는 것을 관찰하지 못합니까?

여러분은 잠들어 있습니다. 그러나 여러분의 멸망은 잠들지 않습니다. 여러분은 꾸물거립니다. 그러나 여러분의 심판은 오랫동안 꾸물거리지 않습니다.

"그들이 탐심으로써 지어낸 말을 가지고 너희로 이득을 삼으니 그들의 심판은 옛적부터 지체하지 아니하며 그들의 멸망은 잠들지 아니하느니라. 하나님이 범죄한 천사들을 용서하지 아니하시고 지옥에 던져 어두운 구덩이에 두어 심판 때까지 지키게 하셨으며, 옛 세상을 용서하지 아니하시고 오직 의를 전파하는 노아와 그 일곱 식구를 보존하시고 경건하지 아니한 자들의 세상에 홍수를 내리셨으며"(벧후 2:3-5).

여러분은 심판을 위해서 간수되어 있습니다(벧후 2:8,9 참고). 오, 여러분은 이것을 이해하기 위해 지혜로워야 하지만 그렇지 못하고, 여러분의 최후를 생각해야 하지만 그렇지 못합니다(신 32:20 참고). 들을 귀 있는 사람은 지금 이 구원의 날에 하나님의 부르심을 들으십시오.

오, 무관심한 죄인들이여! 여러분은 사랑을 알았습니다. 그러나 그 사랑에 감사하지도 않고 관심을 가지지도 않습니다. 여러분은 그리스도의 보혈의 고귀함을 알았습니다. 그러나 그것을 멸시합니다. 여러분은 복음의 부요함을 알았습니다. 그리고 영생의 확실성과 영광과 복락들도 조금 알았습니다. 그러나 지금 여러분은 거기에 마음을 두지도 않고, 우선적으로 부지런히 추구하지도 않습니다.

"타락한 자들은 다시 새롭게 하여 회개하게 할 수 없나니 이는 그들이 하나님의 아들을 다시 십자가에 못 박아 드러내 놓고 욕되게 함이라"(히 6:6).

여러분은 여러분이 지금 무시하고 있는 하나님과 영원한 삶에 대해 알고 있습니까? 그렇다면 얼마나 신속히 여러분의 죄를 버리려고 합니까? 얼마나 빨리 여러분의 생각과 생활과 진로와 모임을 변화시키고, 감정의 물줄기를 바꾸며, 여러분의 관심을 다른 데로 돌리려고 합니까? 지금 여러분을 속이고 여러분의 생활을 지배하고 있는 여러 유혹들을 떨쳐 버리고자 얼마나 굳게 결심합니까?

또한 여러분은 가장 복된 삶을 위해 얼마나 열심히 분발해야 하겠습니까? 얼마나 간절히 하나님께 기도해야 하겠습니까? 얼마나 부지런히 하나님의 말씀을 듣고 공부하고 연구해야 하겠습니까? 얼마나 진지하게 하나님의 '율법을 주야로 묵상'(시 1:2)해야 하겠습니까? 생각이나 말이나 행동으로 죄짓는 것을 얼마나 두려워해야 하겠습니까? 그리고 하나님을 기쁘게 해 드리고 점점 성화되어 가기 위해 얼마나 많은 주의를 기울여야 하겠습니까? 오, 그렇게 된다면 여러분은 얼마나 변화된 사람이 될까요? 왜 여러분은 여러분을 설득하기 위해 열려 있는, 이 영광스럽고도 영원한 것들에 대해 분명하게 증언하고 있는 하나님의 말씀을 믿지 않습니까?

좋습니다. 여러분은 여러분이 거절한 삶과 선택한 삶이 여기 이 땅에서조차 차이가 난다는 사실을 거의 모르고 있습니다. 여러분이 세상과 사람들과 교제를 나누느라 하나님에 대해서는 거의 생각하지도 못하고 있을 때, 회심한 사람들은 하나님과 더불어 교제 나누는 삶을 살아가고 있습니다. 여러분이 천국에 대해서는 완전히 이방인이 되어 자신의 배(腹)를 신으로 삼고 세상적인 것들만을 생각하고 있을 때, 회심한 사람들은 천국에 관심을 두고 있습니다.

"내가 여러 번 너희에게 말하였거니와 이제도 눈물을 흘리며 말하노니 여러 사람들이 그리스도의 십자가의 원수로 행하느니라 그들의 마침은 멸망이요 그들의 신은 배요 그 영광은 그들의 부끄러움에 있고 땅의 일을 생각하는 자라 그러나 우리의 시민권은 하늘에 있는지라 거기로부터 구원하는 자 곧 주 예수 그리스도를 기다리노니"(빌 3:18-20).

여러분이 이 세상의 미천한 것들을 추구하고 있을 때, 성도들은 하나님의 얼굴을 바라고 있습니다. 여러분이 그림자나 사라지게 될 일시적인 것들을 잡으려고 할 때, 성도들은 부지런히 영원한 생명을 얻기 위해 애쓰고 있습니다. 성도들이 영원한 생명을 얻게 될 때 그들은 천사들과 같아질 것입니다. 참된 신자들의 고귀하고도 영적인 삶과 비교해 볼 때 여러분의 세상적이고도 육적이며 죄악된 삶은 얼마나 낮고 천한 것입니까?

저는 오랜 시간 슬픔 어린 마음과 연민의 눈으로 회심하지 않은 사람들을 바라보았습니다. 그들은 세상으로 뚜벅뚜벅 걸어가서는 자기들의 시간과 관심과 힘을 사소한 음식이나 옷, 사라질 물질이나 육적인 쾌락, 혹은 헛된 명예를 위해서 낭비하고 있습니다. 마치 이것들보다 더 가치 있는 것이 없다는 듯이 말입니다. 먹고 생존하는 데 시간을 낭비하고 있는 사람들과 단순히 생존하다가 죽어 가는 짐승들이 다를 것이 무엇이겠습니까? 회심하지 않은 사람들은 신자들이 맛보면서 살아가고 있는 내적인 천국의 즐거움을 맛보지 못합니다.

저는 회심하지 않는 사람들이 누리는 모든 쾌락들과 없어질 번영보다는, 차라리 비난과 고난이 따르더라도 회심한 사람들에게 약속된 천국의 기업들로 인하여 작은 위로를 가지게 되기를 바랍니다.

저는 여러분이 가지고 있는 은밀한 죄악들과 양심의 고통, 죽음과 내세에 대한 캄캄하고도 두려운 생각들 중 어느 하나도 가지고 싶지 않습니다. 이 모든 것들은 세상이 여러분에게 주었거나 당연히 존재하는 것이라 생각되었던 것들입니다.

제가 만일 여러분처럼 회심하지 않은 육적인 상태에 있다면, 그리고 지금 제가 알고 있는 것을 알고 지금 믿고 있는 것을 믿고 있다면, 아마 저의 삶은 지옥을 미리 맛보는 것과 같을 것입니다. 저는 얼마나 자주, 주님의 심판과 다가오는 무시무시한 날들에 대해 생각하며 지낼런지요!

죽음과 지옥이 계속해서 선명하게 제 앞에 있을 것입니다. 저는 날마다 죽음과 지옥을 생각하고 밤마다 죽음과 지옥에 대한 꿈을 꾸게 될 것입니다. 저는 회심하기 전에 죽지 않기 위해서 두려움 속에서 잠들고 두려움 속에서 일어나며 두려움 속에서 살 것입니다. 제가 하나님의 저주와 진노 아래 있다는 것을 알고 있다면, 저는 제가 가지고 있는 것에 그렇게 집착하지 않고, 어떤 모임에 참석하든 즐거움을 느끼지 못할 것이며, 세상에 있는 어떤 것에 대해서도 기뻐하지 않을 것입니다.

저는 여전히 "어리석은 자여, 오늘 밤에 네 영혼을 도로 찾으리니 그러면 네 준비한 것이 누구의 것이 되겠느냐?"(눅 12:20)라고 말씀하시는 음성을 들을까 봐 두려워할 것입니다. 그리고 이사야 48장 22절과 57장 21절에 기록된 두려운 선고가 내 양심 위에 기록될 것입니다.

"악인에게는 평강이 없다 하셨느니라."

오, 불쌍한 죄인이여! 만일 여러분이 진실로 기꺼이 그리스도의 음성에 귀를 기울이고 하나님께로 돌아간다면, 여러분의 삶은 지금보다 훨씬 더 기쁜 삶이 될 것입니다. 회심하면 여러분은 담대하게 하나님께 가까이 나아가게 되고, 하나님을 아버지라 부르며, 여러분의 몸과 마음을 다하여 하나님을 편안하게 신뢰하게 될 것입니다.

여러분이 성경을 읽다가 약속들에 대해서 읽게 된다면, "이 약속들이 모두 나를 위한 것이다"라고 말할 것입니다. 또 저주에 관한 내용을 읽게 된다면, "나는 이 저주로부터 해방되었다"라고 말할 것입니다. 율법을 읽을 때는 여러분이 율법으로부터 구원받은 것을 알게 될 것입니다. 복음을 읽을 때는 여러분을 구속하신 분을 보게 되며, 그분의 사랑과 거룩한 삶과 고난을 보게 되고, 그분의 유혹받으심과 눈물과 피와 여러분을 구원하는 사역 속에 나타난 그분의 흔적을 살펴볼 것입니다.

여러분은 성경을 통해 여러분이 믿는 주님의 부활과 영광받으심 속에서 죽음이 정복되고 천국이 열리며 여러분의 부활과 영광이 준비된 것을 보게 될 것입니다. 그리고 성도들에 대한 이야기를 읽으면서 "이들이 나의 형제요 친구이다"라고 말하게 될 것입니다. 한편 회심하지 못한 사람들에 대한 이야기를 읽으면서 자신이 그러한 상태에서 구원받게 된 것을 기뻐할 것입니다.

하늘과 해와 달, 그리고 무수한 별들을 보면서 내 아버지의 얼굴은 훨씬 더 영광스럽다고 생각하고 그렇게 고백하게 될 것입니다. 하나님께서는 자신의 성도들을 위해서 아주 놀라운 것들을 예비해 놓으셨습니다. 하나님께서는 성도들에게 인간들이 파악할 수 있는 것보다 훨씬 더 고차원적인 것들을 약속해 주셨습니다.

만일 여러분이 무덤에 대해 생각하게 되면, 영광스러운 성령님과 살아 계시며 머리 되신 예수님과 사랑하시는 성부께서 모두 여러분의 티끌 같은 몸과 아주 밀접한 관계를 가지고 계시기 때문에 그것들이 잊혀지거나 무관심하게 버려지지 않고, 봄에 꽃과 나무들이 소생하는 것보다 더 확실하게 여러분의 몸이 부활하게 될 것임을 기억하게 될 것입니다. 왜냐하면 여러분의 몸의 뿌리인 영혼이 계속해서 살아 있기 때문입니다. 또 여러분의 영혼과 몸 모두의 뿌리이신 그리스도께서 살아 계시기 때문입니다.

심지어 가장 큰 두려움의 대상인 죽음의 날조차도 여러분은 남아 있는 죄와 슬픔으로부터 해방되는 날로, 또 여러분이 믿고 바라고 기다리던 날로 기쁘게 즐길 수 있게 될 것입니다. 그때 여러분은 그동안 들어 왔던 복된 것들을 보고, 참된 성도가 된 것이 아주 훌륭한 선택이었음을 놀랍고도 기쁘게 체험하게 될 것입니다.

선생들이여, 여러분은 무슨 말을 하겠습니까? 구원을 확신하고 죽음을 준비하면서 살아가는 것은 과식과 술 취함과 이 세상의 염려로 가득 찬 삶을 살다가 갑자기 죽음을 맞이하는 불경건한 삶보다 더 즐거운 삶이 아니겠습니까?

"너희는 스스로 조심하라. 그렇지 않으면 방탕함과 술 취함과 생활의 염려로 마음이 둔하여지고 뜻밖에 그날이 덫과 같이 너희에게 임하리라"(눅 21:34).

"이러므로 너희는 장차 올 이 모든 일을 능히 피하고 인자 앞에 서도록 항상 기도하며 깨어 있으라 하시니라"(눅 21:36).

만일 여러분이 천국의 상속자로 확정되고, 여러분이 이 세상을 떠날 때 구원받으리라는 것을 분명히 확신하게 된다면, 여러분은 안락한 삶을 살아가게 되지 않겠습니까? 그때 여러분에게 무슨 일이 일어나며 무엇을 하게 될 것인지를 생각해 보십시오. 그리고 아무 쓸모없는 것처럼 그러한 소망을 던져 버리지 마십시오. 육신과 세상은 여러분에게 그러한 소망과 평안을 줄 수 없습니다.

3. 회심하지 않은 자들의 비참한 영적 상태

여러분이 회심하지 않는 동안 여러분은 자신을 온갖 비참함 속에 **빠뜨릴** 뿐만 아니라 다른 사람들도 고통스럽게 만들고 있습니다. 여러분은 법을 집행하면서 여러분을 다스리는 행정관들을 괴롭히고 있습니다. 또 사역자들이 제공해 주는 빛과 인도를 거절함으로써 그들을 고통스럽게 하고 있습니다. 사역자들에게는 여러분의 죄와 비참이 이 세상에서 가장 큰 슬픔과 고통입니다. 게다가 여러분은 국가를 고통스럽게 하고 있으며, 하나님의 심판을 불러오고 있습니다. 거룩한 평화와 교회의 질서를 가장 어지럽히며, 우리의 연합과 개혁을 방해하는 자가 바로 여러분입니다. 또한 여러분은 여러분이 어지럽히고 있는 교회들과 여러분이 속해 있는 모든 곳에서 부끄러움과 고통거리가 됩니다.

오, 주님! 이 세상의 그 어떤 나라보다 복음이 풍성한 영국에 이런 일이 있다는 것이 얼마나 가슴 아프고 슬픈 일입니까? 영국에서는 하나님의 말씀이 쉽고도 일상적으로 가르쳐지고 있으며, 우리가 바랄 수 있는 모든 도움들이 가까이에 있습니다.

칼이 우리를 베어 넘어뜨릴 때도 있고, 심판이 온 땅을 불사르는 불길처럼 임할 때도 있습니다. 또 때로는 구원이 우리에게 베풀어질 때도 있고, 매우 바람직한 자비하심을 통해 우리가 하나님께로, 복음으로, 그리고 거룩한 삶으로 인도받을 때도 있습니다. 그런데도 이 모든 상황들 속에서 우리의 도시나 마을이나 농촌에는 회심하지 않은 사람들이 넘쳐 나며, 심히 감각적인 것들이 가득합니다. 도처에 우리를 슬프게 만드는 것들이 널려 있습니다.

사람들은 결국 이 모든 빛과 경험, 이 모든 하나님의 심판들과 자비들로 인해서 우리나라 백성들이 하나로 연합해서 주님께로 돌아가리라고 생각했을 것입니다. 또 자신의 경건한 선생들에게 가서 자기가 이전에 지은 모든 죄를 회개하고, 그들과 함께 연합하여 겸손한 마음으로 공개적으로 자신의 죄를 고백하며, 주님께로부터 그 모든 것들을 용서받고, 선생들에게 배운 내세에 대한 가르침을 마음 깊이 새기며, 하나님의 말씀을 따라 기쁜 마음으로 자신 안에 내주하시는 성령님과 자신 밖에 있는 사역자들에게 순종하는 삶을 살아야 한다고 생각했을 것입니다.

사람들은 여러 가지 근거들과 성경적 증거들로 인하여, 또 이 모든 수단들과 자비들로 인하여 우리 가운데 불경건한 사람이 남아 있어서는 안 되며, 세속적인 것들과 술 취함과 개혁을 거부하는 것과 거룩함을 싫어하는 것들이 우리의 모든 도시와 시골에서 발견되어서는 안 된다고 생각했을 것입니다. 우리가 비록 어떤 의식(儀式)이나 정치 형태에 완전히 동의하지 않는다 하더라도, 이런 일보다 먼저 우리가 거룩하고도 천상적인 삶을 살면서 하나님과 하나님의 말씀과 사역자들에게 순종하고 서로 사랑하며 화평하게 살아야 한다는 데에는 모두 한마음이 되어야 한다고 사람들은 생각할 것입니다.

그러나 너무나 슬픕니다! 우리 백성들은 이런 생활과는 얼마나 거리가 먼 생활을 하고 있습니까! 대다수의 사람들이 대부분의 장소에서 세상적인 것들에 온 마음을 쏟고 있을 뿐, 하나님의 나라와 의를 먼저 구하지 않고 거룩함을 필요 없는 것으로 간주하고 있습니다.

그들의 가족들은 기도하지 않거나, 혹시 기도한다 해도 마음을 다하여 열정적으로 매일 기도하는 것이 아니라 마음에도 없고 생기도 없는 몇 마디 말로 때우고 맙니다. 그들의 자녀들은 그리스도에 대한 지식과 은혜의 언약들에 대해 교육받지 못합니다. 또 그들이 세례 받을 때에 한 약속도 거짓일 뿐, 실상 그들의 자녀들은 주님의 교양과 훈계로 양육받지 못합니다. 그들은 하인들에게 구원의 문제에 대해 가르치지 않습니다. 그래서 하인들도 그들만큼이나 구원의 문제에 관심이 없습니다. 가족들 간에는 서로에게 덕이 되는 은혜로운 말 대신 많은 맹세와 욕설들과 상스러운 폭언들이 난무합니다.

주님을 두려워하면서 자신이 어떻게 살아야 하며 무엇을 해야 할지에 대해서 하나님의 말씀과 사역자들에게 묻는 가족들이 얼마나 적은지요! 간절히 영생을 구하며, 기꺼이 배운 대로 순종하며 살려는 가족들이 얼마나 적은지요! 하나님께서 행복하게 만드신 소수의 사람들은 보통 이웃들로부터 웃음거리가 됩니다.

어떤 사람들은 술에 취해서 살아가고, 어떤 사람들은 교만과 세상적인 생각에 빠져 살아갑니다. 그들 대다수가 자신의 구원에 아무런 관심도 없이 살아가는 것을 볼 때, 비록 그 이유와 논란의 여지가 많지만 아직 그들은 자신의 비참함을 거의 깨닫지 못하는 것 같고, 더욱이 그들의 삶이 개선되거나 개혁되지 않은 것 같습니다.

그런데도 우리는 그들에 대하여 그들의 죄로부터 구할 수 있는 모든 것을 한 후에는, 우리가 보았던 것처럼 그들 대다수를 내버려 둡니다. 그리고 그들이 고의적으로 우리의 경고를 완전히 거절할 때 우리가 하나님의 말씀대로 그들을 교회에서 출교시키면, 그들은 마치 원수처럼 우리에게 화를 낼 것이고, 마음 가득 우리에 대한 적대감을 키울 것입니다. 그들은 조만간 자신을 죽일 죄악들에 대항하기보다는 주님과 주님의 말씀과 교회와 사역자들에게 대항할 것입니다. 이것이 바로 영국의 비참한 상황입니다.

우리에게는 경건한 삶을 장려하는 행정관들이 있습니다. 우리 앞에는 연합과 개혁을 위한 좋은 기회들이 있습니다. 또 신실한 사역자들이 교회의 질서가 바로 세워지고 하나님의 성례가 바르게 시행되는 것을 간절히 보고 싶어합니다. 그러나 우리 민족 안에 있는 죄의 세력이 그 모든 것을 파괴했습니다.

신실한 사역자들은 더 이상 그리스도께서 말씀하신 의문의 여지 없는 징계를 시행할 수 없습니다. 아주 큰 문제를 일으키고도 회개하지 않는 죄인들을 교회의 교제와 성례에서 배제시킬 만한 곳은 거의 없습니다. 오히려 대다수의 백성들은 이렇게 하려는 사역자들을 조롱하며 욕합니다. 이 무지하고도 조심성 없는 영혼들은 마치 자신들이 선생들이나 하나님보다 더 지혜로운 것처럼 행동합니다. 또 자기들이 선생들이나 하나님보다 교회를 다스리기에 더 적합하다고 생각합니다.

그러하기에 하나님께서 자신의 교회를 개혁하도록 우리를 부르시는 이 절호의 때에, 비록 행정관들과 신실한 사역자들이 그것을 원하고 있지만, 아직도 대다수의 사람들은 여전히 그것을 원하지 않습니다. 죄가 이들의 눈을 완전히 멀게 만들었고, 이들의 마음을 강퍅하게 만들었습니다. 이와 같은 빛과 은혜의 날에 그들은 빛과 은혜의 완고한 원수가 되었습니다. 그들은 하나님의 부르심 앞에 나아와 자신들의 어리석음을 보고 자신들에게 무엇이 유익한지를 알고자 하지 않습니다.

오, 영국 국민들이 "너도 오늘 평화에 관한 일을 알았더라면 좋을 뻔하였거니와 지금 네 눈에 숨겨졌도다"(눅 19:42)라는 말씀을 알았더라면 얼마나 좋을까요?

오, 어리석고 비참한 영혼들이여! 여러분은 생각과 마음을 그렇게 미친 것이나 죽은 것에 빼앗긴 채로 스스로에게 치명적인 원수가 되어 고집스럽게 계속 멸망으로 나아가겠습니까? 그리하여 여러분이 구제 불능이 될 때까지 하나님의 말씀도, 인간의 설득도 여러분의 마음을 바꾸지 못하게 만들고, 여러분의 손을 붙잡지도, 여러분을 막지도 못하게 만들겠습니까?

죄인들이여! 여러분의 생명은 언제까지나 지속되지 않습니다. 하나님의 인내는 언제까지나 여러분을 기다리지 않습니다. 여러분은 여러분의 창조주와 구원자에게 잘못을 범하고 있으며, 하나님의 원수들을 섬기고 여러분의 영혼을 파괴하며 세상을 고통스럽게 하고 있으며, 교회를 부패시키고 경건한 자들을 비난하며 여러분의 선생들을 슬프게 하고 개혁을 방해하고 있습니다. 그러면서도 어떻게 이 모든 것들에 대해서 아무런 대가도 받지 않으리라고 생각합니까?

여러분은 아직도 이 모든 것들이 반드시 여러분에게 대가를 요구할 것이라는 사실을 모르고 있습니다. 그러나 의로우신 하나님께서 여러분을 붙잡으시는데도 여러분이 참으로 회심하고 하나님의 부르심에 재빨리 순종하여 영원한 고통으로부터 벗어나지 않는다면, 하나님께서는 가장 날카롭게 대하는 행정관들이나 가장 부드럽게 대하는 사역자들과는 전혀 다른 방식으로 여러분을 다루실 것임을 빨리 깨달으십시오. 하나님께서 여러분을 자비로운 목소리로 부르고 계실 때 들을 귀가 있는 사람들은 들으십시오.

4. 하나님께서 사람의 삶에 무관심하다는 무신론자들에게

저는 회심하지 않은 많은 사람들의 마음속에 한 가지 치명적인 항변이 너무나 뿌리 깊게 박혀 있다는 것을 알고 있습니다. 그들은 사람들이 생각하고 말하고 행동하는 것에 대해서 우리가 그들을 설득시키려고 하는 것과는 달리 하나님께서 거기에 그렇게 많은 관심을 두지 않으실 것이라고 생각합니다. 그러면서 그들도 자신에게 그렇게 많은 관심을 기울이지 않습니다.

저는 이와 같은 무신론자들을 설득하기 위해서 다음의 몇 가지 질문을 던지겠습니다.

1) 사람은 하나님을 알고 하나님을 사랑하도록 지음 받았습니다

당신은 하나님께서 당신에게 아무런 관심도 없다고 생각합니까? 그렇다면 누가 당신을 만들고 보전했습니까? 만일 하나님께서 이 문제에 대해 관심을 가지고 계신다면, 하나님께서는 분명히 당신이 사람으로서 사람답게 행동하는지 아닌지에 관심을 가지고 계실 것입니다. 어떤 도구를 만들거나 집을 짓거나 배를 만들고 나서, 이런 것들이 처음에 자기가 의도한 용도에 적합하게 되었는지에 전혀 관심을 두지 않는 그런 어리석은 사람은 없습니다. 하물며 지혜의 하나님께 그런 어리석음을 적용하려 들지 마십시오.

그들은 하나님께서 사람같이 존귀한 피조물을 만들고 그들에게 매우 놀라운 능력들을 부여하며 이것들을 다 완성하신 다음에 마치 이 모든 것들이 아무 쓸모도 없다는 듯이 이런 능력들이 사람에게 잘 행사되고 있는지에 전혀 무관심한 것처럼 말합니다. 그러나 만일 하나님께서 당신이 하나님을 아는지, 하나님을 사랑하는지 그렇지 않은지에 대해 관심이 없다면, 왜 하나님께서 당신에게 하나님을 알 수 있는 지성과 하나님을 사랑할 수 있는 마음을 주셨겠습니까?

당신은 자연의 법칙을 통해서 만물이 제각기 목적에 적합하도록 만들어진 것을 보지 못합니까? 짐승들은 하나님을 알지도 못하고 하나님을 사랑할 수 있는 능력도 없습니다. 왜냐하면 그것들은 그런 목적으로 만들어지지 않았기 때문입니다. 반면 당신의 지성은 당신이 하나님과 내세의 삶을 위해서 만들어졌다는 것을 보여 줍니다.

2) 하나님은 완전하신 눈으로 살피십니다

당신은 하나님께서 무한하시며 편재(遍在)하시며 완전하신 분이라고 생각하지 않습니까? 왜 당신은 그런 분이 하나님이시라는 것을 믿지 않습니까? 하나님께서 자신보다 더 크고 넓고 복잡한 세상을 만들었다고 상상하는 것은 비논리적입니다. 어느 누구도 자기가 가진 것 이상을 나누어 줄 수는 없습니다.

만일 당신이 하나님께서 다른 피조물을 전혀 돌아보지 않는 것처럼 여기면서도 마지못해 하나님께서 편재하시며 모든 개인에게 충분한 분이라고 고백한다면, 당신은 반드시 하나님께서 사람들의 마음과 생활 방식에 대해 무관심한 분이 아니라고도 고백해야 합니다.

하나님의 눈이 이 모든 것들을 보고 계십니다. 하나님을 유한하시며 편재하시지도 않고 불충분한 분이요 사람들의 마음과 생활에도 아무 관심이 없는 분인 것처럼 여기는 것은 천박하고도 불경한 생각입니다.

3) 하나님은 사람의 생명의 근원이십니다

당신은 하나님께서 당신이 병들든지 건강하든지, 죽든지 살든지 당신의 몸이 어떻게 되든지 전혀 관심을 두지 않는다고 생각합니까? 만일 그렇다면 당신의 생명과 건강은 어디서 비롯된 것입니까? 만일 당신의 생명과 건강이 다른 근원에서 나온다면 그것이 무엇인지 말해 보십시오. 당신은 자신의 생명과 건강을 위해 하나님께 기도하고 있지 않습니까? 당신은 감히 하나님께 "나는 당신을 의지하지 않을 것입니다"라고 말하려 합니까? 그렇다면 당신은 눈먼 무신론자입니다.

만일 하나님께서 당신의 건강에 관심을 가지고 있다고 생각한다면, 그분께서 당신의 영혼에 대해서는 더 많은 관심을 가지고 있으리라고 생각할 수 있지 않겠습니까? 만일 하나님께서 자비로 당신을 돌보고 계신다면, 하나님께서는 분명히 당신이 자신에게 생명과 건강을 주신 하나님을 사랑하고 있는지 관심을 가지실 것입니다.

4) 하나님은 이 세상을 통치하십니다

하나님께서 이 세상의 통치자라는 것을 믿습니까? 그것을 믿지 않는 합법적인 정부는 있을 수 없습니다. 절대주권에서 나온 권력이 아니라면 평화를 이루기 위한 공의가 권력을 가지지 못하는 것과 마찬가지로, 그 어떤 주권자도 하나님께로부터 나온 것이 아니라면 권력을 소유할 수가 없습니다. 주권자는 하나님 아래 있을 때만 합법적인 통치자가 되는 것입니다. 그렇지 않으면 온 세상은 혼란에 빠지게 될 것입니다. 그런데 만일 당신이 하나님께서 세상의 통치자라는 사실을 고백하면서도 그분이 다스리시는 사람들의 마음과 생활을 돌아보지 않는다고 생각한다면, 그것은 하나님을 얼마나 지혜롭지 못하고 정의롭지 못한 통치자로 만드는 것이 되겠습니까?

또한 하나님께서 우리의 마음속에 무엇이 들어 있는지, 우리가 무엇을 해야 하는지에 별로 관심이 없다면, 왜 하나님께서 우리의 마음과 언어와 삶에 대한 법칙들을 만드셨겠습니까? 하나님께서 관심도 없는 것들에 대해서 우리에게 순종하도록 명령하셨다는 말입니까? 만일 하나님께서 우리가 죄를 짓든지 안 짓든지 무관심하시다면, 왜 하나님께서 그토록 엄격하게 죄짓는 것을 금하셨겠습니까? 만일 하나님께서 우리가 거룩하게 사는 것과 순종하는 것에 아무런 관심도 없다면, 왜 하나님께서 거룩하게 살며 순종하는 자에게 영생을 약속하셨을까요? 만일 하나님께서 우리가 경건한 삶을 살든지 말든지 아무런 관심이 없다면, 왜 하나님께서 모든 불경건한 자들에게 지옥에 대하여 경고하시겠습니까?

그렇습니다. 바로 자연법칙 자체는 우리의 의무뿐만 아니라 내세에 대한 소망과 두려움을 이해하게 해 줍니다. 자연법칙 없이 세상은 통치되지 않습니다. 또한 자연법칙에는 거짓이 없습니다. 이런 자연법칙을 가지고 무한한 지혜와 능력과 선이신 하나님께서 세상을 통치하시는 것입니다.

5) 하나님은 인간을 섬기도록 세상 만물을 만드셨습니다

하나님께서 우리의 마음과 생활에 많은 관심을 기울이시지 않는다면, 왜 모든 세상으로 하여금 우리의 종이 되게 하셨겠습니까? 하나님께서 해와 달, 별들과 땅 등의 모든 피조물들로 우리에게 시중들게 하시지 않았습니까? 그것들의 생명과 속성들로 우리를 섬기라고 그것들을 우리에게 주시지 않았습니까? 그런데도 하나님께서 우리의 마음과 생활에 관심이 없으시다는 것입니까? 이것은 하나님께서 모든 세상을 헛되게 만드셨고, 자신이 만든 피조물들에도 관심을 가지지 않으신다고 말하는 어리석은 생각입니다.

6) 하나님은 인간의 구원과 성화를 위해 일하십니다

하나님께서 우리의 마음과 삶의 체계에 관심이 없으시다면, 왜 아들을 보내셨겠습니까? 만일 하나님께서 우리에게 관심이 없으시다면, 하나님께서 우리를 구원하기 위해, 우리를 죄로부터 깨끗하게 하기 위해 우리를 자신의 특별한 백성으로 성별하기 위해 자신의 아들을 보내지는 않으셨을 것입니다.

"그가 우리를 대신하여 자신을 주심은 모든 불법에서 우리를 속량하시고 우리를 깨끗하게 하사 선한 일을 열심히 하는 자기 백성이 되게 하려 하심이라"(딛 2:14).

죄인들을 구원하기 위해 지불하신 대가와 우리의 구속에 나타난 하나님의 놀라운 계획은, 하나님께서 죄를 가볍게 여기시지 않으며 놀라울 정도로 거룩을 사랑하신다는 것을 분명하게 보여 줍니다.

또한 하나님께서 우리의 마음과 생활에 무관심하시다면, 왜 사역자들을 통하여 말씀을 전하게 하시겠습니까? 진정 그러하시다면, 사람들을 날마다 회개하고 거룩한 삶을 살도록 부르거나 죄인들을 하나님께로 돌이키게 하기 위해서 사역자들로 하여금 죄인들에게 말씀을 전하게 하시지 않을 것입니다. 하나님께서 우리에게 무관심하시다면, 이런 의도로 자신의 모든 공적, 사적 예배 의식들을 만들지도 않았을 것입니다. 하나님께서 왜 아무 관심도 없는 것들을 위해서 이런 모든 수고를 하도록 명령하셨겠습니까?

만일 하나님께서 그들의 생각이나 행동에 관심이 없으시다면, 왜 심판을 예고하시겠습니까? 그러하다면, 하나님께서는 수많은 사람들이 생각하듯이 지옥이나 심히 두려운 심판들을 통해 세상을 벌하지는 않으실 것입니다. 저는 종종 하나님의 징계 아래서 신음하는 사람들에게 하나님께서 그들의 마음이나 삶을 살펴보신다는 것을 깨달으라고 권면합니다.

뿐만 아니라 만일 하나님께서 우리가 깨끗한지 불결한지에 그렇게 무관심하시다면, 왜 성령의 사역으로 우리를 성화시키시겠습니까? 정말 그러하다면 어떻게 성령님께서 우리를 거룩하게 하실 수가 있겠습니까? 당신은 감히 성령님께서 불필요한 일을 하고 계신다고 생각합니까?

저는 당신이 유혹자의 악의(惡意) 속에서도 하나님께서 거룩하시며 죄를 미워하시는 분임을 인식할 수 있다고 생각합니다. 어떻습니까? 죄로 인한 영원한 심판에 대해 말하는 하나님의 말씀은 진리입니다. 성경은 우리에게 '천사들이 타락했으며 그들 중 많은 수가 그들의 죄 때문에 귀신이 되었고 사람의 구원에 대해 적개심을 가진 원수가 되었다'는 사실을 가르쳐 줍니다. 당신은 이것이 진리임을 쉽게 이해할 수 없습니까? 뿐만 아니라 우리가 수없이 경험하듯이 귀신들은 끈질기게 사람들을 유혹합니다. 그렇다면 이것이 도대체 어떻게 된 일일까요?

만일 이 증거가 당신을 납득시키지 못한다면 다음 사항들을 고려해 보십시오. 귀신들이 사람들을 하나님과 구원으로부터 멀어지게 하기 위해 수없이 많은 마법사들과 마녀들과 흥정하는 것은 도대체 어떻게 된 일일까요? 또 귀신들이 흉측한 모습으로 나타나 하나님과 사람을 대적하며, 사람들을 죄에 빠지게 하려고 그토록 노력하는 것은 어떻게 된 일일까요?

만일 어떤 배교자가 실제로 마법사나 마녀가 있다는 것을 믿지 않는다면, 그래서 결과적으로 사람들을 죄를 범함으로써 하나님께로부터 쫓겨나게 하여 자신과 같이 비참한 상태로 끌어들이려고 애쓰는 비참하고도 악독한 영들인 귀신들이 있다는 것을 믿지 않는다면, 그들을 저에게로 데리고 와서 저와 토론하게 하십시오. 만일 그들이 여전히 믿지 않겠다고 말한다면, 저는 그들이 그 사실을 반박할 수 없을 만큼 너무나 분명하고도 부인할 수 없는 사례들을 말해 주고, 그것이 사실이라는 증거를 수없이 제시할 것입니다. 그렇습니다. 만일 그가 자신의 생각을 완전히 포기하지 않는다면, 저는 그가 그 진리를 깨달을 수 있도록 그에게 많은 증거를 제시하겠습니다.

7) 하나님은 사람과 비교할 수도 없을 정도로 위대하신 분이십니다

아직까지 당신은 무소부재하시며 만물을 보존하시는 세상의 통치자이신 하나님께서 사람들이 무엇인지, 사람들이 무엇을 하는지, 또는 사람들이 거룩한지 거룩하지 않은지, 하나님의 율법에 순종하는지 순종하지 않는지에 거의 관심이 없다고 생각합니까? 그렇다면 과연 여러분과 여러분의 친구들도 다른 사람의 일들에 전혀 관심이 없습니까? 이와 관련하여 여러분에게 두 가지 질문을 드리겠습니다.

먼저, 여러분은 다른 사람이 여러분에게 하는 말이나 행동에 관심을 가집니다. 그런데 하나님께서 여러분에게 관심을 가져서는 안 된다고 말하는 것은 비논리적인 생각이 아닐까요?

여러분은 다른 사람들이 여러분에게 하는 말이나 행동에 대해서 관심을 가지고 있지 않습니까? 사람들이 여러분을 속이거나 무례하게 대하거나, 혹은 여러분의 집이나 마을을 불지르거나, 여러분의 가축이나 부녀자들을 죽이거나 여러분을 감옥에 보내거나 상처를 입히거나 죽이려고 하는 것에 대해서 만족하십니까? 다른 사람들이 여러분에게 적대적인 말과 행동을 하는 것에 여러분이 깊은 관심을 가지고 있다는 것은, 여러분이 매우 정상적인 상태라는 것을 말해 주지 않습니까?

그렇다면 마찬가지로 전능하고 거룩하신 하나님께서 자신의 피조물이요 미천한 벌레 같은 인간들이 하나님 자신이나 자신의 종들에게 적대적인 말이나 행동을 하는 것에 대해서 관심을 가지시는 것은 지극히 당연한 이치가 아니겠습니까? 이것을 부인하는 사람은 정신 나간 사람일 것입니다. 이기심 때문에 눈이 멀거나 편파적인 사람이 아니라면, 누구든지 하나님께 범한 한 가지 죄가 여러분과 같이 미천한 자에게 행한 많은 범죄보다 수억 배나 더 무거운 형벌을 받아 마땅하다는 것을 알 것입니다.

여러분은 착한 종과 악한 종, 순종하는 자녀와 불순종하는 자녀, 여러분을 위해서 기꺼이 자기 목숨을 내놓으려는 아들과 여러분의 유산을 탐내 여러분이 빨리 죽기만을 바라는 아들, 그리고 신실한 친구와 서로를 죽이려는 원수

사이에 아무런 차이가 없다고 생각합니까? 만일 차이가 없다고 생각한다면, 여러분은 인간이 아니라 인간의 탈을 쓴 어떤 것입니다. 또한 차이가 있다고 생각하면서도 복되신 하나님께서는 온 세상보다 자신을 더 사랑하는 사람들과 자신을 무시하는 사람들 사이에, 또 거룩한 영혼과 거룩하지 않은 영혼 사이에 아무런 차이를 두어서는 안 된다고 여긴다면, 여러분은 인간 이하의 존재입니다.

또 한 가지 질문하겠습니다. 여러분은 세상의 통치자들이 사람들의 말과 행동에 관심을 가지기를 바랍니다. 그런데 온 세상의 통치자이신 하나님께서 그러시지 않기를 바라는 것은 비논리적인 생각이 아닐까요?

여러분은 세상을 통치하는 자들이 사람들의 말이나 행동에 관심을 가지기를 바랍니까, 아니면 아무런 관심도 가지지 않기를 바랍니까? 만일 통치자들이 아무런 관심을 가지지 않는다면, 세상은 온통 제멋대로가 되고 말 것입니다. 여러분보다 더 가난한 사람이 여러분의 재산을 강탈할 수도 있고, 여러분을 미워하는 자들이 여러분을 때리거나 죽일 수도 있습니다. 여러분의 집이나 토지나 재산이나 가축을 탐내는 모든 사람들이 그것들을 빼앗아 갈 것입니다. 또 여러분의 아내나 딸들에게 눈독을 들이고 있는 자는 여러분의 부녀자들을 겁탈할 것입니다. 결국 우리는 불법이 판치는 세상을 보게 될 것입니다. 통치자들이 아무런 관심도 없기를 바라면서도 이런 일이 일어나는 것을 싫어한다면, 여러분은 가장 비논리적인 사람입니다.

그렇다면 세상의 통치자들이 사람들의 행동에 관심을 가져 주기를 바라면서도 하나님께서는 그렇게 하시지 않기를 바란다면, 당신에게 죄지은 사람들에 대해서는 통치자들이 반드시 벌주기를 바라면서도 더 중요한 문제인 무한히 영원하신 하나님께서 하나님께 죄를 짓고 그분의 법을 어기는 자들에게 형벌을 내려서는 안 된다고 생각한다면, 여러분은 비논리적인 사람입니다.

경찰관도 사람들을 처벌할 수 있다면, 왕이나 재판관도 당연히 사람들을 처벌할 수 있습니다. 경찰관은 왕보다 수천 배나 낮은 지위에 있기 때문입니다. 하물며 그런 왕도 하나님 아래 있습니다.

성경의 진리는 타락한 인간에 대해 이렇게 말합니다. 악한 인간들이 타락하여 그들의 관심을 하나님께로부터 자기 자신에게로 아주 돌려놓고 말았습니다. 그래서 인간들은 마치 자신이 신인 것처럼 스스로를 높였습니다. 그들은 자신 이외에 하나님을 알지 못합니다. 그래서 자신들에게 해가 되는 나쁜 일이나 자신에게 이익이 되는 좋은 일에만 관심을 가집니다.

그들은 하나님을 대적하는 악이나 불순종에는 아무런 관심도 가지지 않습니다. 그들은 하나님께 대하여 편협하고도 불경건한 생각을 품고서, 마치 하나님께서 한 번에 한 곳에만 계실 수 있는 것처럼, 즉 자기들처럼 유한한 피조물인 것처럼 생각합니다. 그래서 그들은 하나님의 섭리를 모욕하고, 하나님을 선과 악, 또는 경건한 자와 불경건한 자에게 아무런 관심도 없으시며, 눈이 있어도 보지 못하고 귀가 있어도 듣지 못하며 손이 있어도 아무런 힘도 없는 이방 종교의 우상과 같은 분으로 생각합니다.

그러나 하나님을 두려워하고 그 이름을 높이라고 기록된 하나님의 말씀이 개봉될 때, 그리고 주님께서 그들에게 "이들은 내 것이라"라고 말씀하실 때, 사람이 자기를 따르는 자식을 아끼듯이 하나님께서 그들을 아끼시며 자신의 보석으로 삼으실 때, 바로 그때 비로소 불순종하는 자들이 정신을 차릴 것이며, 의인들이 두려움과 고통에서 해방될 것입니다. 그리고 그때 의인과 악인, 하나님을 섬기는 자와 섬기지 않는 자가 구별될 것입니다.

"그때에 여호와를 경외하는 자들이 피차에 말하매 여호와께서 그것을 분명히 들으시고 여호와를 경외하는 자와 그 이름을 존중히 여기는 자를 위하여 여호와 앞에 있는 기념책에 기록하셨느니라. 만군의 여호와가 이르노라. 나는 내가 정한 날에 그들을 나의 특별한 소유로 삼을 것이요, 또 사람이 자기를 섬기는 아들을 아낌같이 내가 그들을 아끼리니, 그때에 너희가 돌아와서 의인과 악인을 분별하고 하나님을 섬기는 자와 섬기지 아니하는 자를 분별하리라"(말 3:16-18).

5. 하나님 없이는 아무것도 할 수 없다고 말하면서 아무것도 하지 않으려는 자들에게

저는 특히 최근 몇 년 동안 불경건한 자들이 내세우는 가장 일반적인 또 다른 핑계를 알고 있습니다. 그들은 이렇게 말합니다. "우리는 하나님 없이는 아무것도 할 수 없습니다. 하나님께서 우리에게 은혜를 주시지 않는다면 우리는 은혜를 받을 수 없습니다. 그러므로 하나님께서 원하신다면 우리가 곧 회개하게 될 것입니다. 하나님께서 우리가 구원받도록 예정해 놓지 않으셨다면, 그리고 우리가 회개하도록 정하지 않으셨다면, 어떻게 우리 스스로 회개하거나 구원받을 수 있겠습니까? 구원은 원하는 자에게 주어지는 것도 아니고, 행하는 자에게 베풀어지는 것도 아닙니다." 이런 이유로 그들은 변명할 것이 있다고 스스로 생각하고 있습니다.

저는 이 문제에 대해서 이미 답했습니다. 그러나 여기서 좀 더 자세히 말씀드리겠습니다.

비록 여러분은 자신을 치료할 수는 없지만, 자신에게 상처를 입히거나 독을 마시게 할 수는 있습니다. 여러분의 마음을 거룩하게 하시는 분은 하나님이십니다. 그렇다면 여러분의 마음을 부패시키는 자는 누구입니까? 여러분은 스스로를 치료할 수 없다는 이유 때문에 고의로 독을 마시겠습니까? 만일 여러분이 죄로 인해 망가진 것을 고칠 수 없다면, 여러분이 죄를 더욱 억제하고 죄를 짓지 않도록 더욱 주의해야 한다고 저는 생각합니다.

물론 여러분이 하나님의 특별한 은혜 없이 회심할 수는 없지만, 여러분은 하나님께서 자신이 정하신 거룩한 수단을 통하여 은혜 주신다는 것을 반드시 알아야만 합니다. 그리고 일반 은혜를 통하여 여러분은 외적인 행동과 그러한 은혜의 수단을 사용하는 가운데 죄를 더 많이 짓지 않도록 억제할 수 있습니다.

참으로 여러분은 실제로 자신이 할 수 있는 만큼 최대한 힘쓰고 있다고 말할 수 있습니까? 여러분이 술집에 가지 않을 수도 있고, 입을 막고 술을 마시지 않을 수도 있지 않습니까? 또 여러분으로 하여금 죄를 짓게 만드는 친구를 사귀지 않을 수도 있지 않습니까? 여러분이 하나님의 말씀을 들은 후에 집으로 돌아와 들었던 말씀을 생각할 수도 있고, 여러분의 상태나 영원한 문제에 대해 생각할 수도 있지 않습니까? 여러분은 날마다, 아니면 적어도 주일만큼은 좋은 책을 읽거나 하나님을 두려워하는 사람들과 대화를 나눌 수도 있지 않습니까? 그러므로 여러분은 여러분이 할 수 있는 것을 다했다고 말할 수 없습니다.

비록 여러분이 은혜 없이 하나님께로 돌아갈 수는 없지만, 여러분의 고의적인 범죄와 무시로 인해서 하나님의 은혜와 도우심을 상실할 수 있다는 것을 반드시 알아야 합니다. 만일 여러분이 할 수 있는 것을 하지 않는다면, 여러분은 하나님의 은혜로 더 많은 것을 할 수 있다는 것을 스스로 부인하는 셈입니다.

여러분은 반드시 하나님의 뜻이 목적과 수단을 분리하는 것이 아니라 그 둘을 함께 결합시킨다는 것을 알아야 합니다. 결코 아무나 구원하는 것이 아니라 거룩한 자를 구원하시며, 아무나 멸망시키는 것이 아니라 거룩하지 않은 자를 멸망시키는 것이 하나님의 뜻입니다. 여러분이 구원받을 것인지 받지 못할 것인지가 하나님의 뜻에 따라 결정되는 것처럼, 올해 여러분의 농사가 잘될지 안 될지, 또는 여러분이 얼마나 오래 이 세상에 살게 될지도 영원 전부터 가지고 계신 하나님의 뜻에 의해서 결정됩니다.

그런데 누군가가 밭을 갈지도 않고 씨를 뿌리지도 않고서 "만일 하나님께서 내 토지에서 곡식을 거두게 할 뜻을 가지고 계신다면, 내가 밭을 갈고 씨를 뿌리든 그렇지 않든 간에 열매가 맺힐 것이다"라고 말한다면, 혹은 "만일 하나님께서 내가 살 것이라는 뜻을 가지고 계신다면, 내가 먹든지 먹지 않든지 나는 살 것이다. 그러나 하나님께서 내가 죽어야 한다는 뜻을 가지고 계신다면, 먹는 것도 내가 사는 데 아무런 도움이 되지 않는다"라고 말한다면, 여러분은 그를 바보라고 생각할 것입니다.

여러분은 이런 사람들에게 뭐라고 대답해야 할지를 알고 있습니까, 아니면 모르고 있습니까? 만일 여러분이 알고 있다면, 자신에게도 뭐라고 대답할지를 알 것입니다. 그러나 모르고 있다면, 여러분의 영혼으로 모험을 하기 전에 먼저 여러분의 몸으로 시험해 보십시오. 먼저 여러분이 음식을 먹지도 않는데 하나님께서 생명을 유지시켜 주시는지, 여러분이 아무런 수고와 노력도 하지 않는데 곡식을 주시는지, 여러분이 여행을 하지도 않았는데 목적지까지 도달하도록 해 주시는지를 시험해 보십시오. 그리고는 이런 것들에 대해 자신할 수 있게 된다면, 하나님께서 주시는 은혜의 수단을 부지런히 사용하지 않은 채로 가만히 앉아서 "우리는 자신을 거룩하게 할 수 없다"라고 말하는데도 하나님께서 여러분을 천국에 데려가시는지 그렇지 않은지를 시험해 보십시오.

여러분이 그렇게 오랫동안 되뇌이고 있는 자유의지의 문제에 관해서, 신학자들의 의견이 여러분의 생각처럼 그렇게 많이 나뉘는 것은 아닙니다. 펠라기우스(Pelagius)만이 아니라 어거스틴(Augustine), 알미니우스(Arminius)만이 아니라 칼빈(Calvin), 예수회 교단만이 아니라 도미니칸(Dominicans) 교단 모두가 인간에게 자유의지가 있다는 데 일반적으로 동의합니다.

정통주의는 자유의지가 부패했으며 악한 성향을 가지고 있다고 말합니다. 에피파니우스(Epiphanius)는 "인간은 하나님의 형상을 상실했다"라는 오리겐(Origen)의 말을 정죄하고 이것을 이단적인 주장이라고 말했습니다. 그런데도 어떤 사람은 분명히 인간이 하나님의 형상을 상실했다고 말할 것이고, 또 어떤 사람은 인간이 하나님의 형상을 상실하지 않았다고 말할 것입니다. 왜냐하면 사람에게는 이중적인 하나님의 형상이 있기 때문입니다. 하나는 우리의 이성이나 자유의지 같은 자연적인 것으로서, 이것은 상실되지 않았습니다. 반면 다른 하나는 윤리적 특성을 가진 것으로서 우리의 거룩성을 말하며, 이것은 상실되었으나 하나님의 은혜로 회복되는 것입니다.

사람이 본래 자유로운 의지를 가지고 있다는 것을 부인할 지성인은 단 한 사람도 없습니다. 의지는 외부의 강제적 힘으로부터 자유롭게 스스로 결정하는 원리입니다. 그러나 의지는 악한 성향으로부터 자유롭지는 않습니다. 의지는 습관적으로 하나님과 거룩에 대해서 반대하고, 세속적이고도 육적인 것에 끌리는 경향을 가지고 있습니다. 의지는 곧 죄악된 편견의 노예인 것입니다. 저는 그 어떤 그리스도인도 이것을 부인해서는 안 된다고 생각합니다. 그리고 비기독교인이라 하더라도 성숙한 사람은 이것을 부인할 수 없을 것입니다.

아, 슬픕니다. 분명히 말씀드리건대, 우리에게는 바른 성향과 습관적인 자발성으로서의 영적이고도 도덕적인 자유의지가 없습니다. 만일 여러분에게 악한 경향으로부터 자유로운 의지가 있다면, 제가 여러분의 구원 문제와 관련하여 여러분을 설득하는 이런 책을 쓸 필요도 없을 것입니다.

슬프게도, 우리가 설교하고 설득하면서도 불경건한 자들에게는 이러한 영적인 자유의지가 없다는 것을 우리는 알고 있습니다. 그들이 가진 의지와 의지의 경향성(傾向性)으로는 죄를 지을 수밖에 없습니다. 그러하기에 여러분이 죄를 원한다는 것을 변명할 수 없습니다. 여러분이 죄짓기를 원하면 원할수록, 여러분이 의도적으로 죄를 지으려 하면 할수록 여러분은 더 나빠질 것이며, 형벌 역시 더욱 커질 것입니다.

6. 독자에게

우리의 설교와 설득을 듣고서 여러분에게 이러한 도덕적 자유의 능력, 곧 참된 의지를 주시기 위해서 하나님께서 정하신 수단들을 생각하십시오. 그리고 그 일을 위해 저는 여러분에게 다음의 세 가지를 요청합니다.

첫째, 이 작은 책을 진지하게 끝까지 읽어 주십시오. 혹시 여러분이 가족들에게 반복해서 이 책을 읽어 준다면, 그리고 하나님을 두려워하는 분들이 믿지 않는 이웃에게 이 책이나 회심이라는 주제를 다루는 다른 책들을 읽어 준다면, 그 책들이 영혼을 구원하는 수단이 될 것입니다. 그러나 만일 우리가 이렇게 작은 책을 읽어 줌으로써 사람들이 자기 영혼의 구원을 위해 노력하도록 설득하지 않는다면, 그들 스스로는 이런 일에 관심을 가질 수 없으며 분명히 멸망하게 될 것입니다.

둘째, 이 책을 끝까지 읽고 난 다음에 혼자 조용한 곳으로 가서 읽은 내용을 깊이 묵상하십시오. 그리고 하나님의 안목으로 자신을 바라보면서 이 내용이 사실인지, 또 이 책의 내용이 자신의 영혼을 움직이는지, 자신을 진지하게 돌아보아야 할 때가 아닌지를 생각해 보십시오.

또한 주님께 여러분의 눈을 열어 진리를 이해할 수 있도록 해 달라고 무릎을 꿇고 기도하십시오. 여러분의 마음이 하나님의 사랑을 향해 열릴 수 있게 해 달라고, 그래서 여러분이 그렇게 오랫동안 무시했던 구원 얻는 모든 은혜를 내려 달라고, 여러분의 마음이 변화될 때까지 날마다 계속 이런 일을 행할 수 있게 해 달라고 주님께 구하십시오.

또한 목사들에게 가서 무엇을 어떻게 해야 할지에 대해서 지도를 받고, 여러분의 영적 상태를 알려서 그들의 조언과 목회적 도움을 받으십시오. 그들은 의사가 여러분의 몸의 건강을 돌보아 주듯이, 여러분의 영혼의 건강과 안전을 돌보아 줄 것입니다. 만일 여러분의 마을에 신실한 목사가 없다면, 여러분이 원하는 만큼 도움을 얻을 수 있도록 다른 목사들에게라도 도움을 간청하십시오.

셋째, 여러분이 이 책을 읽고 생각하며 기도하고, 목사들의 도움을 받아서 여러분의 죄와 비참함과 의무와 치료에 대해서 잘 알게 되었다면, 지체하지 말고 여러분의 죄된 모임과 삶을 버리고 하나님께로 돌아서서 하나님의 부르심에 순종하십시오. 여러분이 자신의 영혼을 사랑하여 심판 날에 소돔과 고모라 사람들보다 더 비참하게 되지 않기 위해서는, 이와 같은 하나님의 크신 부르심을 거절하거나 자신의 지식이나 양심을 거스르지 말아야 합니다.

진리를 알고자 소원하는 사람처럼 하나님께 물으십시오. 고의로 자신의 영혼을 속이는 자가 되지 마십시오. 날마다 성경을 공부하고, 이것이 사실인지 아닌지를 살펴보십시오. 천국을 믿는 것과 세상을 믿는 것 중에서 어느 것이 더 안전한지를 편견 없이 시험해 보십시오. 하나님을 따르는 것과 사람을 따르는 것, 성령을 따르는 것과 육체를 따르는 것, 거룩하게 사는 것과 죄를 지으면서 사는 것 중에서 어느 것이 더 좋은지를 살펴보십시오. 그리고 여러분이 어느 것이 가장 좋은 것인지를 발견했다면, 더 이상 방황하지 말고 결심하고 선택하십시오. 여러분이 여러분의 영혼에 대해 진실하다면, 또 영원한 형벌을 사랑하지 않는다면, 이러한 합리적인 조언을 받아들이십시오.

이것은 온전히 하나님께로부터 온 것입니다. 우리가 우리의 이웃들에게 이렇게 행동하도록 할 수만 있다면, 우리의 도시들과 시골들, 그리고 우리나라는 얼마나 행복할까요! 사람들이 참으로 천상적이고도 거룩한 삶을 사는 것을 볼 수 있다면, 모든 신실한 목회자들에게 얼마나 기쁨이 넘칠까요!

이것은 우리 교회들의 연합과 평화와 안전과 영광, 우리 이웃들의 행복, 그리고 우리 영혼의 위로가 될 것입니다. 그렇게 되면 우리가 여러분에게 죄 용서와 평안을 설교하고, 여러분에게 평안의 인침이 되는 성례를 집행하는 일이 얼마나 달콤한 것이 될까요! 우리는 여러분과 함께 지극한 사랑과 기쁨 속에 살 것이며, 죽어 가는 침상에서 이 세상을 떠나가는 여러분의 영혼을 향해 담대하게 위로와 격려를 전할 수 있을 것입니다! 또한 여러분을 안장(安葬)할 때에도 여러분의 영혼을 천국에서 만나리라 기대하며 여러분의 몸이 영광스럽게 부활할 날을 바라보면서 크나큰 위로를 받고 여러분을 무덤에 남겨 놓고 올 수 있을 것입니다!

설령 여러분 가운데 대부분이 여전히 계속해서 부주의하고 무지하며 육적이고 세상적이며 거룩하지 않은 삶을 살아간다 하더라도, 그리고 계속 고집스럽게 멸망의 길로 나아갈 뿐 우리의 모든 바람과 노력이 실패로 돌아간다 하더라도, 대다수의 사람들이 자기들이 뿌린 비참한 형벌을 거두게 된다 하더라도, 우리는 비록 장차 천국을 상속받게 될 자신의 보석인 작은 양 무리들이 소수일 뿐일지라도, 우리 주님이 그러하셨던 것처럼 반드시 기뻐하게 될 것입니다. 자연에 있어서 탁월한 것들은 소수입니다. 세상에 태양과 달이 많이 있는 것이 아닙니다. 땅 속에 있는 금과 은도 조금뿐입니다. 왕들과 귀족들도 사람들 가운데서 소수에 불과합니다. 이 세상에서 학식 있는 사람의 수도 많지 않습니다. 그러므로 만일 문이 좁고 길이 협착하다면, 소수만이 구원을 발견할 것입니다. 하나님께서는 자신의 영광과 기쁨을 이러한 소수에게 주실 것입니다.

"환난을 받는 너희에게는 우리와 함께 안식으로 갚으시는 것이 하나님의 공의시니

주 예수께서 자기의 능력의 천사들과 함께 하늘로부터 불꽃 가운데에 나타나실 때에 하나님을 모르는 자들과 우리 주 예수의 복음에 복종하지 않는 자들에게 형벌을 내리시리니 이런 자들은 주의 얼굴과 그의 힘의 영광을 떠나 영원한 멸망의 형벌을 받으리로다. 그날에 그가 강림하사 그의 성도들에게서 영광을 받으시고 모든 믿는 자들에게서 놀랍게 여김을 얻으시리니"(살후 1:7-10).

한편 그 남은 자에 대해서는, 마치 성부 하나님께서 그들을 창조하시고 성자 하나님께서 십자가 위에서 그들의 죗값을 지불하기를 거절하지 않으신 것처럼, 그리고 그들이 성령의 거룩하게 하심을 거절함으로써 궁극적으로 파멸될 것을 아시면서도 하나님께서 성자의 그러한 고통을 헛되다고 판결하지 않으신 것처럼, 하나님의 사역자들도 비록 그들이 구원받지는 못했을지라도 사역자의 노력이 완전히 헛된 것이었다고 생각하지 않을 것입니다.

"이제 여호와께서 말씀하시나니 그는 태에서부터 나를 그의 종으로 지으신 이시요 야곱을 그에게로 돌아오게 하시는 이시니 이스라엘이 그에게로 모이는도다. 그러므로 내가 여호와 보시기에 영화롭게 되었으며 나의 하나님은 나의 힘이 되셨도다"(사 49:5).

독자 여러분이 이 책을 정독했을 때 저는 할 일을 다한 셈이 됩니다.

그러나 여러분이 생각했던 것들조차 오래전에 잊어버렸을지라도 죄는 아직 여러분에게 할 일을 다하지 않았습니다. 비록 지금 사탄이 눈에 보이지는 않지만, 사탄은 아직 여러분에게 할 일을 다하지 않았습니다. 그리고 하나님께서도 아직 여러분에게 할 일을 다 마치시지 않았습니다. 왜냐하면 여러분이 여러분을 지배하고 있는 치명적인 죄에 대해서 해야 할 일을 다하도록 설득되지 않았기 때문입니다.

저는 제가 이 책에서 말한 것들이 보이는 다른 세상으로 가고 있는 자로서, 또한 여러분이 반드시 곧 거기에 있게 될 것을 아는 자로서 여러분을 설득하기 위해 이 책을 썼습니다. 여러분이 우리를 만드신 주님 앞에서 평안하게 저를 만나게 되기를 바랍니다. 여러분이 마지막까지 구원을 무시하는 자들과 성령에 의해서 거룩하게 되지 못한 자들과 거룩한 교회의 지체로서 성도의 교제를 좋아하지 않는 자들에게 예비된 영원한 형벌을 피하게 되기를 바랍니다. 여러분이 이 세상을 떠나게 될 때 영광 가운데서 평안하고도 안락하게 심판자이신 그리스도의 얼굴과 아버지의 위엄을 보게 되기를 소망합니다. 그러하기에 저는 여러분에게 하나님의 말씀을 듣고 순종하며 단호하게 회개하라고 간절히 부탁하며 또한 명령합니다. 그러면 여러분은 살게 될 것입니다.

반면 여러분이 그것에 대한 충분한 근거 없이 단지 그렇게 하기 싫다는 이유 때문에 그렇게 하지 않으려고 한다면, 저는 여러분이 주님 앞에서 그것에 대해 답변하도록 여러분을 소환할 것입니다. 그리고 저 스스로 제가 여러분에게 한 경고에 대한 증인이 될 것입니다. 그러면 여러분은 회개하여 생명을 얻으라고 부르는 부르심이 부족했기 때문이 아니라, 여러분이 그 부르심을 믿지 않고 순종하지 않았기 때문에 정죄를 당한다는 사실을 알게 될 것입니다. 또한 그 부르심이 틀림없이 여러분에게 주어진 심각한 경고에 대한 증언이 될 것입니다.

2장

하나님께서 맹세로 하신 선언

_본문 소개

"너는 그들에게 말하라. 주 여호와의 말씀이니라.
나의 삶을 두고 맹세하노니
나는 악인이 죽는 것을 기뻐하지 아니하고
악인이 그의 길에서 돌이켜 떠나 사는 것을 기뻐하노라.
이스라엘 족속아, 돌이키고 돌이키라. 너희 악한 길에서 떠나라.
어찌 죽고자 하느냐 하셨다 하라"(겔 33:11).

1. 본문의 논쟁 주제 – 악에 대한 책임은 누구에게 있는가

성경을 읽을 때 저를 비롯해서 많은 사람들이 깜짝 놀라게 되는 것이 있습니다. 그것은 소수의 사람들이 구원받게 되리라는 것과, 심지어 부름받은 사람들 가운데서도 대부분의 사람들이 영원히 하나님의 나라에 들어가지 못한 채 영원한 불못에서 마귀와 함께 고통을 받게 되리라는 것입니다. 불신자들은 성경을 읽으면서도 이러한 사실을 믿지 않습니다. 그러나 불신자들은 반드시 영원한 불못의 고통을 맛보게 될 것입니다. 반면 이것을 믿는 사람들은 바울과 함께 이렇게 외치게 될 것입니다.

"깊도다. 하나님의 지혜와 지식의 풍성함이여, 그의 판단은 헤아리지 못할 것이며 그의 길은 찾지 못할 것이로다"(롬 11:33).

자연법칙은 악한 일에 대한 비난이 그 일을 행한 사람에게로 돌아간다는 것을 가르쳐 줍니다. 그러므로 어떤 극악한 일이 일어났을 때, 공의의 법칙은 우리로 하여금 그 악한 일을 행한 사람을 찾게 만듭니다. 그리고 악한 일을 행한 사람은 그 일로 인해 부끄러움을 당하게 될 것입니다.

우리가 길에서 난도질당해서 죽은 사람을 본다면, "누가 이런 잔인한 짓을 했느냐"라고 물을 것입니다. 또 만일 어떤 마을이 고의적인 방화를 당했다면, "어떤 미친놈이 이런 짓을 했느냐"라고 물을 수밖에 없을 것입니다. 마찬가지로 대부분의 사람들이 영원토록 지옥의 불길 속에 있게 될 것이라는 사실에 대해 읽을 때, 우리는 자신에게 이런 질문을 던져 보아야 합니다. "어떻게 이런 일이 일어나게 되었는가? 이 문제의 책임이 누구에게 있는가? 누가 지옥에 갈 만큼 이렇게 잔인한가?" 그러면 우리는 그런 죄를 인정하게 될 소수의 사람들을 만날 수 있을 것입니다.

모든 사람들이 사탄이 그 원인이라고 말합니다. 그러나 그것은 문제를 해결하지 못합니다. 왜냐하면 일차적 원인은 사탄이 아니기 때문입니다. 사탄은 강제로 사람들이 죄짓도록 하는 것이 아니라 단지 죄를 짓도록 유혹할 뿐입니다. 죄를 범할지 범하지 않을지는 사람들의 자발적인 의지에 맡겨집니다. 사탄은 사람들을 술집에 데려가 강제로 입을 벌려 술을 들어붓지 않습니다. 또한 그는 사람들을 붙잡아 하나님께 예배하러 갈 수 없게 만들거나 억지로 사람들의 마음속에 거룩한 생각을 품지 못하도록 만들지는 않습니다.

이런 것들은 하나님과 죄인들 사이에 놓여 있는 것입니다. 그것이 무엇이든지 간에 하나님과 죄인 중 어느 한쪽이 반드시 이 모든 불행의 일차적인 원인이 되어야 합니다. 이 책임을 전가할 다른 존재는 없습니다. 그런데 하나님께서는 자신이 죄의 일차적 원인이 되는 것을 부인하시며, 또 그 책임을 떠맡지도 않으실 것입니다. 또한 악인들도 일반적으로 그것을 부인하며 죄에 대한 책임을 떠맡지 않으려 할 것입니다. 본문이 다루고 있는 논쟁의 주제가 바로 이것입니다.

하나님께서는 사람들을 비난하십니다. 그리고 사람들은 죄에 대한 책임이 하나님께 있다고 말합니다. 에스겔 18장 25절에서도 동일한 논쟁을 다루고 있는데, 이 구절에서 사람들은 분명히 "주의 길이 공평하지 않다"라고 말합니다. 그러나 하나님께서는 "너희 길이 공평하지 않다"라고 말씀하십니다.

"그런데 너희는 이르기를 주의 길이 공평하지 아니하다 하는도다. 이스라엘 족속아, 들을지어다. 내 길이 어찌 공평하지 아니하냐. 너희 길이 공평하지 아니한 것이 아니냐."

또한 18장 19절에서도 사람들은 "만일 우리가 반드시 죽어야 하고 형벌을 받아야 한다면 우리가 어떻게 이것을 피할 수 있을까?" 즉, 마치 이것이 자기들의 책임이 아니라 하나님의 책임인 것처럼 말합니다.

"그런데 너희는 이르기를 아들이 어찌 아버지의 죄를 담당하지 아니하겠느냐 하는도다. 아들이 정의와 공의를 행하며 내 모든 율례를 지켜 행하였으면 그는 반드시 살려니와."

그러나 본문에서 하나님께서는 그런 비난에 대한 자신의 결백을 주장하십니다. 그리고 그들이 어떻게 죽음을 피할 수 있는지 그들에게 말씀해 주시면서 그러한 수단을 사용하라고 그들을 설득하십니다. 또한 그들이 설득당하지 않음으로 인하여 죽는다면 그것은 그들의 책임이라는 것을 알게 하십니다. 만일 그들이 이것을 믿지 않는다면, 하나님께서 그들에게 내리는 벌도 멈추지 않을 것입니다. 하나님께서 그들의 재판관이 되셔서 그들의 행위대로 그들을 심판하실 것입니다.

죄인들은 하나님께 대해서나 자신들에 대해서 재판관이 될 수 없습니다. 그들에게는 그렇게 될 만한 권위나 지혜나 공평무사(公平無私)함이 없습니다. 또한 그들이 하나님께 대해서 비난하거나 다투는 것은 자신들이 회개하거나 자기들이 불평하고 있는 정의가 시행되거나 구원을 얻는 데 아무런 도움이 되지 않습니다.

2. 본문의 내용

본문에는 다음의 내용들이 담겨 있습니다.

1) 하나님의 무죄 증명

하나님께서는 죄인들을 심판하시는 데 따르는 비난으로부터 자신을 깨끗하게 하십니다. 하나님께서는 자신의 무죄를 증명하시되, "악인은 죽게 될 것이다"라는 자신의 법을 부인하시거나 그 법에 따른 심판과 형벌 집행을 회피하시거나 죄인들에게 그 법이 집행되지 않을 것이라는 희망을 주시지 않습니다. 그러면서 하나님께서 죄인들의 죽음이 아니라 죄인들이 회개하고 돌아와 사는 것을 기뻐한다고 선언하십니다. 그리고 맹세로써 이것을 그들에게 확증하십니다.

2) 악인들에게 회심하라고 권면하심

악인들을 권면하면서 하나님께서는 명령하실 뿐만 아니라 설득하고 자신을 낮추어 그들에게 왜 죽으려 하느냐고 그 이유를 묻기도 하십니다.

이러한 권면의 직접적인 목적은 죄인들로 하여금 회개하고 돌아와 살도록 하기 위함입니다. 그리고 이차적인, 혹은 함축적인 목적은 다음 두 가지입니다. 첫째, 그들이 사용하는 수단을 가지고서 그들이 불행하게 되는 것은 하나님이 원하는 바가 아님을 그들에게 납득시키고자 함입니다. 둘째, 그들이 명백하게 고의적으로 하나님의 모든 계명과 설득을 거절함으로써 불행해지는 것은 그들 자신이 원했기 때문이며, 그들이 죽는 것 역시 그들이 죽으려고 했기 때문에 임하는 것임을 그들에게 납득시키고자 함입니다.

3. 본문 속에 담겨 있는 교리

본문을 관찰해 보면 다음의 일곱 가지 교리들을 발견할 수 있습니다.

> **교리 1.** 악인은 반드시 회개해야 한다. 그렇지 않으면 죽는다는 것이 하나님의 불변하는 법이다.
>
> **교리 2.** 그러나 하나님은 악인이 거짓 없이 철저하게 회개하면 살 것이라고 약속하셨다.
>
> **교리 3.** 하나님께서는 악인들의 회심과 구원을 기뻐하시며, 그들의 죽음과 멸망을 기뻐하지 않으신다. 하나님께서는 죄인들이 계속 죄를 짓다가 죽는 것보다는 돌이켜 사는 것을 원하신다.
>
> **교리 4.** 하나님께서는 악인의 죽음을 기뻐하지 않으시고 오히려 그들이 회개하고 사는 것을 기뻐하신다는 점을 맹세로 우리에게 확증해 주셨다. 그러므로 이 진리에 대하여 의심할 여지가 남아 있지 않다.
>
> **교리 5.** 하나님께서는 악인들의 회심을 매우 간절히 바라신다. 그래서 거듭 명령하시며 간절히 권면하신다. "너희는 돌이키고 돌이키라. 어찌 죽고자 하느냐?"
>
> **교리 6.** 하나님께서는 자신을 낮추시고는 회심하지 않는 죄인들에게 왜 죽으려 하느냐고 물으신다.
>
> **교리 7.** 그런데도 사람들이 회개하지 않아 멸망당한다면, 그것은 하나님의 책임이 아니라 그들 자신의 책임이다. 그들의 고의적인 악의가 그들이 멸망하는 원인이다. 그들이 죽는 것은 그들이 죽으려 하기 때문에 임하는 것이다. 즉, 그들이 회개하지 않기 때문이다.

본문 속에 담겨 있는 이러한 명백한 명제들을 여러분에게 소개해 드렸습니다. 이제 간단하게나마 이러한 진리들에 대해 순서대로 살펴보겠습니다.

3장

회심하지 않는 사람에게
임하는 죽음

악인은 반드시 회개해야 한다.
그렇지 않으면 죽는다는 것이 하나님의 불변하는 법이다.

여러분이 하나님을 믿고자 한다면 이것을 믿으십시오. 모든 악인들에게는 회개하느냐 아니면 멸망당하느냐 하는 양자택일만이 있을 뿐입니다. 악인들은 이러한 사실도, 이 사실의 정당성도 거의 믿지 않을 것입니다. 아니, 믿지 않으려고 발버둥 칠 것입니다. 죄인들이 이러한 하나님의 법과 다툰다고 해도 전혀 이상할 것이 없습니다.

자신이 틀릴 수도 있다고 믿는 사람들은 소수에 불과할 것입니다. 그리고 자신이 자기 자신에 대해서 잘못한 것이 사실임을 믿으려는 사람은 더 소수에 불과할 것입니다. 그들은 하나님의 법과 싸우지 않습니다. 또 악한 일을 한 사람들을 구원해 줄 재판관과 싸우지도 않습니다. 이렇게 하나님의 법을 믿고 받아들인다면 자신의 죽음을 막을 수 있을 것입니다. 반면 이것을 부인하고 비난하는 것은 자신의 죽음을 서두르는 것이 될 뿐입니다.

하나님의 법에 찬성하는 이유를 가진 한 사람에 대해서 수많은 사람들이 하나님의 법에 반대하는 이유를 내세울 것입니다. 그리고 자신들의 통치자가 자기들에게 순종하라고 요구하는 명령들과 이유들을 듣기보다는 오히려 자신들이 왜 그 법을 받아들일 수 없는지에 대한 변명을 늘어놓으려 할 것입니다.

그러나 하나님의 법은 여러분이 판단하라고 만들어진 것이 아닙니다. 여러분이 그 법에 순종하고 그 법에 의해서 재판받도록 하기 위해서 만들어졌습니다.

그런데도 어떤 눈먼 사람이 감히 하나님의 법의 진리나 정당성에 대해서 질문을 던진다면, 저는 여러분에게 이 두 가지 모두에 대한 증거들을 간단히 제시하도록 하겠습니다. 이 증거들은 합리적인 사람을 충분히 만족시킬 수 있을 것입니다.

1. 이 교리의 진리 됨에 대한 성경의 증언

먼저 이것이 하나님의 말씀인지 아닌지를 여러분이 의심한다면, 굳이 수백 가지 다른 본문들을 모두 가져오지 않더라도 다음의 성경 구절들만으로도 충분히 그 해답을 얻을 수 있을 것입니다.

"이르시되 진실로 너희에게 이르노니 너희가 돌이켜 어린아이들과 같이 되지 아니하면 결단코 천국에 들어가지 못하리라"(마 18:3).

"진실로 진실로 네게 이르노니 사람이 거듭나지 아니하면 하나님의 나라를 볼 수 없느니라"(요 3:3).

"그런즉 누구든지 그리스도 안에 있으면 새로운 피조물이라. 이전 것은 지나갔으니 보라, 새것이 되었도다"(고후 5:17).

"너희가 서로 거짓말을 하지 말라. 옛사람과 그 행위를 벗어 버리고 새사람을 입었으니 이는 자기를 창조하신 이의 형상을 따라 지식에까지 새롭게 하심을 입은 자니라"(골 3:9,10).

"거룩함을 따르라. 이것이 없이는 아무도 주를 보지 못하리라"(히 12:14).

"육신에 있는 자들은 하나님을 기쁘시게 할 수 없느니라. 만일 너희 속에 하나님의 영이 거하시면 너희가 육신에 있지 아니하고 영에 있나니 누구든지 그리스도의 영이 없으면 그리스도의 사람이 아니라"(롬 8:8,9).

"할례나 무할례가 아무것도 아니로되 오직 새로 지으심을 받는 것만이 중요하니라"(갈 6:15).

"우리 주 예수 그리스도의 아버지 하나님을 찬송하리로다. 그의 많으신 긍휼대로 예수 그리스도를 죽은 자 가운데서 부활하게 하심으로 말미암아 우리를 거듭나게 하사 산 소망이 있게 하시며"(벧전 1:3).

"너희가 거듭난 것은 썩어질 씨로 된 것이 아니요 썩지 아니할 씨로 된 것이니, 살아 있고 항상 있는 하나님의 말씀으로 되었느니라"(벧전 1:23).

"그러므로 모든 악독과 모든 기만과 외식과 시기와 모든 비방하는 말을 버리고 갓난아기들같이 순전하고 신령한 젖을 사모하라. 이는 그로 말미암아 너희로 구원에 이르도록 자라게 하려 함이라"(벧전 2:1,2).

"악인들이 스올로 돌아감이여, 하나님을 잊어버린 모든 이방 나라들이 그리하리로다"(시 9:17).

"여호와는 의인을 감찰하시고 악인과 폭력을 좋아하는 자를 마음에 미워하시도다"(시 11:5).

이렇게 명백한 본문들을 살펴보기 위해서 더 시간을 들이거나 이와 동일한 내용의 수많은 본문들을 더 찾아볼 필요도 없을 것입니다. 여러분이 하나님의 말씀을 믿는다면, '악인은 반드시 회개해야 한다. 그렇지 않으면 심판을 받으리라'라는 본문의 교리만으로도 이미 여러분을 설득하기에 충분할 것입니다.

이에 대해 여러분은 이미 충분히 들어 왔습니다. 그러므로 이제 이것이 사실이라고 고백하든지, 아니면 하나님의 말씀을 믿지 않겠다고 분명히 말해야 할 것입니다. 여러분이 믿지 않는 길로 들어선다면, 여러분에게는 거의 희망이 없습니다. 할 수 있는 만큼 여러분 자신을 돌아보십시오. 왜냐하면 여러분이 지옥에서 벗어나려고 노력하는 사람처럼 보이지 않기 때문입니다. 오히려 여러분은 거짓말하는 자에게로 달려갈 준비가 되어 있습니다. 아직까지도 감히 하나님께 거짓말을 하려고 합니까?

만약 여러분이 하나님께 "나는 하나님을 믿지 않습니다"라고 분명하게 말한다면, 하나님께서 더 이상 여러분에게 경고하시지 않더라도 하나님을 비난하지 마십시오. 또 여러분을 버리거나 여러분을 희망이 없는 자처럼 포기하시더라도 하나님을 비난하지 마십시오. 하나님을 믿지 않는 여러분에게 하나님께서 경고해야 할 이유가 무엇이란 말입니까? 그것이 하나님의 의무입니까?

하나님께서 여러분에게 하늘로부터 천사를 보내신다 하더라도 여러분은 하나님의 말씀만을 전하는 천사를 믿지 않으려 할 것입니다. 만일 천사가 여러분에게 다른 복음을 전한다면, 여러분은 그것을 받아들여서는 안 되며, 그것이 잘못되었음을 분명히 알아야 합니다.

"그러나 우리나 혹은 하늘로부터 온 천사라도 우리가 너희에게 전한 복음 외에 다른 복음을 전하면 저주를 받을지어다"(갈 1:8).

우리에게 이 교리를 전해 주시기 위해 아버지께로부터 오신 하나님의 아들보다 더 믿어야 할 천사는 분명히 없습니다. 만일 여러분이 하나님의 아들을 믿지 못한다면, 하늘에 있는 모든 천사들도 믿지 못할 것입니다.

만일 여러분이 계속해서 이런 입장을 고수한다면, 하나님께서 더 확실한 방법으로 여러분을 다루실 때까지 저는 여러분을 내버려 둘 것입니다. 여러분은 하나님의 음성을 들을 수밖에 없습니다. 비록 지금은 하나님께서 여러분에게 복음의 목소리를 들으라고 권유하시지만, 앞으로는 간청하시지 않고 심판을 선고하는 음성을 발하실 것입니다. 우리는 여러분의 고집을 꺾어 하나님을 믿게 만들 수 없습니다. 그러나 하나님께서는 여러분의 고집을 얼마든지 꺾으실 수 있습니다.

2. 하나님의 공의의 정당성

여러분은 '악인은 반드시 회개해야 한다. 그렇지 않으면 죽을 것이다'라고 가르치는 하나님의 말씀을 왜 믿지 않습니까? 저는 그 이유를 알고 있습니다. 그것은 여러분이 하나님께서 그렇게 무자비한 분이 아닐 것이라고 판단하고 있기 때문입니다. 또 사람에게 죄가 있다고 해서 그렇게 사소한 일로 사람을 영원한 형벌에 처하는 것이 너무나 잔인한 처사라고 생각하고 있기 때문입니다.

그렇다면 하나님의 율법과 심판 가운데 나타난 하나님의 공의가 왜 정당한 것인지 살펴봅시다.

첫 번째로, 여러분은 불멸의 영혼을 가진 사람이 불멸의 상급을 약속받고, 끝없는 형벌을 전하는 하나님의 법에 의해서 통치받는 것이 적합하다는 것을 부인하지는 않을 것입니다. 그러하기에 하나님의 법은 더욱 고차원적인 영원한 것들에 대한 소망이나 두려움만으로도 충분히 통치되는 사람의 특성에 적합한 것입니다.

이것은 일시적인 형벌의 경우에도 마찬가지입니다. 만일 가장 극악무도한 죄를 범하면 백 년 동안 감옥형에 처한다는 법이 만들어졌다면, 이 법은 우리 삶의 현실에서 효력을 발휘할 것입니다. 그러나 팔백 년이나 구백 년씩 살았던 홍수 이전의 사람들은 감옥에서 나온 후에도 수백 년씩이나 자유롭게 살 수 있다는 것을 알았을 것이기 때문에 백 년 감옥형으로는 충분하지 않았을 것입니다. 이것은 우리가 지금 다루고 있는 경우에도 마찬가지입니다.

두 번째로, 여러분은 끝없고 상상할 수 없는 영광에 대한 약속이 하나님의 지혜에나 사람에게 적합하다고 인정할 것입니다. 그렇다면 여러분은 끝도 없고 말로 표현할 수도 없는 형벌의 위협에 대해서는 왜 그것이 적합하다고 생각하지 않습니까?

세 번째로, 여러분이 하나님의 말씀 안에서 '어떤 것이 지금 그러한 것처럼 앞으로도 그러할 것이다'라는 내용을 읽고 이 말씀에 반대하는 것이 합당하다고 생각하십니까? 여러분은 여러분의 창조주를 법정에 소환하여 그분의 말씀이 거짓이라고 소송할 작정입니까? 여러분은 하나님을 피고석에 세우고 자신은 하나님보다 더 높은 재판장석에 앉아서 여러분의 변덕스러운 법으로 하나님을 재판하려고 합니까?

여러분이 하나님보다 더 지혜롭고 더 선하고 더 의롭다는 말입니까? 하늘의 하나님께서 지혜를 배우기 위해 여러분에게로 오셔야 한다는 말입니까? 무한한 지혜자가 어리석은 자에게서 배워야 한다는 말입니까? 무한한 선(善)이신 그분이, 스스로는 단 한 시간도 자신을 깨끗하게 유지할 수 없는 야비한 죄인에게 교정받으셔야 한다는 말입니까? 전능자가 벌레의 법정에 서야 하겠습니까?

아, 무지하고도 먼지 같은 인간의 혐오스러운 거만함이여! 모든 두더지나 흙덩이나 쓰레기 더미가 태양을 어둡다고 비난하며 자기들이 세상을 비추겠다고 나선다는 것이 말이 됩니까?

전능자가 법을 만드실 때, 그분은 여러분을 회의 장소에 부르지도 않으셨습니다. 그때 여러분은 어디에 있었습니까? 분명한 사실은 하나님께서 여러분이 태어나기도 전에, 여러분의 조언은 바라지도 않고 법을 만드셨다는 것입니다. 여러분은 너무 늦게 태어났습니다. 여러분은 이 법을 바꿀 수가 없습니다.

여러분이 매우 위대한 일을 했기 때문에 가치 있는 존재가 되었을지도 모릅니다. 그래서 그리스도께서 이 세상에 오셨을 때, 그분을 대적할 수도 있었을지 모릅니다. 혹은 그리스도보다 먼저 태어난 모세도 대적할 수 있었을 것이며, 아담과 그의 죄인 된 후손들을 위협적인 죽음으로부터 구원할 수도 있었을 것입니다. 그랬다면 여러분에게는 그리스도가 필요 없었을지도 모릅니다. 그런데 그러다가 만일 하나님께서 더 이상 인내하지 않으시고 여러분을 돌보지 않으시며, 또 여러분이 하나님의 말씀에 반대할 때에 여러분을 지옥에 들어가게 내버려 둔다면, 무엇이 여러분으로 하여금 지옥이 있다는 사실을 믿게 할 수가 있겠습니까?

네 번째로, 우리의 죄가 얼마나 악한지 그것을 속량하기 위해서 그리스도의 죽으심이 필요할 정도라면, 그 죄에 대한 대가로 우리가 영원히 형벌을 받아 마땅하다고 할지라도 전혀 놀랄 일은 아닙니다.

다섯 번째로, 귀신들의 죄가 영원한 고통을 받아 마땅하다면, 사람의 죄에 대해서는 그렇게 하지 못할 이유가 무엇이란 말입니까?

여섯 번째로, 악한 사람들이 죄에 대한 선고를 내리는 유능한 재판관이 되는 것은 가장 선한 사람이 그렇게 되는 것보다 훨씬 더 어렵습니다.

아! 우리는 눈먼 자요 편파적인 사람입니다.

여러분은 죄의 악함을 충분히 보기 전까지는 결코 죄의 형벌을 충분히 알 수 없습니다. 또한 다음과 같은 사실을 충분히 알기 전까지는 죄의 악함을 충분히 알 수 없습니다.

① 죄가 망쳐 놓는 영혼의 탁월성
② 죄가 소멸시키는 거룩함의 탁월성
③ 이성과 죄가 깨뜨리는 율법의 탁월성
④ 죄가 경멸하는 영광의 탁월성
⑤ 죄가 억누르고 있는 이성의 탁월성과 그 역할

⑥ 죄가 헌신하기를 반대하고 있는 하나님의 무한하신 탁월성과 전능하심과 거룩하심

여러분이 이 모든 것들을 충분히 알게 될 때, 비로소 죄로 인해 마땅히 받아야 할 형벌을 충분히 알게 될 것입니다.

또한 여러분은, 범죄자는 너무 편파적이기 때문에 법에 대한 재판이나 재판에 대한 변론을 제대로 할 수 없다는 것을 알고 있습니다. 우리는 감정에 따라 판단합니다. 그리고 이 감정이 우리의 이성을 지배하고 있습니다. 일상 생활 가운데 대다수의 사람들은, 자기에게 이익이 되는 것은 옳고 자기에게 손해가 되는 것은 모두 틀렸다고 판단합니다. 가장 지혜롭고 의로우며 공평한 친구들로 하여금 이와 반대로 행동하라고 사람들을 설득하게 해 보십시오. 그 어떤 노력도 완전히 수포로 돌아갈 것입니다.

아버지에게서 매를 맞으면서도 자기 아버지가 자비로우며 자기를 부드럽게 다룬다고 생각할 자녀들은 거의 없습니다. 교회가 야비하고 비열한 사람들을 출교시키는 것에 대해 교회의 행위를 옳다고 인정해 줄 당사자도 거의 없습니다. 또 형이 집행될 때, 법이나 재판관이 가혹하다고 생각하지 않을 절도범이나 사형수도 거의 없습니다.

일곱 번째로, 여러분은 과연 거룩하지 않은 영혼이 천국에 적합하리라고 생각합니까? 아, 슬픕니다. 그들은 이곳에서 하나님을 사랑할 수도 없고, 하나님이 받으실 만한 예배를 드릴 수도 없습니다. 그들은 하나님과는 정반대로 하나님께서 가장 사랑하는 것을 가장 싫어하고, 하나님께서 싫어하는 것을 사랑합니다. 그들은 지금 성도들이 누리고 있는 하나님과의 교제도 체험할 수가 없습니다. 그런데 어떻게 그들이 하나님을 완전하게 사랑하며 충만한 기쁨 속에서 하나님과 완전한 교제를 누리는 천국의 복을 경험할 수 있겠습니까?

여러분은 원수를 친한 조언자로 삼지 않는다고 해도, 또는 돼지를 여러분의 침대로 데리고 와서 재우지 않는다고 해도 스스로를 무자비하다고 비난하지 않습니다. 마찬가지로 하나님께서 회심하지 않는 사람을 영원한 형벌에 처하신다고 해도, 절대자이시요 가장 지혜로우며 은혜로우신 세상의 주권자 하나님을 비난할 수는 없습니다.

3. 회심하지 않는 사람은 반드시 죽으리라

저는 여러분 모두가 여러분의 영혼을 사랑하게 되기를 바랍니다. 또한 하나님과 그분의 말씀에 대항하지 않고 순종함으로써 그 말씀이 여러분의 유익을 위해 사용되기를 간절히 바랍니다. 회중 가운데서 아직 회심하지 않은 모든 사람들이여, 이것을 의심할 여지 없는 하나님의 진리로 받아들이십시오.

조만간 여러분은 반드시 회심해야 합니다. 그렇지 않으면 멸망당할 것입니다. 다른 길은 없습니다. 돌아서십시오. 그렇지 않으면 죽을 것입니다. 거짓말을 할 수 없는 하나님께서 여러분에게 이렇게 말씀하실 때, 여러분이 이 세상의 창조주요 심판자이신 분으로부터 이런 말씀을 들을 때, 바로 그때가 들을 귀 있는 자들을 위한 때입니다. 그때 여러분은 무엇을 신뢰해야 할지를 알게 될 것입니다.

여러분이 회개하지 않는다면, 여러분은 죽은 사람이요 들을 수 없는 자입니다. 만일 제가 여러분에게 이렇게 말하지 않는다면, 저는 거짓말로 여러분을 속이는 자가 될 것입니다. 만일 제가 이 사실을 여러분에게 감춘다면, 저는 여러분을 파멸시키는 자가 될 것입니다. 만일 그렇다면, 저는 에스겔서에 기록된 대로 여러분의 피에 대해 책임져야 할 것입니다.

"가령 내가 악인에게 이르기를 악인아 너는 반드시 죽으리라 하였다 하자. 네가 그 악인에게 말로 경고하여 그의 길에서 떠나게 하지 아니하면 그 악인은 자기 죄악으로 말미암아 죽으려니와 내가 그의 피를 네 손에서 찾으리라"(겔 33:8).

여러분이 아시다시피 비록 이 구절이 과격하고 환영받지 못하는 교리이기는 하지만, 사역자들은 이 말씀을 반드시 설교해야 하며, 여러분 역시 반드시 들어야 합니다. 지옥을 체험하는 것보다는 차라리 지옥에 대한 설교를 듣는 편이 더 쉽습니다. 만일 여러분에게 그렇게 할 필요가 없다면, 사역자들은 딱딱하고도 무겁게 여겨지는 진리로 여러분의 부드러운 귀를 성가시게 하지 않을 것입니다.

만일 사람들이 기꺼이 자신들의 상황을 알고, 이 진리를 듣고 생각한다면, 지옥이 그렇게 사람들로 가득 차지는 않을 것입니다. 그토록 많은 사람들이 지옥에 들어가는 이유는, 대다수의 사람들이 회심이라는 좁은 문으로 들어가지 않으려고 하며, 이 땅에 사는 동안 거룩의 좁은 길로 걸어가지 않으려고 힘쓰기 때문입니다. 그리고 그들이 그렇게 하는 것은, 자신들이 처해 있는 위험을 생생하게 느끼도록 각성되지 못했기 때문입니다. 또 그들이 각성되지 않은 이유는, 진리에 대해 듣거나 생각하기를 싫어하기 때문입니다. 그리고 그들이 진리를 듣고 생각하기 싫어하는 이유는, 부분적으로는 그들의 어리석음과 육적인 자기 사랑 때문이고, 부분적으로는 이와 같은 상태에 대해 경고하는 하나님의 말씀을 믿지 않기 때문입니다.

여러분이 이 진리를 철저히 믿지 않는다면, 이 진리의 영향력이 여러분으로 하여금 이 진리를 생각나게 할 것이며, 이 진리가 여러분을 따라다니면서 회심할 때까지 여러분에게 안식을 주지 않을 것입니다. 만일 여러분이 천사의 목소리로 이 말씀을 들었다면, 여러분은 반드시 회심했거나 아니면 정죄되었을 것입니다.

"회개하라. 그렇지 않으면 죽으리라!"라는 말씀이 밤낮 여러분의 생각 속에서 여러분을 괴롭히지 않습니까? 여러분이 죄를 범할 때, "회개하라. 그렇지 않으면 죽으리라"라는 음성이 여전히 귓전을 울려 그 말씀을 기억하게 될 것입니다.

이처럼 그 말씀이 여러분 속에서 효력을 발휘하여 결코 잊혀지지 않거나, 그 말씀이 여러분의 마음이 하나님께로 돌아가 안식을 누릴 때까지 여러분을 괴롭힌다면, 그러한 여러분의 영혼은 얼마나 복된지요! 그러나 여러분이 그 말씀을 잊어버리거나 믿지 않는다면, 어떻게 그 말씀이 여러분의 회심과 구원에 효력을 발휘할 수 있겠습니까?

설령 여러분이 이 말씀을 생각 속에서 지울 수는 있을지 몰라도, 성경 속에서 지울 수는 없습니다. 성경 속에서 이 말씀은 여러분이 영원히 경험하게 될 확실한 진리로 굳건히 서 있을 것입니다. 그러므로 다른 길은 없습니다. 회개하십시오! 그렇지 않으면 죽을 것입니다.

오, 이토록 강력한 진리에 의해서도 찔림을 받지 못하는 죄인들의 마음이여! 그 마음의 문제는 무엇입니까? 어떤 사람은 회심하지 않은 모든 사람이 이 말씀을 듣고서는 마음에 찔림을 받게 될 것이라고 생각합니다. 그리고 저의 경우에도 마찬가지였듯이, 그들도 자신이 회심했다는 것을 알게 되기까지 결코 쉬지 못할 것이라고 생각합니다.

여러분이여, 이것을 믿으십시오. 이 지루하고 무심한 상태는 오래가지 못할 것입니다. 회심과 정죄는 모두 어떤 것들을 각성시킵니다. 여러분은 머지않아 이 두 가지 중 하나를 체험하게 될 것입니다. 저는 눈으로 직접 본 것처럼 분명하게 예고할 수 있습니다. 은혜 아니면 지옥이 곧 이 상태를 끝장낼 것입니다. 그리고 여러분은 이렇게 말하게 될 것입니다. "내가 무엇을 했는가? 내가 얼마나 어리석고도 악한 삶을 살았던가!"

죄인들의 냉소적이고도 어리석은 상태는 단지 잠시 동안만 지속될 뿐입니다. 그들이 회심하자마자 아니면 죽자마자 이 몽롱한 꿈이 끝나고 말 것이며, 그다음에 그들은 제정신과 감정을 되찾을 것입니다.

4. '악인'과 '회심'에 대한 오해

한편 저는 비회심자들이 그 길에서 벗어날 수 없거나 그들의 마음이 오히려 단단해지고 저의 모든 노력이 수포로 돌아가고 말 수도 있음을 예견하고 있습니다. '악인'과 '회심하다'라는 두 단어에 대한 오해 때문입니다.

어떤 사람들은 이렇게 생각합니다. "악인은 회개해야 하며, 그렇지 않으면 죽을 것이라는 말은 사실이다. 그러나 그것이 나와 무슨 상관이 있단 말인가? 다른 모든 사람들처럼 나도 죄인이다. 그러나 나는 악인은 아니다."

또 어떤 사람들은 이렇게 생각합니다. "우리가 악한 생활에서 돌아서야 한다는 것은 진리이다. 그러나 나는 이미 오래전에 돌아섰다. 회심은 지금 내가 할 일이 아니다."

이와 같이 악인들이 스스로를 악인이라고 생각하지 않거나 자신이 이미 회심했다고 생각하는 한 그들에게 회개하라고 설득하는 우리의 모든 노력은 헛수고가 되고 맙니다.

그러므로 더 나가기 전에 여기서 악인이라는 말이 누구를 의미하는지, 반드시 회개해야 하고 그렇지 않으면 죽을 자가 누구인지, 또한 돌아선다는 말이 무슨 뜻인지, 참으로 회심한 자들은 누구인지에 대해 말하고자 합니다. 저는 지금까지 저의 목적에 적합한 방법을 사용하고자 의도적으로 이 점에 대한 설명을 유보해 왔습니다.

여기 본문의 의미에서 여러분은 악인과 회심한 자가 상반된 개념이라는 것을 관찰할 수 있을 것입니다. 회심한 사람은 누구든지 악인이 아닙니다. 그리고 악한 사람은 누구든지 회심한 사람이 아닙니다. 악인과 회심하지 않은 사람은 완전히 같은 말입니다. 그러므로 우리는 하나를 해석함으로써 두 가지 모두를 이해하게 될 것입니다.

5. 회심이란 무엇인가

1) 인간의 부패한 본성

악과 회심이 무엇인지를 여러분에게 설명하기 전에, 저는 이 문제를 밑바닥에서부터, 그리고 처음부터 생각해 보고자 합니다.

위대하신 창조주 하나님은 자신의 기쁘신 뜻에 따라 세 종류의 생명체를 만드셨습니다. 먼저 육체가 없는 순수한 영들인 천사들을 만드시고는 오직 하늘에서만 거하며 지상에서는 살지 않도록 하셨습니다. 또 짐승들을 불멸의 영혼이 없는 육체로 만드시고는 그것들을 오직 땅에서만 살며 하늘에서는 살지 못하도록 하셨습니다. 마지막으로 인간은 육체와 영혼을 모두 가진, 천사와 짐승 사이의 중간적 존재입니다. 이 인간은 하늘과 땅 모두에 적합하도록 만들어졌습니다. 다만 인간의 육체가 단지 인간의 영혼을 섬기는 그릇으로 만들어졌듯이, 인간이 땅에 살도록 만들어졌으나 이 땅은 인간에게 있어서 단지 하늘로 가는 과정 내지 길일 뿐 고향이나 행복이 되지 않도록 만들어졌습니다.

인간은 주님의 영광스러운 상태를 소유하고 천사들과 함께 주님의 영광을 찬양하며 주님을 사랑하고 주님의 사랑을 영원토록 넘치게 하는 복된 상태로 만들어졌습니다. 이것이 인간이 만들어진 목적인 것입니다. 뿐만 아니라 하나님께서는 인간에게 이런 상태에 적합한 수단을 주셨습니다. 이러한 수단은 원리적으로 두 가지였습니다. 첫째는, 인간의 지성의 바른 경향과 성향입니다. 둘째는, 인간의 삶과 행동의 바른 질서입니다.

첫 번째를 위해서 하나님께서는 인간의 성향을 자신의 목적에 맞게끔 만드셨습니다. 인간에게 현재의 상태에 적합한 하나님을 아는 지식을 주시고, 거룩한 사랑으로 하나님을 향하고 하나님께 이끌리도록 하는 마음을 주신 것입니다. 그러나 하나님께서 인간을 이러한 상태로 고정시키거나 확증시켜 놓지는 않으셨습니다. 오히려 인간을 자유의지를 가진 존재로 만드시고는 그 자유의지를 사용하게 하셨습니다.

두 번째를 위해서 하나님께서는 자신에게 속한 것을 주셨습니다. 인간에게 하나님을 계속 사랑하며 하나님께 완전히 순종하라고 요구하는 완전한 법을 주신 것입니다. 그러나 인간은 이 법을 고의적으로 어김으로써 영생에 대한 소망을 상실했을 뿐만 아니라, 자신의 마음을 하나님께로부터 돌려 낮고도 육적인 것들에 고정시켰습니다. 그리하여 인간의 영혼에 담긴 하나님의 영적인 형상이 어두워지고 말았습니다. 결국 인간은 자신의 목적인 하나님의 영광에 이르지 못하게 되었으며, 그 영광을 획득하는 데 사용되었어야 할 그 길에서도 벗어나게 되었습니다.

이것은 인간의 마음과 삶, 양자 모두의 구조(構造)에 영향을 미칩니다. 먼저, 인간은 하나님께로 향한 자기 영혼의 거룩한 성향과 사랑을 잃어버렸습니다. 대신 자신의 영혼이 세상적인 것들을 따라 자신의 육적, 혹은 탐욕적인 자아를 기쁘게 하고 사랑하도록 했습니다. 그리하여 점점 하나님께로부터 멀어지고 피조물과 친숙해지는 쪽으로 나가게 되었습니다. 또한 인간의 삶은 자기 마음의 성향과 경향을 따르며, 하나님이 아니라 자기의 육적 자아를 위해 살게 되었습니다. 그래서 인간은 하나님을 기쁘시게 하는 것을 추구하는 대신에 자신의 육체를 기쁘게 하기 위해 피조물을 추구하게 되었습니다. 우리 모두가 이와 같은 본성, 즉 부패한 성향을 가지고 이 세상에 태어나게 된 것입니다.

"누가 깨끗한 것을 더러운 것 가운데에서 낼 수 있으리이까? 하나도 없나이다"(욥 14:4).

삼키기 전에 이미 사납고도 잔인한 본성을 가지고 있는 사자처럼, 또 물기 전에 이미 독을 품고 있는 독사처럼, 우리가 아주 어렸을 적에 생각하거나 말하거나 죄를 짓기 전에 이미 우리에게 죄를 지을 본성들과 경향성들이 있었습니다. 그리고 그러한 죄의 본성으로부터 우리 삶의 모든 죄들이 솟아 나옵니다.

뿐만 아니라 하나님께서 우리를 치료하기 위해 자비를 베푸셔서, 우리 영혼의 구세주가 되시며 우리를 하나님께로 다시 데리고 가실 주 예수 그리스도를 주셨는데도, 우리는 본성적으로 우리의 현재 상태를 사랑하여 이러한 상태에서 벗어나기를 싫어합니다. 그리고는 우리를 회복하는 수단들을 대적합니다. 비록 관습은 우리에게 그리스도의 선한 의도에 대해 감사하라고 가르치지만, 육적인 자아는 우리로 하여금 그리스도의 치료를 거절하라고 설득합니다. 또 그리스도께서 제공해 주신 치료를 받아들이라는 명령과, 모든 것을 버리고 그리스도를 따라 하나님의 영광을 위하는 삶을 살라는 부름을 받을 때에 우리로 하여금 변명을 늘어놓도록 합니다.

저는 여러분이 이 장(章)을 다시금 철저히 읽기를 기도합니다. 또한 이 부분을 표시해 두십시오. 왜냐하면 이 몇 마디 안에 우리 본성의 상태와 악인에 대한 참된 설명이 들어 있기 때문입니다. 왜냐하면 이러한 부패한 본성을 가진 모든 사람은 악인이요 죽은 상태이기 때문입니다.

2) 구원을 위한 삼위 하나님의 사역

이로써 여러분은 회심한다는 것이 무엇인지를 이해할 준비를 갖추었습니다. 하나님께서는 사람이 죄 가운데서 멸망당하는 것을 원하지 않으십니다. 더 나아가 하나님께서는 자비를 베푸시사 우리를 위한 치료책을 마련해 주셨습니다. 곧 자신의 아들로 하여금 우리의 형상을 취하여 한 인격 안에 하나님과 사람의 본성을 갖게 하시고는 하나님과 사람 사이의 중보자가 되게 하신 것입니다. 이 하나님의 아들이 우리 죄를 위해 십자가에서 죽으심으로써 우리를 하나님의 저주와 마귀의 권세로부터 건져 주셨습니다. 그리고 하나님의 아들이 우리를 구속해 주셨기에, 아버지께서 우리를 아들의 소유로 삼게 하셨습니다. 이렇게 하여 성부와 중보자께서 사람을 위해 새로운 법과 언약을 만드신 것입니다.

이 새로운 법은 첫 번째 법과는 다릅니다. 첫 번째 법은 완벽하게 순종한 사람에게만 생명을 주고, 단 한 가지라도 죄를 지은 사람을 정죄했습니다. 그러나 그리스도께서는 은혜의 법, 곧 참된 회개와 그리스도에 대한 믿음으로 하나님께로 회심한 모든 사람에게 용서와 영생을 주시겠다고 약속하셨습니다. 이것은 반역한 무리들에게 왕이 내린 사면령과 같은 것입니다. 사면을 받게 된 반역자들은 항복하고 나아와 앞으로 충성스러운 백성이 될 것입니다.

그러나 사람의 마음이 얼마나 악하게 되었는지 이 모든 것에도 아랑곳없이 그들을 가만히 내버려 두면 하나님의 치료책을 받아들이지 않을 것임을 하나님께서는 알고 계십니다. 그래서 성령님은 사도들에게 영감을 주어 표적과 기사들로 성경에 인을 치시고, 택한 자들의 영혼에 빛을 비추어 회심하게 하는 사역을 하셨습니다.

이와 같이 삼위일체 하나님 안에는 삼위, 즉 성부, 성자, 성령이 계십니다. 그리고 삼위의 하나님은 각각 자신의 고유한 여러 가지 사역을 하십니다.

성부의 사역은 우리를 창조하시고, 자연 법칙을 통해서 우리를 이성적인 피조물로서 통치하고 심판하시는 것입니다. 그리고 우리가 타락했을 때 사랑으로 우리에게 구세주를 제공해 주시며, 자기 아들을 보내 속죄를 받아들이게 하시는 것입니다.

우리를 위한 성자의 사역은 다음과 같습니다. 성자께서는 자신의 고난과 의로써 우리를 속량하고 구속하시며, 약속 곧 은혜의 법을 주시고, 은혜에 입각해서 구세주로서 세상을 통치하고 심판하십니다. 또한 그분은 자신의 죽으심의 유익이 우리에게 전달되도록 하기 위해 우리를 위해 중보하시며, 성령을 보내 주십니다. 물론 성부께서도 성자에 의해 성령을 보내십니다.

우리를 위한 성령의 사역은 다음과 같습니다. 성령께서는 선지자들과 사도들에게 영감을 주시고 인도하여 성경을 기록하게 하시며, 표적과 기사로 말씀을 인치십니다. 그리고 평범한 복음 사역자들에게 말씀을 조명해 주고 감동을 주시며, 그들에게 능력을 주시고 말씀을 선포하게 하시며, 이러한 말씀을 통해서 사람들의 영혼에 빛을 비추어 회심하게 하십니다.

그러하기에 성부께서 여러분을 창조하지 않으셨더라면 여러분은 이성적인 피조물이 될 수 없었을 것이며, 성자께서 여러분을 구속하지 않으셨더라면 여러분은 하나님께로 절대 나아갈 수 없었을 것이고, 마찬가지로 성령께서 여러분을 성화시키지 않으신다면 여러분은 그리스도 안에 있는 분깃, 즉 구원을 받을 수 없습니다.

이제 여러분은 구원의 여러 가지 원인들을 볼 수 있을 것입니다. 성부는 성자를 보내십니다. 성자는 우리를 구속하시고 은혜의 약속을 주십니다. 성령은 이러한 복음을 기록하게 하고 인치십니다. 또 사도들이 성령의 비서가 되어 이것을 기록하고 복음 설교자들이 이것을 전파해서 사람들을 복종하라고 설득할 때, 성령은 그들의 설교를 효과 있게 하셔서 사람들의 마음을 열어 복음을 받아들이도록 하십니다.

이 모든 사역들을 통해 우리의 영혼에 잃어버렸던 하나님의 형상이 복구됩니다. 그리고 피조물과 타락한 자신에게서 마음을 돌이켜 다시 하나님께로 향하게 됩니다. 삶의 방향이 세속적인 곳에서부터 하늘로 바뀌게 되는 것입니다. 이 모든 변화가 영혼의 의사이신 그리스도를 믿음으로 받아들임으로써 일어나는 것입니다.

3) 회심하지 않은 사람의 세 가지 특징

제가 이미 말씀드린 내용으로 여러분은 악인이란 무엇인지, 그리고 회심하지 않은 상태란 무엇인지 알 수 있을 것입니다. 그러나 여러분이 이에 대해 좀 더 분명히 알 수 있도록 악인 곧 회심하지 않은 사람들의 특성들을 설명해 드리고자 합니다. 악인은 다음의 세 가지 특성을 가지고 있습니다.

(1) 악인은 자신의 최고 만족을 땅에서 구합니다.

악인은 하나님보다 피조물을 더 사랑하며, 하늘의 행복보다 육체의 만족을 더 좋아합니다. 또한 육체의 일을 구하며, 성령의 일에는 관심도 없고 추구하지도 않습니다.

설령 그가 땅보다 하늘이 더 좋다고 말한다 할지라도, 실제로는 그렇게 생각하지 않습니다. 땅의 것을 확신하는 사람은 천국의 것에는 관심을 가지지 않으며, 천국으로 가기보다는 여기에 머무르려고 합니다. 그는 하나님 앞과 자신의 사랑 안에서, 그리고 심지어 천국에서 칭찬받을 만한 온전하고도 거룩한 삶을 추구하기보다는 오히려 여기 이 세상에서 건강과 부와 명예를 얻는 삶을 추구합니다. 또 설령 그가 거짓으로 하나님을 모든 것보다 더 사랑한다고 고백할지라도, 참으로 그는 자기 안에 있는 하나님의 사랑의 능력을 결코 알지 못하며, 하나님보다 세상과 육체의 쾌락을 더 많이 생각합니다.

한마디로 말하자면, 천국보다 세상을 더 사랑하고, 하나님보다 육체의 만족을 더 사랑하는 사람은 누구든지 악인이요 회심하지 못한 사람입니다.

반대로 회심한 사람은 조명을 받아 하나님의 사랑을 분별합니다. 더 나아가서 그는 하나님과 함께 누릴 영광을 믿고 마음으로 그 영광을 생각하며, 이 세상에 있는 다른 어느 것보다 이러한 영광에 마음을 기울입니다. 그는 세상에서 모든 부와 쾌락을 누리느니 차라리 하나님의 얼굴을 보며 하나님의 영원한 사랑을 찬양하며 살기를 구합니다. 그는 세상의 모든 것들이 허무하며, 오직 하나님만이 영혼을 만족시켜 줄 수 있다는 것을 압니다. 그래서 세상이 어떻게 되든지 그는 자신의 재물과 소망을 하늘에 쌓아 둡니다. 그는 모든 것들을 버리리라 각오합니다. 불이 위로 타오르고 나침반의 바늘이 북쪽을 가리키는 것처럼, 회심한 영혼은 하나님께로 향하는 경향을 가집니다. 하나님의 사랑 외에는 그 어떤 것도 회심한 영혼을 만족시켜 줄 수 없으며, 어떤 만족이나 안식도 줄 수 없습니다.

한마디로 말하자면, 모든 회심한 사람들은 세상의 모든 것보다 하나님을 더욱 존경하며 사랑합니다. 또한 그들에게는 하늘의 행복이 세상의 번영보다 더욱 매력적입니다.

다음의 성경 구절들에는 제가 여러분에게 말한 증거들이 나타나 있습니다.

"내가 여러 번 너희에게 말하였거니와 이제도 눈물을 흘리며 말하노니 여러 사람들이 그리스도의 십자가의 원수로 행하느니라"(빌 3:18).

"그는 만물을 자기에게 복종하게 하실 수 있는 자의 역사로 우리의 낮은 몸을 자기 영광의 몸의 형체와 같이 변하게 하시리라"(빌 3:21).

"너희를 위하여 보물을 땅에 쌓아 두지 말라. 거기는 좀과 동록이 해하며 도둑이 구멍을 뚫고 도둑질하느니라. 오직 너희를 위하여 보물을 하늘에 쌓아 두라. 거기는 좀이나 동록이 해하지 못하며 도둑이 구멍을 뚫지도 못하고 도둑질도 못하느니라. 네 보물 있는 그곳에는 네 마음도 있느니라"(마 6:19-21).

"그러므로 너희가 그리스도와 함께 다시 살리심을 받았으면 위의 것을 찾으라. 거기는 그리스도께서 하나님 우편에 앉아 계시느니라. 위의 것을 생각하고 땅의 것을 생각하지 말라. 이는 너희가 죽었고 너희 생명이 그리스도와 함께 하나님 안에 감추어졌음이라. 우리 생명이신 그리스도께서 나타나실 그때에 너희도 그와 함께 영광 중에 나타나리라"(골 3:1-4).

"율법이 육신으로 말미암아 연약하여 할 수 없는 그것을 하나님은 하시나니 곧 죄로 말미암아 자기 아들을 죄 있는 육신의 모양으로 보내어 육신에 죄를 정하사"(롬 8:3).

"육신의 생각은 사망이요 영의 생각은 생명과 평안이니라. 육신의 생각은 하나님과 원수가 되나니 이는 하나님의 법에 굴복하지 아니할 뿐 아니라 할 수도 없음이라. 육신에 있는 자들은 하나님을 기쁘시게 할 수 없느니라. 만일 너희 속에 하나님의 영이 거하시면 너희가 육신에 있지 아니하고 영에 있나니 누구든지 그리스도의 영이 없으면 그리스도의 사람이 아니라"(롬 8:6-9).

"생각하건대 현재의 고난은 장차 우리에게 나타날 영광과 비교할 수 없도다"(롬 8:18).

"그뿐 아니라 또한 우리 곧 성령의 처음 익은 열매를 받은 우리까지도 속으로 탄식하여 양자 될 것 곧 우리 몸의 속량을 기다리느니라"(롬 8:23).

"하늘에서는 주 외에 누가 내게 있으리요 땅에서는 주 밖에 내가 사모할 이 없나이다. 내 육체와 마음은 쇠약하나 하나님은 내 마음의 반석이시요 영원한 분깃이시라"(시 73:25,26).

(2) 악인은 출세하고 세속적인 목표들을 달성하는 것을 인생의 가장 중요한 일로 삼습니다.

혹시 그가 성경을 읽거나 듣고, 형식적으로는 신앙의 의무들을 많이 행하며, 부끄러운 죄를 짓지 않을 수도 있습니다. 그러나 이것은 모두 부수적인 것일 뿐, 그는 결코 하나님을 영화롭게 하고 영원한 영광을 얻는 것을 자기 삶에서 가장 중요한 일로 삼지 않습니다. 그는 오히려 하나님을 떠나 세속적인 것들을 즐기며, 하나님을 섬기기보다는 육신을 더욱 아낍니다. 그는 천국을 위해서 모든 것을 버리지 못합니다.

반면에 회심한 사람은 하나님을 기쁘시게 하고, 구원받는 것을 자기 삶의 가장 중요한 관심사와 과업으로 삼습니다. 그는 이 세상의 모든 복들을 취하면서도 그것을 다른 세상을 향해 가는 여행에 필요한 것으로 간주하고는 피조물을 하나님께 복종하는 수단으로 사용합니다. 그는 거룩한 삶을 사랑하며 거룩하게 되기를 열망합니다. 그는 죄를 짓지 않으려고 하며, 죄를 미워합니다. 그는 죄를 짓지 않으려고 소망하고 기도하며 노력합니다. 그는 하나님을 위하여 살려는 경향과 성향을 가집니다. 죄를 짓는 것은 그의 마음과 삶의 성향에 반대되는 것입니다. 그러하기에 그는 죄를 짓더라도 다시 일어나서 회개하며, 기꺼이 알고 있는 모든 죄에서 떠나려고 합니다.

이 세상에 있는 어떤 것도 그에게 매력을 주지 못하며, 그는 모든 것을 하나님과 그분의 영광의 소망을 위해서 포기하고 버릴 수 있습니다. 여러분은 이러한 내용들을 다음의 성경 구절에서 찾아볼 수 있습니다.

"그러므로 너희가 그리스도와 함께 다시 살리심을 받았으면 위의 것을 찾으라. 거기는 그리스도께서 하나님 우편에 앉아 계시느니라. 위의 것을 생각하고 땅의 것을 생각하지 말라. 이는 너희가 죽었고 너희 생명이 그리스도와 함께 하나님 안에 감추어졌음이라. 우리 생명이신 그리스도께서 나타나실 그때에 너희도 그와 함께 영광 중에 나타나리라. 그러므로 땅에 있는 지체를 죽이라. 곧 음란과 부정과 사욕과 악한 정욕과 탐심이니 탐심은 우상숭배니라"(골 3:1-5).

"오직 너희를 위하여 보물을 하늘에 쌓아 두라. 거기는 좀이나 동록이 해하지 못하며 도둑이 구멍을 뚫지도 못하고 도둑질도 못하느니라"(마 6:20).

"너희는 먼저 그의 나라와 그의 의를 구하라. 그리하면 이 모든 것을 너희에게 더하시리라"(마 6:33).

"자기를 위하여 재물을 쌓아 두고 하나님께 대하여 부요하지 못한 자가 이와 같으니라"(눅 12:21).

"다 일치하게 사양하여 한 사람은 이르되 나는 밭을 샀으매 아무래도 나가 보아야 하겠으니 청컨대 나를 양해하도록 하라 하고"(눅 14:18).

"내가 너희에게 말하노니 전에 청하였던 그 사람들은 하나도 내 잔치를 맛보지 못하리라 하였다 하시니라"(눅 14:24).

"무릇 내게 오는 자가 자기 부모와 처자와 형제와 자매와 더욱이 자기 목숨까지 미워하지 아니하면 능히 내 제자가 되지 못하고, 누구든지 자기 십자가를 지고 나를 따르지 않는 자도 능히 내 제자가 되지 못하리라"(눅 14:26,27).

"예수께서 이 말을 들으시고 이르시되 네게 아직도 한 가지 부족한 것이 있으니 네게 있는 것을 다 팔아 가난한 자들에게 나눠 주라. 그리하면 하늘에서 네게 보화가 있으리라. 그리고 와서 나를 따르라 하시니 그 사람이 큰 부자이므로 이 말씀을 듣고 심히 근심하더라"(눅 18:22,23).

"이르시되 내가 진실로 너희에게 이르노니 하나님의 나라를 위하여 집이나 아내나 형제나 부모나 자녀를 버린 자는"(눅 18:29).

"너희가 육신대로 살면 반드시 죽을 것이로되 영으로써 몸의 행실을 죽이면 살리니"(롬 8:13).

"그리스도 예수의 사람들은 육체와 함께 그 정욕과 탐심을 십자가에 못 박았느니라"(갈 5:24).

(3) 악인의 영혼은 결코 구속의 신비를 분별하거나 맛보지 못합니다.

악인은 이 세상에 오신 구주를 감사함으로 영접하지도 않고, 구속주의 사랑을 받아들이지도 않습니다. 또한 그는 자기 죄의 형벌과 세력으로부터 구원받고 하나님께로 회복되기 위해 자기 영혼의 의사인 구주에게 기꺼이 순복하지도 않습니다. 그의 영혼은 말로 다 표현할 수 없는 이러한 유익에 대해 아무런 감각이 없습니다. 그리고 그가 회복되는 데 반드시 필요한 치료 수단에 대해서 매우 적대적입니다. 그가 형식적으로는 신앙생활을 하는지도 모르지만, 그는 결코 한 번도 자신의 영혼을 그리스도에게, 또한 그리스도의 말씀과 성령의 인도에 맡긴 적이 없습니다.

반면 회심한 영혼은 스스로 죄인이라고 느낍니다. 그는 자신이 하나님과의 평화와 천국에 대한 소망들을 상실했으며, 영원한 지옥 형벌을 받을 위험에 처해 있음을 깨닫고, 감사하면서 구속 사역을 받아들입니다. 그리고 주 예수를 자신의 유일한 구주로 믿으며, 지혜와 의와 성화와 영화를 위해서 자신을 그리스도에게 위탁합니다. 또한 그는 그리스도를 자기 영혼의 생명으로 받아들이고, 그리스도를 힘입어 살며, 그리스도를 모든 문제의 열쇠로 사용하며 인간을 구원하시는 하나님의 놀라운 구속 사역에 나타난 하나님의 지혜와 사랑을 찬양합니다.

한마디로, 그의 마음 안에는 믿음으로 그리스도가 내주하고 계십니다. 이제 그는 그를 사랑하사 그를 위해 자기 목숨을 주신 하나님의 아들을 믿는 믿음으로 살아갑니다. 그렇습니다. 이제 사는 것은 그가 아니라 그리스도께서 그 안에 사시는 것입니다.

"자기 땅에 오매 자기 백성이 영접하지 아니하였으나, 영접하는 자 곧 그 이름을 믿는 자들에게는 하나님의 자녀가 되는 권세를 주셨으니"(요 1:11,12).

"그 정죄는 이것이니 곧 빛이 세상에 왔으되 사람들이 자기 행위가 악하므로 빛보다 어둠을 더 사랑한 것이니라. 악을 행하는 자마다 빛을 미워하여 빛으로 오지 아니하나니 이는 그 행위가 드러날까 함이요"(요 3:19,20).

"육신에 있는 자들은 하나님을 기쁘시게 할 수 없느니라"(롬 8:8).

"그러나 무엇이든지 내게 유익하던 것을 내가 그리스도를 위하여 다 해로 여길뿐더러 또한 모든 것을 해로 여김은 내 주 그리스도 예수를 아는 지식이 가장 고상하기 때문이라. 내가 그를 위하여 모든 것을 잃어버리고 배설물로 여김은 그리스도를 얻고 그 안에서 발견되려 함이니, 내가 가진 의는 율법에서 난 것이 아니요 오직 그리스도를 믿음으로 말미암은 것이니 곧 믿음으로 하나님께로부터 난 의라. 내가 그리스도와 그 부활의 권능과 그 고난에 참여함을 알고자 하여 그의 죽으심을 본받아"(빌 3:7-10).

"내가 그리스도와 함께 십자가에 못 박혔나니 그런즉 이제는 내가 사는 것이 아니요 오직 내 안에 그리스도께서 사시는 것이라. 이제 내가 육체 가운데 사는 것은 나를 사랑하사 나를 위하여 자기 자신을 버리신 하나님의 아들을 믿는 믿음 안에서 사는 것이라"(갈 2:20).

"무릇 내게 붙어 있어 열매를 맺지 아니하는 가지는 아버지께서 그것을 제거해 버리시고 무릇 열매를 맺는 가지는 더 열매를 맺게 하려 하여 그것을 깨끗하게 하시느니라. 너희는 내가 일러 준 말로 이미 깨끗하여졌으니 내 안에 거하라. 나도 너희 안에 거하리라. 가지가 포도나무에 붙어 있지 아니하면 스스로 열매를 맺을 수 없음같이 너희도 내 안에 있지 아니하면 그러하리라"(요 15:2-4).

"지혜 있는 자가 어디 있느냐 선비가 어디 있느냐 이 세대에 변론가가 어디 있느냐 하나님께서 이 세상의 지혜를 미련하게 하신 것이 아니냐"(고전 1:20).

"형제들아, 내가 너희에게 나아가 하나님의 증거를 전할 때에 말과 지혜의 아름다운 것으로 아니하였나니"(고전 2:1).

4) 회심에 대한 사람들의 피상적인 견해

이제 여러분은 하나님의 말씀을 통해서 누가 악인이며 누가 회심한 사람인지를 쉽게 알 수 있을 것입니다. 무지한 사람들은, 맹세나 저주, 술 취함이나 음란, 착취나 대인 관계에서의 무례함 등을 행하지 않고 교회에 가서 기도하는 사람은 악인이 아니라고 생각합니다. 또는 어떤 사람이 술 취함이나 맹세나 도박 등의 악한 죄를 짓다가도 미래를 위해서 이런 일들을 삼가기만 하면, 이들을 회심한 사람으로 인정합니다. 또 어떤 사람들은 만일 누가 경건의 적이요 경건을 비웃는 자였다가 경건을 인정하며 자신도 경건한 자들과 함께하고, 그들처럼 경건을 위해서 악한 자들에게 미움을 받는다면, 이들은 분명히 회심한 사람일 것이라고 생각합니다.

또 어떤 사람들은 어리석게도 자기 스스로 회심했다고 생각하면서 잘못된 새로운 견해를 취하고서는 침례교도와 퀘이커교도 혹은 교황주의자 등이 됩니다. 또 어떤 사람들은 지옥의 무서움을 두려워하거나 양심의 확신이나 힘으로 삶을 교정하려고 한다거나, 시민으로서의 삶이나 외적으로 종교를 가지는 것들을 참된 회심에 반드시 필요한 요소들로 생각합니다.

그러나 이 사람들은 불쌍하게도 속고 있습니다. 이들은 악인이 반드시 회개해야 하며 그렇지 않으면 죽는다는 말씀을 들을 때, 이 말씀이 자기에게는 전혀 해당되지 않는다고 생각합니다. 왜냐하면 자기는 악하지 않으며 이미 회개했다고 생각하기 때문입니다.

그러하기에 그리스도께서는 평민보다 더 높은 지위에 있었던 한 무리의 유대 지도자들에게 "세리들과 창녀들이 너희보다 먼저 하나님의 나라에 들어가리라"(마 21:31)라고 말씀하셨습니다. 이 말은 창녀들이나 큰 죄인들이 회심하지 않고도 구원받을 수 있다는 의미가 아니라, 이러한 큰 죄인들에게는 이들의 죄와 비참함과 회개해야 할 필요성을 인식시키기가 더 쉽다는 의미입니다. 이에 반해 지도자들은 자신들이 회심하지 않았는데도 자신이 이미 회심했다고 생각함으로써 자기 자신에게 속고 마는 것입니다.

5) 참된 회심 – 영혼과 삶의 총체적 변화요 완전한 방향 전환

여러분, 회심이란 대부분의 사람들이 생각하는 것과는 다른 차원의 것입니다. 회심은 사소한 문제가 아닙니다. 회심은 결코 꺼질 수 없는 사랑으로 하나님을 사랑하며, 세속적인 생각을 천상적인 생각으로 바꾸고, 하나님의 엄청난 탁월함을 보는 것입니다. 회심은 마음을 죄로부터 단절시키고, 그리스도를 피난처로 삼으며, 그리스도를 자기 영혼의 생명으로 기쁘게 받아들이는 것입니다.

또한 회심은 마음과 생활의 방향이 결정적으로 변화되는 것입니다. 그리하여 자기의 행복을 위해 취했던 것을 포기하고 전에는 한 번도 생각하지 않았던 것에 자기의 행복을 두며, 전과 동일한 목적으로 살지 않고 이전에 세상에서 추구했던 방식으로 추구하지 않게 되는 것입니다. 이것은 한마디로, "그런즉 누구든지 그리스도 안에 있으면 새로운 피조물이라. 이전 것은 지나갔으니 보라, 새것이 되었도다"(고후 5:17)라는 말씀과 같이 되는 것입니다.

회심한 사람에게는 새로운 이해, 새로운 의지와 결심, 새로운 슬픔과 욕구와 사랑과 기쁨이 있습니다. 또한 새로운 생각, 새로운 언어, 새로운 친구, 새로운 대화가 있습니다. 이전에 그에게 매력적이었던 죄가 이제는 지겹고도 혐오스러운 것이 됩니다. 그래서 그는 죽음을 피하는 것처럼 죄를 피하려고 합니다. 그의 눈에 그렇게 사랑스럽게 보였던 세상이 이제 헛되고도 고통스럽게 보입니다.

이전에는 무시했던 하나님이 이제 그의 영혼의 유일한 행복입니다. 전에는 하나님을 무시하고 하나님보다 모든 정욕을 더 선호했지만, 이제는 무엇보다 하나님을 최우선으로 생각합니다. 그의 마음은 하나님께 가까이 있으며, 하나님께 순종하고, 하나님께서 얼굴을 감추실 때에 슬퍼하며, 하나님 없이는 아무것도 제대로 되는 것이 없다고 생각합니다. 전에는 아무렇지도 않게 생각되었던 그리스도께서 이제 그의 유일한 소망이요 피난처입니다. 그는 매일 양식을 먹고 사는 것처럼 그리스도로 인해서 살아갑니다. 그는 그리스도 없이는 기도할 수도 없고 기뻐할 수도 없으며, 그리스도 없이는 생각할 수도, 말할 수도, 살아갈 수도 없습니다.

전에는 그가 이 세상에 더 이상 머물 수 없게 된다면 그래도 지옥보다는 좀 더 나은 곳이라고 여겼던 천국이 이제는 자신의 집이요 유일한 소망과 안식의 장소로 여겨집니다. 그곳에서 그는 그의 마음을 사로잡아 버린 하나님을 뵙고 사랑하고 찬양하게 될 것입니다. 전에는 단지 사람들을 죄짓지 않도록 위협하기 위한 무서운 곳 정도로만 생각되었던 지옥이 이제는 위험을 무릅쓰거나 농담거리로 삼을 만한 곳이 아니라 실제로 비참한 곳임을 알게 됩니다.

전에는 싫증을 내고 불필요하다고 생각되었던 거룩한 일들이 이제는 그가 좋아할 뿐만 아니라 반드시 해야 하는 일이요 그가 살아가는 방편이 되었습니다. 전에는 성경이 다른 책과 별로 다를 바 없었지만, 이제는 하나님의 법이요, 하늘에서 그에게 보내신 편지요, 영원하신 하나님의 이름으로 서명된 책이 됩니다. 성경이 그의 생각과 말과 행동의 법칙입니다. 성경의 명령은 구속력이 있고, 성경의 위협은 두려우며, 성경의 약속은 그의 영혼에 영생을 전해 줍니다.

전에는 경건한 사람들이 다른 사람들과 별다를 바 없는 듯 여겨졌지만, 이제는 그들이 지상에서 가장 뛰어나고도 행복한 사람들로 여겨집니다. 전에는 그의 친구였던 악인들이 이제는 그의 슬픔입니다. 전에는 그의 친구들의 죄악들을 비웃을 수 있었으나 이제는 그들의 죄와 비참을 인해서 통곡할 준비가 되어 있습니다.

"그의 눈은 망령된 자를 멸시하며 여호와를 두려워하는 자들을 존대하며 그의 마음에 서원한 것은 해로울지라도 변하지 아니하며"(시 15:4).

"땅에 있는 성도들은 존귀한 자들이니 나의 모든 즐거움이 그들에게 있도다"(시 16:3).

"내가 여러 번 너희에게 말하였거니와 이제도 눈물을 흘리며 말하노니 여러 사람들이 그리스도의 십자가의 원수로 행하느니라"(빌 3:18).

간단히 말하자면, 그의 생각 속에 새로운 목표가 자리 잡았으며, 그의 노력 속에는 새로운 방법이 있고, 그의 마음과 생활이 새로워졌습니다.

전에는 탐욕적 자아가 그의 목표였고, 쾌락과 세속적 이익과 명예가 그의 삶의 방식이었습니다. 그러나 이제 하나님과 영원한 영광이 그의 목표입니다. 그리스도, 성령과 성경, 성례, 하나님께 대한 성결과 사람들에 대한 정의와 사랑 등이 이제 그의 삶의 방식입니다. 전에는 자아가 최고 통치자여서 하나님께 속한 것들과 양심이 반드시 자아에 굴복해야만 했습니다. 그러나 이제 성령과 말씀과 사역자들에 의해서 그리스도 안에 계신 하나님께서 최고 통치자이시며, 그분께 자아와 자아에 속한 모든 것들이 반드시 복종해야만 합니다. 그러므로 이것은 하나둘, 혹은 스무 가지 등의 변화가 아니라 영혼 전체의 변화이며, 삶의 목표와 대화 성향의 변화입니다.

어떤 사람이 계속 같은 장소를 목표로 삼아 걸어간다고 합시다. 그런데 때때로 얼굴은 계속 앞을 바라보고 걷는데 한 길에서 벗어나 다른 길로 갈 수도 있습니다. 그러나 완전히 방향을 바꾸어 반대의 목표를 향해서 걸어가는 것은 전혀 다른 문제입니다.

이와 마찬가지로, 어떤 사람이 술에 빠져 방탕한 생활을 하다가 검소한 생활을 할 수도 있고, 과거 자기의 친밀한 교우 관계와 다른 심각하고도 추악한 죄들을 버리고 어떤 신앙적 행동들을 하면서도 여전히 이전과 같이 자신의 탐욕적인 자아를 무엇보다 우선시하면서 자아 중심적인 생활을 할 수도 있습니다. 그러나 그가 회심하면 이러한 자아가 부정되며 낮추어지고, 하나님께서 그의 중심이 되십니다. 그는 방향을 바꾸어 이전과는 반대의 길을 걷게 됩니다.

이전에는 자신에게 집착하며 자신만을 위해 살았으나, 이제 구별되어 하나님께 헌신하며 하나님을 위해서 살게 됩니다. 그는 전에는 자기의 시간과 재능과 재산으로 무엇을 해야 할지를 스스로에게 질문하면서 자신을 위해서 이런 것들을 사용했습니다. 그러나 이제 그는 이런 것들로 무엇을 해야 할지를 하나님께 물으면서 하나님을 위해서 이 모든 것들을 사용합니다. 이전에 그는 하나님을 기쁘시게 하되 자기의 육체와 탐욕적인 자아의 쾌락과 일치하는 범위 내에서만 하나님을 기쁘시게 하려 하였으나, 이제 하나님을 기쁘시게 하되 육체와 자아가 지나친 쾌락을 누리지 못하도록 주의합니다. 이것이 하나님께서 구원받은 모든 사람들에게 주실 큰 변화입니다.

6) 참된 회심에 대한 권면

여러분은 성령이 우리를 거룩하게 하시는 분이라고 말합니다. 그렇다면 여러분은 거룩함이 무엇인지 알고 있습니까? 제가 지금 여러분에게 거룩함에 이르는 문을 열어 놓았습니다. 이 세상에 있는 모든 남녀는 반드시 이것을 가져야만 합니다. 그렇지 않으면 영원히 비참한 운명을 맞도록 정죄될 것입니다. 사람들은 반드시 회개해야 합니다. 그렇지 않으면 죽습니다.

여러분은 이 모든 것을 믿습니까, 아니면 믿지 않습니까? 분명히 여러분은 감히 믿지 않는다고 말하지는 못할 것입니다. 왜냐하면 이것을 완전히 의심하거나 부정할 수는 없기 때문입니다. 이것은 학식 있고 경건한 사람이라고 해서 이렇게 생각하고 또 다른 사람은 저렇게 생각하며, 한 집단은 이렇게 주장하고 또 다른 집단은 저렇게 주장할 수 있는 논쟁거리가 아닙니다. 교황주의자나 침례주의자, 또 그리스도인이라고 불릴 자격이 있는 모든 교파들은 모두 다 제가 말했던 이 내용들에 동의합니다. 모든 교파와 분파들이 하나님을 믿는 상황에서, 만일 여러분이 진리의 하나님을 믿지 않는다면 여러분은 절대로 용서받을 수 없습니다.

그렇다면 여러분은 이것을 믿으면서도 어떻게 그렇게 회심하지 않은 상태에 머물러 있습니까? 여러분은 자신이 회심했다고 생각합니까? 이러한 놀라운 변화를 여러분의 영혼에서도 발견할 수 있습니까? 여러분은 거듭났으며 새롭게 되었습니까? 여러분 중에서 많은 사람들에게 이런 일들이 이상한 문제로 다가오지 않습니까? 여러분이 결코 이런 일들을 경험해 보지 못한 것은 아닙니까? 만일 여러분이 변화된 날짜나 주간 또는 여러분을 회심시켰던 바로 그 설교를 말할 수 없다면, 회심이 여러분에게서 일어났으며 참으로 회심으로 인한 변화와 새 마음이 여러분 안에 있다고 할 수 있겠습니까?

아, 대부분의 사람들은 자신들의 세속적인 관심사를 따라 살면서도 이러한 자신들의 생각에 대해서 별문제를 의식하지 못하고 있습니다. 그들은 단순히 추잡한 범죄들을 행하지 않으면서 이렇게 말합니다. "나는 색골이나 도둑이나 저주자나 맹세자나 술고래나 강탈자가 아니다. 나는 교회에도 나가고 기도도 한다." 그들은 이런 것들이 참된 회심이며, 다른 사람들처럼 자신도 구원받을 수 있을 것이라고 생각합니다. 그러나 슬프게도, 이것은 여러분 자신을 속이는 어리석은 짓입니다. 이것은 한없는 영광을 심히 손상시키는 것이며, 여러분의 불멸의 영혼을 너무나 무시하는 처사입니다.

여러분은 천국과 지옥을 그렇게 가볍게 여길 수 있습니까? 여러분의 죽은 몸이 곧 땅 속에 눕혀질 것이며, 천사들이나 마귀들이 곧 여러분의 영혼을 데리러 올 것입니다. 그리고 여러분 모두는 곧바로 딴 세상 사람들이 되어 지금과는 다른 상태의 존재가 될 것입니다. 여러분은 단지 잠시 동안만 이 집에 머물러 있을 뿐입니다. 잠시 동안만 여러분의 직장이나 일터에서 일할 뿐입니다. 여러분이 이 의자에 앉아 있고 이 지구에서 살 수 있는 시간도 조금밖에 없습니다. 여러분이 눈으로 보고 귀로 듣고 입으로 말할 시간도 부활 때까지 얼마 남지 않았습니다. 여러분은 이러한 것들을 잊기 위해 다른 데로 관심을 돌릴 수 있습니까?

아, 조만간 여러분이 어떤 장소에 있게 될까요? 기쁨의 장소입니까, 아니면 고통의 장소입니까? 아, 조만간 여러분은 어떤 광경을 보게 될까요? 천국입니까, 아니면 지옥입니까? 아, 조만간 여러분은 어떤 생각을 하게 될까요? 말로 표현할 수 없는 기쁨일까요, 아니면 공포일까요? 여러분은 어떤 일을 하게 될까요? 성도들과 천사들과 함께 주님을 찬양할까요, 아니면 마귀들과 함께 꺼지지 않는 불 속에서 소리 지를까요? 그런데도 이 모든 것들을 무시할 수 있습니까? 이 모든 것들은 영원히 변함없이, 끝없이 계속될 것입니다.

여러분의 기쁨이나 슬픔이 영원히 지속될 것인데도 이것들을 소홀히 취급할 수 있습니까? 여러분, 이 모든 것은 진실이며, 가장 분명한 진실입니다. 여러분이 조금만 더 앉고 일어서면, 조금만 더 자고 깨어나면, 얼마 지나지 않아 곧 죽게 될 것입니다. 그리고 그때에는 지금 제가 여러분에게 말한 모든 것이 진실임을 알게 될 것입니다. 그런데도 아직까지 여러분은 이러한 사실을 그토록 무시할 수 있습니까? 그때 여러분은 이 설교를 들은 것과 이 시간, 이 장소, 이 모든 것들을 기억하게 될 것입니다. 또한 이 문제가 지금 여러분이나 제가 상상하는 것보다 천 배나 더 중요한 것이었음을 깨닫게 될 것입니다. 그런데도 지금 이러한 문제들을 이토록 무시할 수 있습니까?

사랑하는 여러분, 만일 주님이 저를 깨우셔서 이러한 일을 믿고 이러한 것에 마음을 두도록 하지 않으셨다면, 저는 여전히 어둠과 이기적인 상태 가운데 머물러 영원히 멸망되었을 것입니다. 반면 주님께서 저에게 진실로 이런 것들을 알게 해 주셨다면, 저뿐만 아니라 여러분에 대한 사랑을 촉발시키지 않을 수 없을 것입니다.

만일 여러분의 눈이 지옥을 볼 수 있을 만큼 열린다면, 여러분은 회심하지 않은 이웃들이 소름 끼치도록 소리 지르면서 슬피 우는 것을 볼 것입니다. 여러분이 평가하기에 그들이 세상에서 정직한 사람이었고, 그들 자신 또한 지옥 같은 것을 두려워하지 않았을지도 모릅니다. 이와 같은 광경을 보고 나면 여러분은 집에 가서 이것을 생각하고 또 생각하게 될 것입니다. 또한 여러분은 누가복음 16장 28절에 나오는 부자가 저주받은 지옥에서 자기의 형제들이 고통의 장소에 오지 않도록 해 달라고 몸부림쳤던 것처럼, 여러분 자신에 대해 경고를 받게 될 것입니다. 그 이유가 무엇입니까?

믿음은 일종의 보는 것이요 영혼의 눈이며, 보이지 않는 것들의 증거입니다. 하나님을 믿는 사람은 하나님을 보게 됩니다. 그러므로 제가 마치 이것들을 본 것처럼 말했다 할지라도 용서해 주시기 바랍니다. 만일 제가 내일 죽었다가 저 세상에서 다시 살아 나올 능력을 가지고 있다면, 그래서 여러분에게 제가 보았던 것을 말한다면, 여러분이 기꺼이 제 말을 듣지 않겠습니까? 그리고 제가 여러분에게 말할 수밖에 없었던 것을 믿고 심각하게 고려하지 않겠습니까? 만일 제가 죽은 후에 내세에서 일어난 일을 보고 나서 여러분에게 단 한 가지 설교를 할 수 있다면, 저는 분명하게 그 진리를 여러분에게 전하지 않겠습니까? 그리고 여러분은 제 말을 듣기 위해 북새통을 이루지 않겠습니까? 뿐만 아니라 여러분이 제 말을 마음속 깊이 새기지 않겠습니까?

그러나 반드시 그렇지만은 않습니다. 하나님께서는 성경과 설교자들을 통해서 여러분을 가르치시기로 작정하셨습니다. 그래서 하나님께서는 불신자들의 비위를 맞추어 죽은 사람을 살려서 믿지 않는 사람들에게 보내시는 방법을 사용하지 않으실 것이며, 그 어떤 경우에도 자신이 정해 놓은 방식을 바꾸지 않으실 것입니다. 설령 어떤 사람이 태양에 대해서 불평한다고 해도 하나님께서 그 비위를 맞추어 더 밝은 빛을 만드시지는 않을 것입니다.

친구들이여, 마치 제가 죽었다가 다시 살아나서 여러분에게 말하는 것처럼 제 말을 진지하게 받아들이고 행하십시오. 저는 여러분에게 마치 제가 거기에 있었으며 제 눈으로 직접 본 것처럼, 제가 말했던 진리에 대해서 여러분에게 확신을 줄 수 있습니다.

죽었다가 살아난 사람도 여러분을 속일 수 있습니다. 그러나 예수 그리스도께서는 결코 여러분을 속이시지 않습니다. 성경에 기록되어 있고, 기적과 성령의 역사로 도장 찍힌 하나님의 말씀은 결코 여러분을 속일 수 없습니다. 이것을 믿으십시오. 그렇지 않다면 아무것도 믿지 마십시오. 이 사실을 믿고 순종하십시오. 그렇지 않으면 여러분은 아무것도 할 수 없습니다.

이제 저는 여러분을 하나님의 말씀을 믿고 여러분의 영혼 구원에 관심을 가진 분이라 간주하고 여러분에게 합리적인 요청을 하겠습니다. 여러분이 이 자리를 떠날 때에 더 이상 지체하지 말고 여러분이 들었던 것을 기억하고, 진지하게 자신의 마음을 살피면서 이렇게 자문해 보십시오.

- 이것이 사실인가? 나는 회개해야만 하는가? 그렇지 않으면 죽는가?
- 나는 회심해야만 하는가? 그렇지 않으면 멸망당하는가?
- 바로 지금 더 늦기 전에 나 자신을 살펴야 한다. 왜 나는 지금까지 이 문제를 깊이 생각하지 않았는가?
- 왜 나는 이토록 중요한 관심사를 무모하게도 뒤로 미루거나 대충 넘겨 버렸단 말인가?
- 나는 깨어났는가? 혹은 제정신인가?
- 오, 복되신 하나님! 제가 영생에 대한 확신을 갖기 전에 제 생명을 데려가지 않으신 것은 얼마나 큰 자비인지요!
- 그렇다. 하나님께서는 내게 더 이상 이 문제를 무시하지 말라고 하신다.
- 내 영혼은 어떤 상태에 있는가? 나는 회심하였는가, 아니면 아직 회심하지 않았는가?

· 회심의 변화와 역사가 내 영혼에 있었는가?
· 나는 죄의 악독함, 구세주의 필요성, 그리스도의 사랑, 하나님과 영광의 탁월함을 보기 위해서 말씀과 주의 성령에 의해 빛을 받은 적이 있었는가?
· 나의 지난 삶 때문에 내 마음이 무너지거나 겸손해진 상태인가?
· 나는 내 영혼에 용서와 생명을 주시기 위해 자기 자신을 주신 내 구세주 주님을 기쁘게 영접하였는가?
· 나는 이전의 죄악된 삶과 내 안에 남아 있는 모든 죄의 뿌리를 미워하는가?
· 나는 나를 죽이려는 원수를 피하듯이 죄를 피하고 있는가?
· 이러한 삶을 사랑하거나 기뻐하고 있는가?
· 나는 세상과 탐욕적인 자아에 대해서 죽고 하나님과 하나님께서 약속하신 영광을 위해서 산다고 진실되게 말할 수 있는가?
· 이 세상보다 천국을 더 소망하며 가치 있는 것으로 여기고 있는가?
· 나는 하나님을 가장 존귀하고 높으신 분으로 여기고 있는가?
· 분명히 이전에 나는 일차적으로 세상과 육신을 위해 살았다. 그리고 세상과 육신을 즐기다가 남는 찌꺼기로 마음에도 없이 하나님을 섬겼다. 그렇다면 이제 내 마음이 다른 길로 돌아섰는가?
· 나는 새로운 계획과 새로운 목표와 새로운 감정을 가지고 있는가?
· 내 소망과 마음을 하늘에 두고 있는가?
· 천국을 바라고, 하나님의 영광스러운 얼굴을 바라보며, 하나님의 영원한 사랑과 하나님을 영원히 찬양하는 삶을 살기 원하는 것이 내 마음과 생활의 범위요 목표요 경향인가?
· 나는 모든 심각한 죄와 싸우고 있으며, 기꺼이 내 모든 약점들을 제거하고자 하는가? 이것이 회심한 영혼의 상태이다. 그러므로 나는 반드시 이러한 상태가 되어야 한다. 그렇지 않으면 나는 반드시 멸망당한다. 그런데 이러

한 것들이 참으로 나와 함께 있는가, 아니면 그렇지 아니한가? 무서운 재판관이 이 문제를 심판하기 전에 이러한 의심들을 해결해야만 한다.

내 마음과 생활 속에 이러한 것들이 전혀 생소하지는 않더라도 내가 회심했는지, 회심하지 않았는지에 대해 다소간 분명하지 않을 수도 있다. 만일 내가 회심하지 않았다면, 내 영혼을 거짓 생각과 소망으로 살살 달래는 것은 내게 전혀 유익이 안 될 것이다. 이럴 때는 더 이상 자신을 속이지 말고, 내가 참으로 회심했는지 그렇지 않은지에 대해서 알기 위해 노력하겠다고 결심하자.

만일 내가 회심했다면, 나는 기뻐하며 은혜로우신 주님께 영광을 돌리고, 면류관을 쓸 때까지 안심하면서 살아갈 수 있을 것이다. 그리고 만일 내가 회심하지 않았다면, 나를 회심시키시는 은혜를 바라고 추구하도록 내 마음을 고정시켜야 할 것이다. 그래서 더 이상 지체하지 말고 돌아서야 할 것이다.

만일 그리스도의 도우심으로 내가 은혜의 길 밖에 있는 것을 발견한다면, 나는 돌아서서 그 은혜를 받아야만 한다. 내 마음이 어둠과 완고함으로 인해 하나님을 잊어버리거나 죽을 때까지 지체한다면, 그때는 너무 늦다. 그때에는 회개하고 회심할 시간이 없다. 나는 반드시 지금 회심해야 한다. 그렇지 않으면 영원히 회심할 수 없다는 것을 알고 있다.

여러분이 회심했는지 그렇지 않은지를 확인할 때까지 여러분의 마음은 이 문제를 중요한 과업으로 삼고 조사해야 합니다. 그리고 만일 여러분의 노력으로 이것을 알 수 없다면, 신실하고 경험 있는 목회자를 찾아가 도움을 구하십시오. 이것은 중대한 문제입니다. 부끄러워하거나 부주의하지 마십시오. 의사들이 여러분의 몸을 치료하기 위해서 조언하는 것처럼, 목회자들은 여러분의 영혼 구원을 위해서 조언할 것입니다. 그리고 이러한 조언이 자기가 구원의 길을 가는 것도 아니면서 스스로 자기가 구원의 길을 걷고 있다고 생각하거나, 실제로는 회심하지 않았는데도 스스로 회심했다고 생각하는 수천 명의 사람들의 문제를 해결해 줄 것입니다.

우리가 날마다 회개하라고 부를 때에 그들은 왔던 길로 돌아가서는 이것이 자기들과는 아무런 상관이 없다고 생각합니다. 왜냐하면 그들은 자신이 이미 회심했으며, 적어도 자기가 가장 최선의 길을 선택하고 가장 잘못된 몇 가지 행실을 금한다면, 자기가 이미 들어서 있는 길에서 아무 문제 없이 잘되어 나갈 것이라고 기대하고 있기 때문입니다. 그러나 불행히도 이렇게 하는 동안에도 그들은 단지 세상과 육신을 위해서 살 뿐 하나님과 영생과는 아무런 관계도 없으며, 천국으로 가는 길에서 완전히 벗어나 있습니다. 우리가 그들을 설득해서 그들의 상태에 대해 다소 심각하게 생각하도록 하거나 그들의 상태에 대해 몇 시간조차도 조사하도록 할 수 없기 때문에 이 문제는 심각합니다.

오늘 저의 설교를 들은, 스스로에게 속은 불쌍한 수많은 사람들 중에서 일생 동안 한 시간만이라도, 아니 단 15분만이라도 자기의 영혼을 검사해서 자신이 참으로 회심했는지 회심하지 않았는지를 알기 위해 노력해 본 적이 없는 사람이 얼마나 많겠습니까?

오, 자비로우신 하나님, 스스로는 더 이상 아무런 주의도 기울이지 않는 이와 같은 불쌍한 자들을 돌아보셔서 지옥으로부터 구원해 주시고, 스스로는 아무런 노력도 할 수 없는 그들이 천국으로 들어가도록 도와주옵소서!

지옥으로 가는 길에서 멸망의 상태에 빠져 있는 모든 사람들이 단지 이 사실만 알아도 그들이 감히 계속해서 그렇게 하지는 않을 것입니다. 여러분을 지옥으로 끌고 가려는 마귀의 가장 큰 바람은, 계속해서 여러분의 눈을 가려 여러분의 상태에 대해 무지하게 만들어 여러분이 들어서 있는 길에서 여러분이 아무런 문제가 없다고 믿게 하는 것입니다.

만일 여러분이 천국으로 가는 길에서 벗어나 있으며, 계속 길을 잃은 상태에 머물러 있다는 것을 안다면, 또한 여러분이 현재 상태로는 반드시 죽을 수밖에 없다면, 감히 여러분은 지금 처해 있는 그 상태에서 또 하룻밤을 보낼 수 있겠습니까? 그런 상태에서 또 하루를 살 수 있겠습니까? 여러분은 그런 상태에서 진심으로 웃거나 즐거워할 수 있겠습니까? 오, 여러분이 한 시간 안에 지옥에 떨어질 수도 있다는 것을 모르십니까! 이러한 것은 분명 여러분으로 하여금 옛 친구들과 삶의 방식들을 포기하게 하고, 거룩한 삶을 살면서 성도들과 교제하게 만들 것입니다.

그것은 분명히 여러분이 새 마음을 달라고 하나님께 부르짖게 만들며, 여러분에게 조언할 수 있는 사람들에게 도움을 구하게 만들 것입니다. 멸망당하는 것에 대해 무관심할 사람은 분명히 여러분 가운데 한 사람도 없습니다.

자, 그렇다면 여러분의 마음을 탐색하고 여러분의 상태를 알게 되기까지 쉬지 마십시오. 만일 여러분이 회심하였다면, 이 사실을 기뻐하며 계속 나아가십시오. 만일 여러분이 회심하지 않았다면, "회심하지 않은 사람은 반드시 회개해야 한다. 그렇지 않으면 죽는다"라는 사실을 믿고서 지금 자신을 돌아보십시오.

여러분의 영혼을 위해 많은 노력을 기울이겠다고 결심하며 약속하겠습니까? 집으로 돌아가서 이렇게 자기를 점검해 보겠습니까? 저의 요청이 비합리적입니까? 여러분의 양심은 그렇지 않다는 것을 알고 있습니다. 그렇다면 마음이 변하기 전에 결심하십시오.

저는 이 일이 여러분의 영혼에 얼마나 중요한지를 알고 있습니다. 여러분은 곧 하나님의 법정에 서야 합니다. 그러하기에 저는 여러분에게 명령하시는 하나님을 위해 저의 이 합리적인 요청을 거절하지 말라고 당부합니다. 또 회개하지 않으면 죽게 될 영혼들을 위해 여러분이 제 요청을 거절하지 말기를 당부합니다. 영혼의 상태를 파악하는 것을 여러분의 관심사로 삼으십시오. 그리고 확실한 기초 위에 건축하고, 여러분이 회심했는지 회심하지 않았는지에 대해 엄격하게 점검하십시오. 여러분의 영혼을 불확실한 근거 위에 세우는 모험을 하지 마십시오.

그렇다면 아마 여러분은 "만일 우리가 아직 회심하지 않았다는 것을 알게 되면 어떻게 해야 하는가?" 하고 물을 것입니다. 이 질문은 우리를 두 번째 교리로 인도합니다. 두 번째 교리는 이 질문에 대해 많은 답을 제공해 줄 것입니다.

4장

악인이 회심하여 사는 것을 기뻐하시는 하나님

교리 2

그러나 하나님은 악인이 거짓 없이 철저하게
회개하면 살 것이라고 약속하셨다.

하나님께서는 악인이 회심하여 사는 것을 기뻐하신다고 선언합니다. 지옥이 회심하지 않은 사람들을 위해서 만들어진 것 만큼이나 분명하게 천국은 회심한 사람들을 위해서 만들어졌습니다. 회심하면 산다는 것은 회심하지 않으면 죽는다는 진리만큼이나 확실합니다.

우리가 죄로 인하여 타락했을 때, 하나님께서는 우리에게 구세주를 보내시거나 소망의 문을 열어 주시거나 회개하고 돌이키라고 부르셔야 할 의무가 전혀 없었습니다. 그런데도 하나님께서는 자신의 자비를 보여 주시기 위해서 은혜로 이런 일들을 행하십니다.

죄인들이여, 여러분 중에 집으로 돌아가서 '내가 너에게 절망을 선포한다'라고 말할 사람은 아무도 없을 것입니다. 사역자가 여러분에게 자비의 문을 닫을 수 있겠습니까? 아니, 여러분도 여러분 자신에게 그 문을 닫을 수는 없을 것입니다. 우리가 여러분에게, "비록 여러분이 회개하고 거룩하게 되더라도 하나님께서 여러분에게 자비를 베풀지는 않을 것입니다"라고 말할 수 있겠습니까? 설교자가 그렇게 설교하는 것을 들어 본 적이 있습니까?

여러분은 지옥에서 여러분을 건지려는 소망으로 복음을 전하는 설교자들을 비난합니다. 그리고 그들이 멸망을 설교한다고 말합니다. 설교자가 "비록 여러분이 회개하고 회심했다 하더라도 여러분에게는 아무런 소망도 없습니다"라고 설교하는 것을 들은 적이 있습니까? 있다면 저에게 한 번 말해 보십시오. 아마 없을 것입니다. 오히려 정반대로 설교자는 "누구든지 믿음과 회개로 거듭난 사람은 새로운 피조물이요, 틀림없이 구원을 얻으리라"라는 하나님의 말씀을 날마다 여러분에게 선포합니다. 그리고 여러분에게 회심하라고 설득할 뿐만 아니라 그 사실에 대해서 조금도 의심하지 말라고 권면합니다.

1. 사역자가 전하는 복음 전도의 내용

우리가 여러분에게 전하는 첫 번째 메시지는 죽음이 아니라 '생명'입니다. 우리의 사명은 구원을 전하는 것입니다. 확실한 구원, 신속하고도 영광스러우며 영원한 구원을 여러분 모두에게 전하는 것입니다. 가장 위대한 왕에게 뿐만 아니라 가장 가난한 거지에게도, 여러분 가운데 가장 악한 사람에게도, 술주정뱅이나 맹세자나 속물에게도, 거룩한 구원의 길을 멸시하고 비웃는 자들에게도 말입니다. 우리 주님은 만일 여러분이 지금 회개하고 산다면 지난 모든 죄를 용서해 주실 것이라고 말씀하셨습니다. 그리고 우리 사역자에게 여러분이 그 용서의 제안을 받아들여 회개하도록 설득하고 당부하라고 명령하셨습니다.

또 한편으로 우리는 그리스도께서 무엇을 준비하셨는지, 어떠한 자비가 여러분을 기다리고 있는지, 하나님께서 어떠한 인내로 여러분을 기다리고 계시는지, 하나님께서 여러분에게 얼마나 따뜻한 생각을 가지고 계시는지를 전하라고 명령받았습니다. 만일 여러분이 그렇게 된다면 여러분은 얼마나 행복하겠습니까! 얼마나 확실하고도 말로 표현할 수 없을 만큼 행복해지겠습니까!

한편 우리에게는 참으로 진노와 죽음의 메시지도 있습니다. 그렇습니다. 진노와 죽음의 이중적 메시지입니다. 그러나 그중에 어느 것도 사역자의 주된 메시지가 아닙니다. 물론 우리는 반드시 여러분에게 행위 율법을 어김으로써 이미 여러분 위에 놓이게 된 진노와 태어나면서부터 선고받은 죽음에 대해서 전해야만 합니다. 그러나 이것은 단지 여러분에게 자비의 필요성을 보여 주고, 구세주의 은혜를 찬양하도록 만들려는 것입니다.

우리는 여러분이 반드시 알아야 할 진리만을 전합니다. 자기가 환자라는 것을 알지 못하는 사람이 어떻게 의사를 찾아가겠습니까? 여러분에게 여러분의 비참함을 전해 주는 것은 여러분을 비참하게 만들려는 것이 아니라 여러분으로 하여금 자비를 구하도록 하기 위함입니다. 이러한 죽음을 초래한 사람이 바로 여러분 자신입니다.

또한 우리는 여러분에게 또 다른 죽음, 즉 회심하지 않은 사람들에게 임할, 치료할 수 없는 훨씬 더 큰 고통을 전합니다. 이것은 사실이며 반드시 여러분에게 전해져야 하는 우리의 마지막 메시지요 가장 슬픈 부분입니다.

여러분이 회개한다면, 우리는 먼저 여러분에게 자비를 전할 것입니다. 반면 회개하지도 않고 자비로운 음성을 듣지도 않는 사람들에게는 멸망을 예고해야 합니다. 즉, 여러분이 죄를 버리고 지체 없이 그리스도의 부르심에 응답하고 나아와 회심하여 새로운 피조물이 된다면, 우리는 여러분에게 진노나 죽음에 대한 메시지를 전할 필요가 없습니다. 만일 여러분이 회개하기만 한다면, 저는 여기서 오늘 저의 말을 듣는 모든 사람들에게, 즉 여러분 중에서 가장 악한 사람이나 가장 큰 죄를 지은 사람에게도, 또 가장 오래된 죄인에게도 생명의 주의 이름으로 자비와 구원이 임하리라고 선포할 것입니다.

하나님 안에 자비가 있습니다. 그리스도의 대속적 죽음 안에 충분함이 있습니다. 약속은 자유롭고도 충분하며 보편적입니다. 회개하기만 하면 여러분은 생명을 얻을 것입니다.

그러나 바로 그때 여러분의 영혼을 사랑하면서 성경이 말하는 변화가 어떤 것인지를 기억하십시오. 그것은 낡은 집을 수리하는 것이 아니라 모든 것을 헐어 버리고, 반석이요 확실한 기초가 되시는 그리스도 위에 새롭게 집을 짓는 것입니다. 즉, 성경이 말하는 변화란 세속적인 삶의 방향을 조금 수정하는 것이 아니라 육신을 죽이고 성령을 따라 사는 것입니다. 그것은 단지 눈에 띄는 추악한 죄를 짓지 않고, 어떤 종교적인 모양이나 다소 개선된 방식으로 육신과 세상을 섬기는 것이 아닙니다. 그것은 여러분의 주인과 행동과 목적을 바꾸되 그 방향을 완전히 바꾸는 것이며, 여러분과 여러분이 소유한 모든 것을 하나님께 드리는 것입니다. 여러분이 살기 위해서는 반드시 이러한 변화가 있어야만 합니다.

제가 여러분에게 설교한 위대한 교리와 여러분에게 전한 첫 번째 메시지가 구원이요 멸망이 아니라는 것에 대해 이제 여러분 자신이 증인이 되었습니다. 이것을 받아들이십시오. 그렇지 않으면 우리는 더 이상의 설교할 수가 없습니다. 우리가 쓸데없이 멸망에 대한 사실을 가지고 여러분을 그토록 겁주거나 고통스럽게 만들 필요가 없기 때문입니다.

그러나 여러분이 구원받지 못한다면 더 이상의 치료책은 없으며, 반드시 멸망이 찾아올 것입니다. 구원과 멸망 사이에 중간 지대는 없습니다. 여러분은 반드시 살든지 죽든지 둘 중 하나에 처해질 것입니다.

2. 복음 전파 사명의 근거

우리는 여러분에게 생명을 제안할 뿐만 아니라 이렇게 하는 근거도 제시합니다. 또 하나님께서 틀림없이 자신의 말씀대로 행하시는 분임을 믿으라고 여러분에게 요청합니다. 하나님의 약속은 진실하며, 다른 사람에게만이 아니라 여러분에게도 조건부로 적용됩니다. 또한 천국은 허구가 아니며, 진정한 행복이 있는 곳입니다.

그런데 여러분이 이렇게 제안하는 우리 사명의 근거가 어디에 있느냐고 물으신다면, 저는 수많은 성경 본문 가운데서 다음의 몇 구절을 소개할 것입니다. 여러분은 오늘 본문과 다음의 여러 구절들에서 그 근거를 보게 될 것입니다. 특히 에스겔서 18장에는 그 근거가 아주 분명하게 제시되어 있고, 고린도후서에는 설교자의 사명이 잘 요약되어 있습니다.

"그런즉 누구든지 그리스도 안에 있으면 새로운 피조물이라. 이전 것은 지나갔으니 보라, 새것이 되었도다. 모든 것이 하나님께로서 났으며 그가 그리스도로 말미암아 우리를 자기와 화목하게 하시고 또 우리에게 화목하게 하는 직분을 주셨으니, 곧 하나님께서 그리스도 안에 계시사 세상을 자기와 화목하게 하시며 그들의 죄를 그들에게 돌리지 아니하시고 화목하게 하는 말씀을 우리에게 부탁하셨느니라. 그러므로 우리가 그리스도를 대신하여 사신이 되어 하나님이 우리를 통하여 너희를 권면하시는 것같이 그리스도를 대신하여 간청하노니 너희는 하나님과 화목하라. 하나님이 죄를 알지도 못하신 이를 우리를 대신하여 죄로 삼으신 것은 우리로 하여금 그 안에서 하나님의 의가 되게 하려 하심이라"(고후 5:17-21).

"또 이르시되 너희는 온 천하에 다니며 만민에게 복음을 전파하라. 믿고 세례를 받는 사람은 구원을 얻을 것이요 믿지 않는 사람은 정죄를 받으리라"(막 16:15,16).

"또 이르시되 이같이 그리스도가 고난을 받고 제삼일에 죽은 자 가운데서 살아날 것과, 또 그의 이름으로 죄 사함을 받게 하는 회개가 예루살렘에서 시작하여 모든 족속에게 전파될 것이 기록되었으니"(눅 24:46,47).

"너희가 나무에 달아 죽인 예수를 우리 조상의 하나님이 살리시고, 이스라엘에게 회개함과 죄 사함을 주시려고 그를 오른손으로 높이사 임금과 구주로 삼으셨느니라"

(행 5:30,31).

"그러므로 형제들아, 너희가 알 것은 이 사람을 힘입어 죄 사함을 너희에게 전하는 이것이며, 또 모세의 율법으로 너희가 의롭다하심을 얻지 못하던 모든 일에도 이 사람을 힘입어 믿는 자마다 의롭다하심을 얻는 이것이라"(행 13:38,39).

"할례나 무할례가 아무것도 아니로되 오직 새로 지으심을 받는 것만이 중요하니라"(갈 6:15).

"오소서, 모든 것이 준비되었나이다"(눅 14:17).

"주인이 종에게 이르되 길과 산울타리 가로 나가서 사람을 강권하여 데려다가 내 집을 채우라. 내가 너희에게 말하노니 전에 청하였던 그 사람들은 하나도 내 잔치를 맛보지 못하리라 하였다 하시니라"(눅 14:23,24).

이제 여러분은 우리 사역자가 여러분 모두에게 생명을 제안하고, '회개하면 살리라'는 것을 전하라고 하나님께로부터 임명받았다는 것을 알게 되었을 것입니다.

3. 우리 영혼을 안전하게 맡길 수 있는 근거

이제 여러분의 영혼을 여기에 안전하게 맡길 수 있습니다. 요한복음 3장 16절에 기록된 것처럼, 하나님의 사랑이 바로 이러한 제안의 원천입니다. 그리고 하나님의 아들의 피가 그것을 샀습니다.

"하나님이 세상을 이처럼 사랑하사 독생자를 주셨으니 이는 그를 믿는 자마다 멸망하지 않고 영생을 얻게 하려 하심이라"(요 3:16).

하나님의 신실하심과 진실하심이 그 약속을 유효하게 만듭니다. 이러한 약속의 진실성이 기적들로 인쳐졌습니다. 그리고 설교자들이 이 사실을 전하기 위해 온 세상에 보내졌습니다. 성례들이 제정되어 그것을 받아들이는 자들에게 제안된 자비를 분명하게 전달하도록 사용됩니다. 또 성령은 마음을 열어 그것을 받아들이도록 하며, 성령 자신이 전체 소유의 보증이시기도 합니다. 따라서 이 사실의 진실성은 더 논쟁할 필요도 없습니다. 회개하기만 한다면 여러분 가운데 가장 악한 자까지도 모두 구원받게 될 것입니다.

만일 여러분이 회심하지 않고서도 구원받을 수 있다고 믿는다면, 참으로 여러분은 거짓을 믿는 것입니다. 만일 제가 여러분에게 그렇게 설교한다면, 그것은 거짓을 설교하는 것입니다. 이것은 하나님을 믿는 것이 아니라 마귀와 여러분의 거짓된 마음을 믿는 것입니다.

하나님도 생명을 약속하시고 마귀도 생명을 약속합니다. 그런데 하나님은 회개하면 산다고 약속하시는 반면, 마귀는 회개하든지 회개하지 않든지 산다고 약속합니다. 하나님의 말씀은 이렇게 약속합니다.

"너희가 돌이켜 어린아이들과 같이 되지 아니하면 결단코 천국에 들어가지 못하리라"(마 18:3).

"예수께서 대답하여 이르시되 진실로 진실로 네게 이르노니 사람이 거듭나지 아니하면 하나님의 나라를 볼 수 없느니라……예수께서 대답하시되 진실로 진실로 네게 이르노니 사람이 물과 성령으로 나지 아니하면 하나님의 나라에 들어갈 수 없느니라"(요 3:3,5).

"모든 사람과 더불어 화평함과 거룩함을 따르라. 이것이 없이는 아무도 주를 보지 못하리라"(히 12:14).

그러나 마귀는 다음과 같이 말합니다.

"너희는 거듭나지 않아도, 회개하지 않아도 구원받을 수 있다. 너희는 거룩함 없이도 충분히 천국에 들어갈 수 있다. 하나님께서는 너희를 겁주기만 하신다. 하나님께서는 자신이 말씀하시는 것보다 더 자비로우신 분이며, 너희에게 말씀하신 것보다 더 잘해 주실 것이다."

아, 불행한 일입니다. 우리의 첫 번째 죄와 비참함이 이 세상에 들어왔을 때처럼 세상 사람들 대부분이 하나님의 말씀보다는 마귀의 말을 믿습니다. 하나님께서는 우리의 첫 조상에게 선악과를 먹으면 죽으리라고 말씀하셨습니다. 그러나 마귀는 하나님의 말씀과는 반대로 먹어도 죽지 않으리라고 말했습니다. 그런데 하와는 하나님의 말씀보다 마귀의 말을 믿었습니다. 마찬가지로 지금도 하나님께서는 회개하지 않으면 죽는다고 말씀하십니다. 그러나 마귀는 마지막에 자비를 요청하기만 하면, 더 이상 죄를 지을 수 없게 되었을 때 죄를 버리기만 하면 죽지 않을 것이라고 말합니다. 그리고 세상은 그러한 마귀의 말을 믿습니다.

오, 하나님보다 마귀를 믿는 이 사악함이여! 그러나 이것도 최악은 아닙니다. 이보다 더욱 나쁜 것은 그들이 하나님을 처음부터 거짓말쟁이인 마귀의 자리에 대입해 놓고서는 불경스럽게도 이러한 것으로 하나님을 믿고 신뢰한다고 말한다는 것입니다. 즉, 하나님의 말씀을 거짓말로 여기면서도 하나님을 신뢰한다 말하고, 자신이 하나님을 믿고 구원받기 위해서 하나님을 신뢰한다고 생각하는 것입니다.

그러나 도대체 언제 하나님께서 거듭나지 않은 사람, 회심하지 않는 사람, 거룩하지 않은 사람이 구원받게 되리라고 말씀하셨단 말입니까? 여러분에게 감히 묻겠습니다. 성경에 그런 구절이 있다면 찾아서 보여 주십시오. 이것은 마귀의 말이며, 이것을 믿는 것은 마귀를 믿는 것이요, 아무런 근거도 없이 죄를 짓는 것입니다. 여러분은 이것으로 하나님을 믿으며 신뢰한다 말하고 있습니까?

하나님의 말씀 안에는 거룩한 사람들의 마음을 향한 위로와 격려가 충분히 들어 있습니다. 그러나 악인들의 손을 강하게 하거나, 결코 거룩하게 되지 않았는데도 구원받을 수 있으리라는 작은 희망이라도 주는 그런 말씀은 하나도 없습니다.

여러분이 회개하고 자비의 길로 나아올 때에 비로소 하나님의 자비가 여러분을 맞이할 것입니다. 그러므로 구원을 위해서 확신을 가지고 담대하게 하나님을 신뢰하십시오. 하나님께서는 여러분을 구원해 주겠다는 자신의 약속을 반드시 지키시는 신실한 분이십니다.

하나님께서는 누구에게나가 아니라 자기의 자녀들에게만 아버지가 되십니다. 또한 아무나 구원하시는 것이 아니라 세상과 마귀와 육신 등을 버리고 하나님의 가족 가운데 들어와서 하나님의 아들의 지체가 되어 성도들과 함께 교제를 나누는 사람들만 구원하십니다. 만일 사람이 그 속에 들어오지 않는다면, 그것은 그 사람의 책임입니다.

하나님의 문은 열려 있습니다. 하나님께서는 모든 사람이 들어올 수 있도록 문을 열어 두십니다. 하나님께서는 절대 여러분 가운데 어느 누구에게도 "이제 너무 늦었다. 너희가 회개하더라도 너희를 받아 주지 않겠다"라고 말씀하시지 않습니다. 하나님께서는 과거에도 그렇게 하시지 않았고, 현재에도 그렇게 하시지 않으며, 앞으로도 그렇게 하시지 않을 것입니다. 하나님께서는 여러분이 거짓 없이 마음을 다하여 회개하기만 한다면 언제든지 여러분을 받아들일 준비를 하고 계십니다.

이러한 진리는 다음에 이어지는 두 가지 교리를 통해서 더욱 충분히 드러날 것입니다. 그러하기에 이번 교리에 대한 적용을 더 설명하기보다 다음 교리에 대해 살펴보도록 하겠습니다.

5장

악인의 멸망을
기뻐하시지 않는 하나님

 교리 3

> 하나님께서는 악인들의 회심과 구원을 기뻐하시며,
> 그들의 죽음과 멸망을 기뻐하지 않으신다.
> 하나님께서는 죄인들이 계속 죄를 짓다가 죽는 것보다는
> 돌이켜 사는 것을 원하신다.

먼저 이 교리를 어떻게 이해해야 하는지를 제시하고 난 다음에 이 교리의 의미에 대해서 설명하겠습니다.

1. 입법자와 통치자와 재판관으로서의 하나님의 의지(Will)

1) 의지에 대한 이해

① 단순히 바라고 원하는 것은 의지의 첫 번째 작용이며, 뒤이어 단순히 파악하고, 그다음으로 사물을 서로 비교하게 됩니다. 무언가를 선택하는 의지의 행동은 그다음 작용으로서, 이해한 것을 비교하는 실제적 행동을 전제합니다. 그리고 두 가지 행동은 종종 인격 안에서 아무런 오류 없이 상반된 결과를 가져오기도 합니다.

② 의지의 정도는 다양합니다. 자신이 성취할 수 있는 모든 것을 이루겠다는 것과 같이 아주 강렬한 의지가 있습니다. 그리고 자신이 해야 하는 모든 것을 할 수도 있지만 여러 가지 이유 때문에 자기가 직접 하지 않고, 다른 사람으로 하여금 그것을 하게 만드는 의지도 있습니다.

③ 통치자의 의지는 제정되고 집행된 법 안에 나타납니다. 한편 단순하고도 본성적인 능력 안에서, 자기 자신의 절대적 주인으로 가지는 사람의 의지는 어떤 일을 바라거나 해결하는 것으로 나타납니다.

④ 입법자로서 통치자의 의지 가운데 가장 처음에 우선적으로 나타나는 의지는 그의 법이 지켜지는 것이며, 그다음에 나타나는 의지는 그 법을 어긴 자에게 형벌을 집행하는 것입니다. 한편 재판관으로서 통치자의 의지는 법이 이미 지켜졌거나 어겨졌다는 것을 가정합니다. 즉, 그는 그 결과에 따라서 상과 벌을 결정하는 것입니다.

2) 하나님의 의지

의지에 대하여 살펴보았으므로 이제 다음의 명제들을 통해 이것들을 적용해 보고자 합니다.

① 이 세상에 사는 동안 우리는 성경과 하나님께서 만드신 피조물이라는 안경을 통해서 하나님을 알게 됩니다. 그리하여 인간의 본성에 따라 우리는 하나님께서 지성과 의지를 가지고 계신다는 것을 알 수 있습니다. 다만 우리의 이성과 의지는 불완전한 반면, 하나님께서는 완전하십니다.

② 동일한 근거 위에서 우리는 성경을 통하여 하나님의 의지에서 비롯되는 행동들을 그 목표들과 구분할 수 있습니다. 비록 하나님의 본질과 관련하여 이들 모두가 하나이지만 말입니다.

③ 그리스도에 대해서 말할 때, 우리는 그리스도의 인성으로부터 이에 대한 더욱 분명한 근거를 가지게 됩니다.

④ 그러므로 단순한 만족이나 의지, 혹은 하나님의 사랑은 선함의 본질이나 정도에 따라서 차이는 있지만 모든 사람에게 본성적으로나 도덕적으로 좋은 것이라고 말합니다. 하나님께서는 모든 사람이 회심하고 구원받는 것을

기뻐하십니다. 그러나 모든 사람이 회개하거나 구원받을 수는 없습니다.

⑤ 세상의 통치자요 입법자이신 하나님께서는 사람들을 구원하기 위해서 실제로 행동하셨습니다. 즉, 그들에게 그리스도와 생명의 좋은 선물을 값없이 주시고, 그들의 모든 죄를 용서해 주셨습니다. 그리고는 자신의 사자에게 명령을 내리셔서 세상의 모든 사람에게 이 선물을 제공하실 뿐만 아니라 그 선물을 받아들이도록 그들을 설득하십니다. 하나님께서는 입법자 혹은 약속자로서 사람들을 구원하기 위해 할 수 있는 모든 일을 행하시는 것입니다.

⑥ 그러나 또한 하나님께서는 입법자로서 회개하지 않는 사람들이 죽을 것이라고 정하셨습니다. 또 재판관으로서 그들의 은혜의 날이 끝날 때 그 법을 집행하실 것입니다.

⑦ 이와 같이 하나님께서는 절대 회개하지 않을 사람들도 회심하기를 바라시지만, 절대주권자로서 반드시 그렇게 이루어지도록 완전히 효력을 발생시키리라는 결심을 가지고 행하시지는 않습니다. 또 하나님께서 바라시는 바가 의심할 여지 없이 반드시 이루어지게 하거나 그것을 성취하기 위해 자신의 모든 능력을 온전히 사용하는 방식으로 일하시지도 않습니다.

왕은 자기의 능력으로, 어떤 사람이 살인을 저질러 교수형을 당하지 않도록 그에게 감시병을 배치할 수 있습니다. 그러나 만일 어떤 이유 때문에 왕이 그렇게 하지 않고, 다만 백성들에게 살인자가 되지 말라고 경고하고 당부한다면, 그때에도 왕이 그들이 살인자가 되어 교수형에 처해지는 것을 원하지 않는다고 말할 수 있을 것입니다. 이처럼 왕이 백성들이 살인을 저질러 교수형에 처해지는 것을 기뻐하지 않고 오히려 백성들이 살인하지 않고 살게 되기를 바란다면, 그는 자기 영토 내에 있는 모든 사람들에게 이렇게 말할 것입니다. "나는 너희의 죽음을 기뻐하지 않는다. 오히려 너희가 내 법을 지키고 살기를 바란다. 그러나 너희가 내 법을 어긴다면 반드시 죽게 될 것이다. 이것이 나의 결정이다."

재판관은 도둑이나 살인자에게 이렇게 말할 것입니다. "오, 불쌍한 사람들아, 나는 너희의 죽음을 기뻐하지 않는다. 오히려 너희가 법을 지키고 목숨을 건지기를 바란다. 그러나 너희가 죄를 짓는다면, 나는 너희에게 벌을 내릴 수밖에 없다. 그렇게 하지 않으면 나는 불의한 자가 될 것이다."

마찬가지로 하나님께서도 여러분의 멸망을 기뻐하지 않으십니다. 그래서 회개하고 살라고 여러분을 부르시는 것입니다. 그런데 한편 하나님께서는 자신의 공의가 드러나고 자신의 법이 시행되는 것을 기뻐하십니다. 그러하기에 하나님께서는 '만일 사람들이 회개하지 않는다면 반드시 멸망 받아야 한다'는 확고한 결심을 가지고 계십니다. 만일 하나님께서 악인들의 죽음을 그토록 반대하신다면, 그리고 이것을 막기 위해 하나님께서 할 수 있는 모든 것을 하신다면, 아무도 멸망당하지 않을 것입니다. 그러나 그리스도께서는 소수의 사람만이 구원받을 것이라고 말씀하십니다. 그리고 여전히 여러분이 회개하지 않는다면 하나님께서 여러분을 멸망시키시리라 결심했다는 것을 선언하십니다. 그리고는 우리에게, 하나님의 이름으로 "악인아, 너는 반드시 죽으리라"(겔 33:8)라고 전하라고 명령하셨습니다. 또 그리스도께서도 이와 같은 내용을 반복해서 말씀하셨습니다.

"이르시되 진실로 너희에게 이르노니 너희가 돌이켜 어린아이들과 같이 되지 아니하면 결단코 천국에 들어가지 못하리라"(마 18:3).

"예수께서 대답하여 이르시되 진실로 진실로 네게 이르노니, 사람이 거듭나지 아니하면 하나님의 나라를 볼 수 없느니라"(요 3:3).

그리스도께서 "너희가 결단코 할 수 없다"라고 말씀하신 것에 주목하십시오. 회개 없이 구원받으려는 소망은 헛된 것이며, 거듭나지 않은 사람들을 하나님께서 구원하시리라고 기대하는 것도 헛된 것입니다. 이것은 절대로 불가능한 일입니다.

　간단히 요약하자면, 이 말씀들은 세상의 위대한 입법자이신 하나님께서 악인의 죽음을 기뻐하지 않으시고 오히려 악인이 회개하고 살기를 기뻐하신다는 의미를 담고 있습니다. 그러면서도 하나님께서는 모든 사람이 아니라 회개한 사람들이 살 것이라고 말씀하셨습니다. 하나님께서는 재판관으로서 공의를 시행하기 원하시며, 비록 죄인들이 스스로 초래한 형벌을 기뻐하시지는 않지만 죄인들이 지은 죄에 대해서는 미워하시기 때문입니다.

2. 죄인들의 죽음을 기뻐하시지 않는다는 증거들

　다음으로 전술한 내용을 여러분이 분명히 믿고 있으리라 생각하고, 이러한 요점에 대한 증거를 간단하게 제시하도록 하겠습니다.

1) 하나님의 은혜로운 성품
　출애굽기 20장 6절과 34장 6절, 이 밖에 성경 여러 곳에 빈번하게 언급되어 있는 하나님의 은혜로우신 성품을 통해 여러분은 하나님께서 여러분의 죽음을 기뻐하시지 않는다는 것을 확신하게 될 것입니다.
　"나를 사랑하고 내 계명을 지키는 자에게는 천 대까지 은혜를 베푸느니라"(출 20:6).
　"여호와께서 그의 앞으로 지나시며 선포하시되 여호와라 여호와라 자비롭고 은혜롭고 노하기를 더디하고 인자와 진실이 많은 하나님이라"(출 34:6).

2) 복음의 내용
　만일 하나님께서 여러분이 회심하고 생명을 얻는 것보다 여러분이 죽는 것을 더 기뻐하셨다면, 하나님의 말씀 안에서 그토록 자주 여러분에게 회개하라고 명령하시지는 않았을 것입니다. 또 여러분이 회개하기만 하면 생명을 주겠다고 약속하시지도 않았을 것입니다. 또 여러분을 회개하도록 설득하기 위해 그렇게 많은 이유들을 일일이 제시하시지도 않았을 것입니다. 하나님의 복음의 요지가 이러한 요점을 증명해 줍니다.

3) 복음 사역자들에게 주어진 사명

하나님께서 복음 사역자들에게 주신 사명이 이것을 충분히 증명해 주고도 남습니다. 만일 하나님께서 여러분의 회심과 구원보다 여러분의 멸망을 더 기뻐하셨다면, 하나님께서는 절대로 공적으로나 사적으로 여러분에게 자비를 전하고 생명의 길을 가르쳐 주도록 복음 사역자들에게 책임을 부여하시지 않았을 것입니다. 사역자들을 향해 여러분에게 회개하면 산다는 것을 말해 주거나 여러분의 죄를 깨닫게 하거나 위험을 경고해 주라고 명령하시지 않았을 것입니다. 또한 우리에게 여러분의 회심을 위해서 온 힘을 다하라고, 비록 여러분이 우리를 미워하거나 괴롭힌다 하더라도 계속 인내하면서 이 일을 하라고 명령하시지 않았을 것입니다. 만일 하나님께서 여러분의 죽음을 기뻐하셨다면, 어떻게 여러분의 유익을 위해서 이런 일들을 하셨겠습니까?

4) 하나님의 섭리

또한 이것은 하나님의 섭리에 의해서도 증명됩니다. 만일 하나님께서 여러분이 회개하고 구원받는 것보다 멸망되기를 바라셨다면, 회개하라고 말씀하신 다음에 여러 가지 섭리적 행동을 하시지 않았을 것입니다. 하나님께서 날마다 여러분에게 친절을 베푸시지도 않았을 것이며, 이 세상에서 여러분을 인도하여 회개하게 하기 위해 모든 자비를 베푸시지도 않았을 것이고, 종종 채찍을 사용하여 여러분으로 깨닫게 하시지도 않았을 것입니다. 또한 하나님께서 여러분의 눈앞에 그렇게 많은 실례들을 보여 주시지도 않았을 것이며, 해마다 날마다 그렇게 오래 참으면서 기다리시지도 않았을 것입니다. 이런 것들은 여러분의 죽음을 기뻐하는 이의 행동들이 아닙니다.

만일 하나님께서 여러분의 죽음을 기뻐하셨다면, 하나님께서는 벌써 오래 전에 여러분을 쉽게 지옥에 집어넣었을 것입니다. 그 전에도 여러분이 죄짓는 현장에서나 여러분의 입으로 저주나 맹세나 거짓말을 할 때, 여러분이 무지하고 교만하며 탐욕적일 때, 언제든지 여러분을 잡아 지옥에 던져 넣었을 것입니다. 그때 여러분의 술주정이나 하나님의 길을 떠난 삶이 끝장났을 것입니다.

하나님께서는 아주 쉽게 여러분의 호흡을 끊고 여러분에게 재앙을 퍼부어 지옥에 보내 버리실 수 있습니다. 전능하신 하나님께 가장 불경스런 독설가의 입을 막아 버리고, 가장 심한 박해자의 손을 묶어 버리며, 원수의 가장 무서운 분노를 잠잠하게 하며, 그들로 하여금 자신들이 단지 벌레에 불과하다는 사실을 깨닫게 하는 것은 매우 쉬운 일입니다. 하나님께서 얼굴을 찡그리시기만 하면 여러분은 무덤으로 떨어질 것입니다. 하나님께서 천사들 중 하나에게 만 명의 죄인들을 멸망시키라고 명령하신다면, 그 일이 매우 신속하게 이루어질 것입니다.

하나님께서는 아주 쉽게 여러분을 병원의 침대에 눕힐 수도 있고, 병상에서 고통으로 울부짖게 만들 수도 있으며, 여러분이 하나님의 종들과 하나님의 말씀과 하나님께 드리는 예배와 하나님의 거룩한 방식에 대해 비웃었던 그런 비웃음으로 똑같이 비난당하게 하실 수도 있습니다. 또한 기도한다는 이유로 여러분이 경멸했던 사람들의 그런 기도를 여러분이 똑같이 하도록 만드실 수도 있습니다.

하나님께서는 아주 쉽게 육체를 괴롭게 하거나 고통스럽게 할 수 있으며,

육체가 너무 약해서 더 이상 여러분의 영혼을 지탱할 수 없게 만들거나, 그 육체를 땅의 오물보다도 더 지겹게 느끼도록 만들 수도 있습니다. 지금은 육체가 좋아하는 것을 반드시 가져야 하고 싫어하는 것을 없애야 하며, 고기나 음식이나 옷으로 만족시켜 주어야 하지만, 하나님께서 얼굴을 한 번 찡그리기만 하시면 그런 것들이 얼마나 빨리 사라져 버릴런지요!

여러분이 여러분의 죄를 열렬히 변호하고, 여러분의 죄를 불쾌하게 여기는 사람들과 다투며, 여러분을 책망하는 사람들에게 화를 내고, 어둠에 속한 일들을 열심히 하고 있을 때, 하나님께서 여러분을 한순간에 사로잡아 헤아릴 수 없이 영광스러운 천사들이 보좌 주위에서 대기하고 있는 하나님의 두려운 위엄 앞에 세울 것입니다. 그런 다음 여러분에게 죄지은 이유에 대해 변명해 보라고 요구하시면서, 지금도 창조주와 하나님의 진리와 하나님의 종들과 하나님의 거룩한 방식들을 비난하겠느냐고 물으시는 것은 얼마나 쉬운 일인지요!

지금 그 이유를 생각해 보고 여러분이 생각할 수 있는 가장 중요한 이유를 대 보십시오. 지금 여러분이 짓고 있는 죄에 대해 뭐라고 변명할 수 있습니까? 지금 여러분이 가지고 있는 시간이나 다른 모든 것들을 그렇게 세속적이고도 육신적으로 사용하는 이유를 설명해 보십시오.

만일 하나님께서 여러분을 하나님의 법정에 세우고는 지금 여러분이 그토록 악랄하게 변명하고 있는 이유를 묻고 직접 여러분의 죄를 추궁하신다면, 여러분의 강퍅한 마음이 얼마나 녹아내릴 것이며, 여러분의 교만한 모습이 얼마나 낮아질 것인지요! 여러분의 안색이 얼마나 붉어질 것이며, 여러분의 거친 말투들이 침묵하게 되거나 두려움으로 얼마나 울부짖게 될 것인지요!

하나님께서는 아무 때나 너무나 쉽게 여러분의 영혼을 향해 "오라, 그리고 부활의 때까지 더 이상 육체 안에 머물지 말라"라고 말씀하실 수 있습니다! 그러면 여러분은 그것을 절대 거부할 수 없습니다. 하나님께서 한마디만 하시면 이 세상에서 여러분의 요란스러운 삶이 끝나 버릴 것입니다. 하나님께서 여러분에게 "더 이상 이 세상에서 살지 말라", 혹은 "지옥에서 살아라"라고 말씀하실 때 여러분은 불순종할 수가 없습니다.

그러나 하나님께서는 아직 이런 일 가운데 그 어느 것도 시행하시지 않았습니다. 오히려 인내로 여러분에 대해 참으시고, 자비로 여러분을 붙드시며, 하나님을 대적하며 내뿜었던 그 호흡을 여러분에게 주시고, 여러분이 육신을 위해서 사용했던 하나님의 자비를 허락하시며, 여러분이 탐욕스러운 목구멍을 만족시키기 위해 사용했던 양식을 여전히 여러분에게 제공하십니다. 뿐만 아니라 하나님께서는 여러분이 게으름과 술 취함과 세속적인 것으로 낭비했던 매분 매초를 여러분에게 주셨습니다. 하나님께서 베푸신 이 모든 인내와 자비가 그분께서 여러분의 멸망을 원하지 않으신다는 것을 보여 주는 것이 아니고 무엇입니까?

기름 없이 등잔불이 탈 수 있습니까? 집을 지탱해 주는 땅 없이 집이 서 있을 수 있습니까? 마찬가지로 여러분은 하나님의 도움 없이는 한 시간도 살 수 없습니다. 그렇다면 하나님께서 여러분의 삶을 그토록 오랫동안 유지시켜 주시는 것은, 그분께서 여러분이 어리석음을 깨닫고 회개하며 살기를 바라신다는 것을 보여 주는 것이 아닐까요? 원수와 싸우기 위해 고의적으로 악수하는 사람이 있을까요? 자식을 죽이려고 하는 살인자나 계속 놀거나 잠만 자는 게으른 종에게 등불을 켜 줄 사람이 있겠습니까? 이와 같이 하나님께서 그토록 오랫동안 여러분을 기다려 오신 것은, 여러분이 마침내 회개하고 살게 되는 것을 보시고자 함이 확실합니다.

5) 하나님의 아들이 받으신 고난

하나님께서 악인의 죽음을 기뻐하지 않으신다는 것은 하나님의 아들이 받으신 고난 속에서 더욱 분명히 증명됩니다. 만일 그리스도께서 악인들의 죽음을 기뻐하셨다면, 왜 그리스도께서 그들을 죽음에서 구속하기 위하여 그렇게 값진 대가를 지불하셨겠습니까? 왜 그리스도께서 그토록 겸비해지심으로써 천사들과 사람들을 깜짝 놀라게 하셨겠습니까? 또 왜 하나님께서 그리스도로 하여금 육체 안에 거하게 하시고, 종의 형체를 입고서 한 인격 안에 인성과 신성이 함께 거하도록 하셨겠습니까? 또 그리스도께서 왜 고난의 삶을 사시고 죄인들을 위한 저주의 죽음을 당하셨겠습니까?

마가복음 3장 21절[1]에서 보는 것처럼 그리스도께서 그렇게 부지런히 사람들에게 설교하고 치료하시며, 마태복음 4장 2절[2]에서처럼 그렇게 오랫동안 금식하시고, 누가복음 6장 12절[3]에서처럼 밤이 새도록 기도하시고, 누가복음 22장 44절[4]에서처럼 땀이 핏방울같이 되도록 기도하시며, 십자가 위에서 저주의 죽음을 당하시고, 우리 죄를 위하여 자신의 영혼을 희생 제물로 드리시는 것을 볼 때, 이 모든 것들을 어떻게 악인의 죽음을 기뻐하는 이의 행동으로 생각할 수 있겠습니까?

한편 그리스도의 죽으심의 의미를 약화시켜 그 죽으심이 그리스도께서 택하신 사람들만을 위한 것이라고 생각하는 잘못을 범하지 마십시오. 왜냐하면 우리 구세주께서 담당하신 것은 바로 여러분의 죄요 온 세상의 죄이기 때문입니다. 그리스도의 희생과 대속의 죽음은 모든 사람의 죄를 감당하기에 충분하며, 그 결과는 누구에게나 제공됩니다. 다만 믿음과 회개를 통해 회심하지 않은 사람을 용서하거나 구원하는 것은 결코 그리스도의 의도가 아닙니다.

누가복음 19장 41,42절에서 그리스도께서 회개하지 않는 백성들의 불순종

---

[1] 막 3:21 예수의 친족들이 듣고 그를 붙들러 나오니 이는 그가 미쳤다 함일러라.
[2] 마 4:2 사십 일을 밤낮으로 금식하신 후에 주리신지라.
[3] 눅 6:12 이때에 예수께서 기도하시러 산으로 가사 밤이 새도록 하나님께 기도하시고.
[4] 눅 22:44 예수께서 힘쓰고 애써 더욱 간절히 기도하시니 땀이 땅에 떨어지는 핏방울같이 되더라.

에 대해 심히 통곡하시는 것을 보십시오.

"가까이 오사 성을 보시고 우시며, 이르시되 너도 오늘 평화에 관한 일을 알았더라면 좋을 뻔하였거니와 지금 네 눈에 숨겨졌도다."

마태복음 23장 37절에서 사람들의 완고함을 보고 탄식하시는 것을 보십시오.

"예루살렘아 예루살렘아, 선지자들을 죽이고 네게 파송된 자들을 돌로 치는 자여, 암탉이 그 새끼를 날개 아래에 모음같이 내가 네 자녀를 모으려 한 일이 몇 번이더냐? 그러나 너희가 원하지 아니하였도다."

또 십자가 위에서 자기를 박해하는 자들을 위해 기도하시는 것을 보십시오.

"아버지 저들을 사하여 주옵소서. 자기들이 하는 것을 알지 못함이니이다"(눅 23:34).

어떻게 여러분이 그리스도께서 악인의 죽음을 기뻐하시거나 심지어 자기들의 의지적 불신앙으로 멸망당하는 자들의 죽음을 기뻐하신다고 감히 생각할 수 있겠습니까?

저는 요한복음 3장 16절 말씀을 통해 사람들과 악령들의 악의에 대항하여 그리스도께서 '악인의 죽음을 기뻐하시지 않고 그들이 회개하고 사는 것을 기뻐하신다'는 것을 증명했다고 생각합니다.

"하나님이 세상을 이처럼 사랑하사(그냥 사랑하사가 아니라 '이처럼 사랑하사'이다) 독생자를 주셨으니, 이는 그를 믿는 자마다(유효한 믿음에 의해서) 멸망하지 않고 영생을 얻게 하려 하심이라."

6) 하나님의 맹세

마지막으로 만일 이 모든 것들을 통해서도 여러분이 충분히 만족되지 못한다면, 하나님의 말씀, 즉 하나님께서 자신의 생각을 가장 잘 아신다는 것을 믿으십시오. 아니면 적어도 하나님의 맹세를 믿으십시오. 이것을 더욱 잘 이해하기 위해 네 번째 교리를 살펴봅시다.

6장

의심할 여지 없는 진리

교리 4

하나님께서는 악인의 죽음을 기뻐하지 않으시고
오히려 그들이 회개하고 사는 것을 기뻐하신다는 점을
맹세로 우리에게 확증해 주셨다.
그러므로 이 진리에 대하여 의심할 여지가 남아 있지 않다.

1. 결코 의심할 수 없는 하나님의 맹세

혹시 여러분이 지금 감히 하나님의 말씀을 의심하고 있다 하더라도, 저는 여러분이 감히 하나님의 맹세는 의심하지 않기를 바랍니다. 그리스도께서 마태복음 18장 3절과 요한복음 3장 3절[1]에서 회심하지 않은 사람들과 거듭나지 않은 사람들이 결단코 천국에 들어갈 수 없다고 분명히 선언하신 것처럼, 하나님께서도 자신의 기쁨은 악인들의 죽음이 아니라 그들이 회개하고 사는 것이라고 맹세하셨습니다.

사도는 다음과 같이 말합니다.

"하나님이 아브라함에게 약속하실 때에 가리켜 맹세할 자가 자기보다 더 큰 이가 없으므로 자기를 가리켜 맹세하여"(히 6:13).

"사람들은 자기보다 더 큰 자를 가리켜 맹세하나니 맹세는 그들이 다투는 모든 일

---

1) 마 18:3 이르시되 진실로 너희에게 이르노니 너희가 돌이켜 어린아이들과 같이 되지 아니하면 결단코 천국에 들어가지 못하리라.
요 3:3 예수께서 대답하여 이르시되 진실로 진실로 네게 이르노니 사람이 거듭나지 아니하면 하나님의 나라를 볼 수 없느니라.

의 최후 확정이니라. 하나님은 약속을 기업으로 받는 자들에게 그 뜻이 변하지 아니함을 충분히 나타내시려고 그 일을 맹세로 보증하셨나니, 이는 하나님이 거짓말을 하실 수 없는 이 두 가지 변하지 못할 사실로 말미암아 앞에 있는 소망을 얻으려고 피난처를 찾은 우리에게 큰 안위를 받게 하려 하심이라. 우리가 이 소망을 가지고 있는 것은 영혼의 닻 같아서 튼튼하고 견고하여 휘장 안에 들어가나니"(히 6:16-19).

만일 이 진리를 두고 예정론이나 악인의 실제적 멸망과 조화시키지 못하는 사람이 있다면, 그것은 그 사람의 무지 때문입니다. 하나님께서는 이 진리를 부인하거나 의심할 만한 여지를 남겨 두지 않았습니다. 왜냐하면 이것이 하나님의 맹세로 확증되었기 때문입니다. 그러하기에 이 진리는 왜곡되거나 축소될 수 없습니다. 의심스러운 요점들은 오히려 이 진리에 맞추어 해석되어야만 합니다. 비록 우리의 부족한 머리로는 그 일치점을 다 분별할 수 없겠지만, 어떤 진리이든지 이 진리와 일치된다고 믿어야 합니다.

2. 사람의 죄와 죽음을 기뻐하는 자가 누구인가

1) 하나님은 사람의 죄와 죽음을 기뻐하시지 않습니다

만일 이 말을 듣고 있는 여러분이 회심하지 않은 죄인이라면, 앞에서 언급한 교리를 잠시 생각해 보고, 여러분의 죄와 멸망을 기뻐할 자가 과연 누구인지를 스스로 생각해 보십시오. 분명히 하나님은 아닙니다. 하나님께서는 그것을 기뻐하지 않는다고 맹세하셨습니다. 저 역시 여러분이 그렇게 되는 것이 하나님을 기쁘시게 하기 위한 것이 아님을 알고 있습니다. 여러분도 감히 하나님을 기쁘시게 하기 위해 술을 마시고 욕하며 거룩한 의무들을 무시하고 성령의 역사를 소멸한다고 말하지는 못할 것입니다. 그것은 마치 여러분이 왕을 비난하고 왕의 법을 어기며 왕을 죽이려고 하면서 왕을 기쁘게 하기 위해 이 모든 일을 행했다고 말하는 것과 다름없습니다.

2) 사역자들은 사람의 죄와 죽음을 기뻐하지 않습니다

그렇다면 여러분의 죄와 죽음을 기뻐하는 자는 과연 누구입니까? 하나님의 형상을 가진 자는 아닙니다. 왜냐하면 그들은 반드시 하나님을 닮은 생각을 가지고 있을 것이기 때문입니다.

여러분이 여러분을 죽이려는 원수를 섬기고, 미친 듯이 영원한 상태에 대한 모험을 감행하며, 고의로 지옥의 불길 속으로 뛰어 들어가는 것을 보는 것은, 여러분의 신실한 선생들에게 기쁨이 될 수 없습니다. 여러분의 영혼에 이와 같이 눈멂과 강퍅한 마음과 부주의함과 뻔뻔스러움과 악의와 무자비함이 드리우고, 여러분이 생명과 평화의 길에 대해 저항하는 것을 보는 것은, 선생들에게 결코 기쁨이 될 수 없습니다.

그들은 이것들이 죽음과 하나님의 진노의 표시라는 것을 알고 있습니다. 또 하나님의 말씀을 통하여 그 종말이 어떠한지를 알고 있습니다. 그러므로 의사가 환자에게서 흑사병 증상이 나타난 것을 보는 것이 기쁘지 않은 것만큼이나 그것은 그들에게 기쁨이 될 수 없습니다.

여러분의 영원한 고통이 밝히 보이는데도 그것을 피하게 할 방법을 모른다는 것은 얼마나 슬픈 일인지요! 여러분이 지옥에 너무나 가까이 있는 것을 보면서도 여러분을 믿게 만들 수도 없고 진지하게 생각하게 할 수도 없다는 것은 얼마나 슬픈 일인지요!

만일 사역자들이 여러분으로 하여금 그것을 피하게 할 수 있는 방법을 안다면, 여러분이 얼마나 쉽고도 확실하게 피할 수 있는지도 보여 줄 수 있을 것입니다! 만일 여러분이 회개하고 최선을 다하기만 한다면, 그리고 그것을 삶의 중요한 관심사로 삼기만 한다면, 여러분이 영원히 구원받는 것이 얼마나 공정한 결과인지요!

그러나 여러분은 그렇게 하려고 하지 않습니다. 사역자는 여러분을 확신시키고 설득시키기 위해 뭐라고 말해야 할지를 밤낮 연구합니다. 그러나 아직 그것이 이루어지지 않았습니다. 우리 사역자들이 여러분 앞에 하나님의 말씀을 두고서 회개하지 않으면 구원받을 수 없다고 기록된 장과 절을 보여 주는데도 대부분이 그것을 보지 못하고 있습니다.

우리 사역자는 여러분이 비록 우리의 말은 믿지 않더라도, 하나님의 말씀은 믿게 되기를 바랍니다. 또한 우리가 여러분의 구원을 위해 여러분에게 성경을 분명하게 보여 줄 때, 여러분이 그 성경에 대해 진지해지기를 바랍니다. 그런데도 여러분의 마음에 어떤 구원의 변화가 일어나는 것을 보고자 하는 우리의 열망이 소용 없으며, 우리의 노력도 아무 소용이 없습니다. 과연 이것이 사역자에게 즐거운 일일까요? 개인적으로 기도하면서 많은 시간 동안 사역자들은 슬픈 마음으로 하나님께 한탄합니다.

"슬픕니다, 주님! 우리는 주의 이름으로 그들에게 말했습니다. 그러나 그들은 우리에게 관심을 보이지 않습니다. 우리는 주께서 전하라고 명령하신 바 회심하지 않은 상태의 위험성에 대하여 말했습니다. 그러나 그들은 우리를 믿지 않습니다. 우리는 하나님께서 이사야 48장 22절과 57장 21절에서 '악인에게는 평강이 없다'라고 선언하신 것을 그들에게 말했습니다. 그러나 그들 가운데 가장 악한 자도 자기가 악인이라는 사실을 거의 믿지 않습니다.

우리는 '너희가 육신대로 살면 반드시 죽을 것이로되 영으로써 몸의 행실을 죽이면 살리니'(롬 8:13)라는 주님의 말씀을 그들에게 전했습니다. 그러나 그들은 지금 하나님을 믿지 않으면서도 장차 하나님을 믿게 될 것이며, 지금 하나님의 말씀을 신뢰하지 않으면서도 곧 하나님을 신뢰하게 될 것이라고 말합니다. 그리고는 하나님의 말씀에 기록된 '죄지은 사람에 대한 형벌'들이 거짓이기를 기대하면서 이것을 하나님께 대한 소망이라고 부릅니다. 우리가 '악인은 죽을 때에 그 소망이 끊어지나니 불의의 소망이 없어지느니라'(잠 11:7)라는 말씀을 보여 주어도 그들의 거짓된 소망을 버리도록 그들을 설득할 수가 없습니다.

우리가 그들에게, 죄가 얼마나 추하고 무익한 것인지를 말해 주어도 그들은 여전히 죄를 사랑하며, 죄에서 떠나려고 하지도 않습니다. 우리가 그들에게 쾌락을 얻기 위해 지불해야 할 대가가 얼마나 큰지, 영원한 고통 속에서 그 대가를 반드시 지불해야 한다고 전하지만, 그들은 그것을 믿지 않고 다른 사람들과 똑같이 행동합니다.

또한 하나님께서 자비하시다는 이유로 그들은 하나님을 믿지 않고 감히 자신의 영혼을 닥쳐올 일에 내맡기는 모험을 할 것입니다. 우리가 그들에게 하나님께서 그들을 영접하기 위해 어떻게 준비하고 계시는지를 말해 주어도 오히려 이것이 그들의 회개를 미루게 하고 더 담대하게 죄를 짓게 할 뿐입니다.

그들 가운데 몇 사람은 자기들이 회개할 마음을 가지고 있다고 말합니다. 그러나 그들도 여전히 똑같은 삶을 살고 있습니다. 또 어떤 사람들은 아직 자신의 죄를 회개하지 않았으면서도 이미 회개했다고 말합니다. 우리가 그들에게 권면하고 설득하고 도움을 주려고 하지만 아무런 소용이 없습니다. 술주정뱅이들은 여전히 술주정을 하고, 방탕한 생활을 하던 사람들은 여전히 방탕하며, 세속적이던 사람들은 여전히 세속적이고, 무지하고 교만하며 자기기만적이던 사람들은 여전히 그렇게 생활합니다. 소수의 사람들은 자기들의 죄를 자백하고, 그보다 더 소수의 사람들은 죄를 버리기도 하겠지만, 그래도 다른 모든 사람들이 다 죄인이라며 스스로를 위로할 것입니다. 이것은 마치 회개한 죄인이나 회개하지 않은 죄인이나 다 마찬가지라는 것과 같습니다.

어떤 사람들은 우리가 그들을 가르치려고 할 때에 우리에게 가까이 오지도 않을 것이며, 자기가 이미 충분히 알고 있어서 우리의 가르침이 더는 필요 없다고 생각할 것입니다. 비록 어떤 사람들이 사역자의 말을 귀 기울여 듣고 행동에 옮긴다 하더라도, 대다수의 사람들은 아무것도 느낄 수 없는 죽은 사람과 같습니다. 그래서 우리가 그들에게 영혼의 문제에 대해서 말하더라도 그들의 마음속에 단 한 마디도 새겨지지 않습니다.

만일 사역자들이 그들의 말을 무시하고 그들의 자녀들에게 세례를 주지 않거나 그들을 성찬식에 참여하지 못하게 하면, 그들은 우리를 미워하고 우리에게 화를 낼 것입니다. 그러나 우리가 그들에게 그들의 영혼을 구원하도록 죄를 고백하고 버리라고 촉구해도 그들은 그렇게 행하지 않을 것입니다. 우리가 그들에게 '만일 그들이 회개하기만 한다면 그들에게 하나님의 규례 베풀기를 거부하지 않을 것이며, 그들의 자녀들에게 세례를 주는 것이나 그들이 성찬식에 참여하는 것을 거부하지 않을 것'이라고 말하더라도 그들은 우리의 말을 듣지 않을 것입니다.

그들은 사역자가 하나님께 불순종하면서까지 자신들을 기쁘게 해 주기를 바랍니다. 그러면서 자신들은 회개하지도, 하나님을 기쁘시게 하기 위해 자신의 영혼을 구원하려고도 하지 않을 것입니다. 그들은 스스로를 모든 선생들보다 더 지혜롭게 여깁니다. 그들은 사납게 굴며, 자신의 길에 대한 확신을 가지고 있습니다. 우리가 아무리 그들의 변화를 바라더라도 우리는 그들을 변화시킬 수가 없습니다.

주님, 이것이 우리의 비참한 이웃의 현실입니다. 그러나 우리는 그들을 도울 수 없습니다. 우리는 그들이 지옥에 들어갈 준비를 하고 있는 것을 보면서도 어떻게 할 수가 없습니다. 그들이 진실로 회개하면 구원받게 되리라는 것을 우리가 알고 있지만, 도무지 그들을 설득할 수가 없습니다. 우리가 무릎을 꿇고 그들에게 간청해도 그들을 설득할 수가 없습니다. 우리가 눈물로 그들에게 호소해도 그들을 설득할 수가 없습니다. 그렇다면 우리가 무엇을 더 할 수 있겠습니까?"

이것이 많은 불쌍한 목회자들이 기꺼이 감당하고 있는 비밀스러운 고통이며 신음 소리입니다. 여러분은 목회자가 이러한 것을 기뻐한다고 생각합니까? 여러분이 계속 죄를 범하는 것을 보면서도 여러분이 죄짓는 것을 막지 못하는 것이 목회자에게 기쁨이 되겠습니까? 여러분이 그렇게 비참한 상태에 빠져 있는 것을 보면서도 여러분으로 하여금 그것을 깨닫도록 하지 못하는 것이 목회자에게 기쁨이 되겠습니까? 여러분이 즐겁게 지내는 것 같지만 결국 틀림없이 지옥에 가게 될 것임을 아는 것이 그들에게 기쁨이 되겠습니까? 또한 여러분이 회개하지 않기 때문에 반드시 고통을 겪을 수밖에 없다는 것을 생각하고, 여러분이 고의적으로 무시하고 내버린 영원한 영광의 삶을 생각하는 것이 그들에게 기쁨이 되겠습니까? 이것보다 목회자들의 마음을 더 슬프게 하고 근심하게 하는 것이 과연 무엇이겠습니까?

3) 경건한 친구들은 사람의 죄와 죽음을 기뻐하지 않습니다

그렇다면 누가 여러분의 죄와 죽음을 기뻐합니까? 여러분의 경건한 친구들도 그것을 기뻐하지 않습니다. 여러분의 비참함을 보는 것은 경건한 친구들의 영혼에도 슬픔이 됩니다. 여러분이 이러한 사실을 무시하거나 스스로에 대해 전혀 애통해하지 않을 때에도 그들은 몇 번씩이나 여러분 때문에 애통해합니다.

4) 여러분의 죄와 죽음을 기뻐하는 자는 바로 하나님의 큰 원수인 마귀와 악인들과 여러분 자신입니다

그렇다면 누가 여러분의 죄와 죽음을 기뻐합니까? 그것은 바로 하나님의 큰 원수들입니다. 여러분이 세례 받을 때 이것이 선언되었는데도 지금 여러분은 방향을 돌려 그들을 섬기는 잘못을 저지르고 있습니다.

마귀는 참으로 여러분의 죄와 죽음을 좋아합니다. 왜냐하면 이것이 마귀의 모든 유혹의 궁극적 목표이기 때문입니다. 이것 때문에 마귀가 밤낮 여러분을 주목하는 것입니다. 여러분이 계속 죄를 짓는 것보다 마귀를 더 기쁘게 하는 방법은 없습니다. 여러분이 술집에 들어가거나 다른 죄를 짓는 것을 볼 때, 또는 여러분이 저주나 욕설이나 분통 터트리는 것을 들을 때 마귀가 얼마나 기뻐하는지 모릅니다. 또한 죄에서 여러분을 이끌어 내어 구원받도록 도우려는 목회자를 향해 여러분이 욕하는 것을 들을 때 마귀가 얼마나 기뻐하는지 모릅니다! 이러한 것들은 마귀의 기쁨입니다.

악인들도 여러분의 죄와 죽음을 기뻐합니다. 왜냐하면 그것이 그들의 본성에 잘 어울리기 때문입니다.

이 모든 일에도 불구하고, 심지어 여러분이 마귀를 기쁘게 하고 있을 때조차도 여러분이 마귀를 기쁘게 하고 싶어하지 않음을 저는 잘 알고 있습니다. 그저 여러분은 자신의 육신을 기쁘게 하고자 할 뿐입니다. 결국 그것이 가장 크고도 위험스러운 원수인 것입니다.

육신은 자기 마음대로 하고 싶어하고, 먹고 마시고 옷 입는 것을 좋아하며, 친구들과 세상에서 칭찬과 인정받기를 좋아하고, 운동과 쾌락과 게으름을 좋아합니다. 이것은 모든 것을 집어삼키는 깊은 구덩이입니다. 이것이 여러분이 섬기는 신입니다. 빌립보서 3장 19절은 다음과 같이 말씀합니다.

"그들의 신은 배요."

그러므로 여러분, 잠시 다음 사항을 고려해 보십시오.

첫째, 창조주 앞에서 여러분이 꼭 육신을 만족시켜야만 하겠습니까? 여러분은 하나님과 여러분의 선생들과 경건한 친구들을 불쾌하게 만들면서까지 여러분의 야만적인 욕망이나 정욕을 완전히 만족시켜야만 합니까? 하나님께서 여러분의 육신의 통치자가 되시기에 합당한 분이 아니십니까? 만일 하나님께서 여러분의 육신을 다스리시지 않는다면, 여러분을 구원하시지도 않을 것입니다. 정말 그렇다면 여러분은 하나님께서 여러분을 구원해 주실 것이라고 기대할 만한 아무런 이유도 가질 수가 없습니다.

둘째, 여러분의 죄는 여러분의 육신을 만족시킵니다. 그러나 여러분의 양심은 만족됩니까? 여러분 안에 있는 양심은 그것을 몹시 싫어하지 않습니까? 또한 때로는 그 양심이 모든 것이 잘못되어 가고 있으며, 여러분의 상황이 여러분이 바라는 만큼 그렇게 안전하지 않다고 말하지 않습니까? 여러분의 영혼과 양심이 저 부패한 육신보다 더 만족되어야 하지 않겠습니까?

셋째, 여러분의 육신은 육신 자체가 받을 형벌을 제대로 준비하고 있습니까? 육신은 미끼를 좋아합니다. 그러나 낚싯바늘도 좋아합니까? 육신은 독한 술과 달콤한 음식을 좋아합니다. 육신은 편안함과 운동과 환락을 좋아하며 부유해지는 것과 사람들에게서 칭찬받는 것과 출세하기를 좋아합니다. 그렇다면 육신이 하나님의 저주도 좋아합니까? 육신이 하나님의 심판대 앞에 서서 떠는 것과 영원한 지옥 불에 들어가도록 심판받는 것도 좋아합니까? 육신이 귀신들과 함께 영원히 고통받는 것도 좋아합니까?

모든 것을 함께 받아들이십시오. 왜냐하면 죄와 지옥, 믿음과 참된 회심은 분리되지 않기 때문입니다. 여러분이 한 가지를 가지고 싶어한다면 반드시 다른 한 가지도 가져야만 합니다. 죽음과 지옥이 여러분에게 기쁨이 된다면, 여러분이 계속 죄를 짓는다고 해도 이상할 것이 없습니다. 그러나 그렇지 않다면, 죄짓는 것을 그렇게 기뻐하거나 죽음과 지옥을 천국을 상실하는 것에 대한 보상으로 삼을 수는 없을 것입니다. 약간의 술과 고기와 편안함, 죄인들의 달콤한 말, 또는 이 세상의 부유함이 천국의 기쁨보다 더 가치있습니까?

또한 그것들이 영원한 불못의 고통을 받아도 좋을 만큼 가치있습니까?

여러분이 더 나빠지기 전에, 고려할 만한 이유를 가진 모든 사람들과 구원받거나 멸망당하게 될 영혼이 있다고 믿는 모든 사람들이 이 질문을 진지하게 고려해야만 합니다.

여기서 하나님께서는 여러분의 죽음을 기뻐하시지 않으며 여러분이 회개하고 살기를 바란다고 맹세하십니다. 그러나 여러분이 회개하지 않고서 계속 죄를 짓다가 죽는다면, 여러분이 하나님을 기쁘시게 한 것이 아니라 세상과 여러분 자신을 기쁘게 한 것임을 기억하십시오. 만일 사람들이 자신을 기쁘게 하기 위해 자진해서 지옥에 떨어지고 기쁨을 추구하기 위해 끝없는 고통 속으로 달려 들어간다면, 그리고 하나님께 귀 기울일 만한 지혜나 마음이나 은혜가 없다면, 또 그들을 회심시킬 만한 사람들이 없다면 어떻게 치료받을 수 있겠습니까? 그들은 반드시 멸망당할 수밖에 없을 것입니다. 설령 그들이 다른 방식으로 회개한다 하더라도 그때는 너무 늦습니다.

계속 더 적용하기 전에 이제 다음 교리로 나가겠습니다. 다음 교리는 그것에 대한 충분한 근거를 제공해 줄 것입니다.

7장

"돌이키고 돌이키라.
 어찌 죽고자 하느냐"

교리 5

하나님께서는 악인들의 회심을 매우 간절히 바라신다.
그래서 거듭 명령하시며 간절히 권면하신다.
"너희는 돌이키고 돌이키라. 어찌 죽고자 하느냐?"

1. 하나님의 간절한 권면

이 교리는 권면으로서, 앞에서 살펴본 네 번째 교리의 적용에 해당됩니다. 여기서는 이 적용을 다루겠습니다.

이렇게 간절한 하나님의 말씀을 듣고도 아직까지 회심하지 않은 죄인이 있습니까? 여기에 모인 분들 중에 거듭나게 하시고 거룩하게 하시는 성령의 사역을 아직 잘 모르는 분이 있습니까?(대부분 그렇지 않다면, 이는 행복한 모임입니다) 그렇다면 여러분, 창조주의 음성을 들으십시오. 그리고 지체 없이 그리스도를 통하여 창조주에게로 돌아오십시오.

여러분은 하나님의 뜻을 알고 있습니까? 왜 여러분이 지금 회개하는 것이 하나님의 뜻입니까? 살아 계신 하나님께서 이토록 간절하게 자기 피조물에게 사자(使者)를 보내시는데도 왜 순종하지 않습니까? 육신을 가진 모든 사람들이여, 그분의 음성에 귀를 기울이십시오. 여러분에게 생명과 호흡을 주신 하나님께서 하늘로부터 여러분에게 한 전갈을 보내셨습니다. 하나님의 전갈을 보십시오.

"너희는 돌이키고 돌이키라. 어찌 죽고자 하느냐?"(겔 33:11 참고)

들을 귀 있는 자는 들으십시오!

영원하신 하나님의 음성이 무시당해도 괜찮습니까? 하나님께서 무서운 천둥소리를 발하시면 여러분은 두려워하며 떨게 될 것입니다. 오, 그 음성이 여러분에게 더욱 가까이 와 있습니다. 만일 하나님께서 여러분이 반드시 내일 죽을 것이라고 말씀하신다면, 여러분은 그 말씀을 가볍게 여길 수 없을 것입니다. 오! 그런데 이 말씀은 여러분의 영원한 생명, 또는 죽음과 관련되어 있습니다. 이것은 명령인 동시에 권면입니다. 이것은 마치 하나님께서 이렇게 말씀하시는 것과 같습니다.

"나는 너에게 나의 피조물이요 구속된 자로서 나에게 빚진 그 의무를 다하라고 명령한다. 너는 육신과 세상과 마귀와의 관계를 끊고, 네가 살기 위해서 나에게로 돌아오라. 나는 겸손히 너에게 당부한다. 너는 너를 지으신 창조주를 사랑하고 두려워하는 자처럼, 그리고 네 자신의 생명, 즉 영원한 생명을 사랑하는 자처럼 회개하라. 그러면 살 것이다. 너는 영원한 지옥을 벗어나고자 하는 자처럼 돌이키고 돌이키라. 어찌 죽고자 하느냐?"

이성을 가진 피조물인 인간 안에는 이와 같은 메시지와 명령과 권면을 거절할 수도 있는 마음이 있습니다. 오, 인간의 마음은 얼마나 놀라운 것인지요!

여러분 자신을 사랑하며, 여러분의 구원과 관련된 모든 것에 귀를 기울이십시오. 여기 지금까지 사람의 귀에 들렸던 말씀 가운데 가장 기쁜 소식이 있습니다. "너희는 돌이키고 돌이키라. 어찌 죽고자 하느냐?" 여러분은 아직 멸망의 상태에 갇혀 있습니다. 그러나 여기에 여러분에게 제공된 자비가 있습니다. "돌이키라. 그러면 네가 살 것이다"라는 말씀입니다.

오, 여러분이 얼마나 즐겁고 기쁜 마음으로 이 소식을 받아들여야 마땅한지요! 여러분이 이 소식을 처음 듣는 것이 아님을 저는 알고 있습니다. 그렇다면 여러분은 이 소식에 대해 어떻게 반응했습니까? 혹은 지금 어떻게 반응하고 있습니까?

모든 무지하고도 부주의한 죄인들이여, 주님의 말씀을 들으십시오. 모든 세속적인 사람들, 육신의 쾌락을 좋아하는 사람들, 술주정뱅이들, 포주들과 거짓 맹세하는 사람들, 악담하며 비난하는 사람들, 중상모략하며 거짓말하는 사람들이여, 들으십시오.

"너희는 돌이키고 돌이키라. 어찌 죽고자 하느냐?"

냉담하며 기독교 신앙 밖에 있는 사람들과 그리스도의 생명에 문외한인 사람들, 그리스도의 십자가와 부활의 능력을 전혀 알지 못하는 사람들, 그리스도의 사랑에 한 번도 마음이 감동되지 않은 사람들, 그리고 그리스도를 자신이 의지할 힘으로 삼지 않는 모든 사람들이여, 들으십시오.

"너희는 돌이키고 돌이키라. 어찌 죽고자 하느냐?"

하나님의 사랑을 거부하는 모든 사람들, 하나님께로 마음을 향하지 않고 영광의 소망을 가지지도 않으며 천국의 기쁨보다는 세상적인 번영과 쾌락에 더 몰두하는 사람들, 신앙이 있다고는 하나 거의 모양뿐인 사람들, 하나님보다 자신의 육신에 더 많은 관심을 기울이는 사람들, 육신을 부인하지도 않고 그리스도를 위해 모든 것을 버리지도 않는 사람들, 세상에서 가치 있게 여기는 것을 가지고서 그리스도가 그것을 요구할 때 그것을 버리기보다는 그리스도를 불쾌하게 만들더라도 그것을 붙들고자 하는 모든 사람들이여, 들으십시오.

"너희는 돌이키고 돌이키라. 어찌 죽고자 하느냐?"

비록 여러분이 전에는 한 번도 이 사실에 대해서 듣지 못했거나 깨닫지 못했다 하더라도, 오늘 이 자리에서 분명히 하나님의 말씀을 통해 '회개하면 살고 회개하지 않으면 죽는다'는 것을 들었음을 기억하십시오.

2. 하나님의 권면에 순종하라

이제 여러분은 무엇을 해야 합니까? 여러분은 어떤 결정을 내려야 합니까? 회개하겠습니까, 아니면 회개하지 않겠습니까? 더 이상 두 견해 사이에서 머뭇거리지 마십시오. 주님이 하나님이시라면 그분을 따르십시오. 이 세상과 육신적 쾌락보다 천국이 더 좋다면, 나와서 더 나은 나라를 구하고, 여러분의 보물을 좀과 동록(銅綠)이 해하지도 못하고 도둑이 훔쳐가지도 못하는 곳에 쌓으십시오(마 6:20 참고). 또한 깨어나서 있는 힘을 다하여 흔들리지 않는 나라를 찾으십시오(히 12:28 참고). 더 높은 목표를 위해 살아가며, 여러분의 관심과 노력을 이전과는 다른 방식으로 사용하십시오. 그러나 여전히 세상이 천국보다 더 좋거나 더 낫게 보인다면, 세속적인 삶에 머물러 악을 쓰면서 계속 그렇게 살아가십시오.

이제 어떻게 할지 결정했습니까? 아직도 결정하지 못한 사람들을 위해 그 마음을 움직일 만한 중요한 사실들을 살펴보겠습니다.

1) 우리의 구원을 위해서 모든 것이 준비되었습니다

여러분의 구원을 위해서 무엇이 준비되었는지를 생각해 보십시오. 이 모든 것이 준비되었는데도 어떤 사람이 멸망한다면, 그것은 얼마나 안타까운 일입니까?

당신에게 하나님께 회개할 뜻이 전혀 없었고, 두루 도는 불 칼(창 3:24 참고)과 하나님의 율법의 저주가 여러분 위에 머물러 있던 때가 있었습니다. 당신과 세상에 있는 모든 친구들이 과거에 지은 죄를 전혀 용서받을 수 없었던 때가 있었습니다. 그런데 당신이 그 죄들에 대해서 그렇게 많이 애통해하지도 않고 고치려고 하지도 않았는데 그리스도께서 자신의 피 값으로 이러한 장애물을 제거하셨습니다.

하나님께서 자신의 율법이 깨뜨려진 데 대해서 불쾌해하심으로 인하여 하나님과 인간이 전적으로 화목할 수 없었던 때가 있었습니다. 그러나 지금 하나님께서 당신에게 사면령을 내리시고, 그리스도와 영생의 선물을 은혜로 주시면서 당신에게 그것을 받아들이라고 말씀하십니다. 당신이 원하기만 하면 그것이 당신의 것이 될 수 있습니다. 성경에는 이렇게 기록되어 있습니다.

"곧 하나님께서 그리스도 안에 계시사 세상을 자기와 화목하게 하시며 그들의 죄를 그들에게 돌리지 아니하시고 화목하게 하는 말씀을 우리에게 부탁하셨느니라"(고후 5:19).

죄인들이여, 우리 사역자들은 주님께로부터 여러분에게 이 말씀을 전하라는 명령을 받았습니다.

"오소서, 모든 것이 준비되었나이다"(눅 14:17).

모든 것이 준비되어 있습니다. 그렇다면 여러분은 준비되어 있습니까? 하나님께로 나아오기만 하면, 하나님께서는 여러분과 여러분이 하나님께 범한 모든 죄를 용서해 주실 준비가 되어 있습니다. 하나님께 나아오기만 하면, 여러분이 아무리 오랫동안 범죄했더라도, 아무리 고의로 범죄했더라도, 아무리 악독하게 범죄했더라도, 하나님께서는 그 모든 죄를 자신의 등 뒤로 던져 버리실 준비가 되어 있습니다. 비록 탕자였고, 하나님께로부터 떠나서 그토록 오랫동안 버티고 있었다고 해도 여러분이 돌아오기만 한다면, 하나님께서는 기꺼이 맞아들여 팔로 감싸 안고 여러분의 회심을 기뻐하실 준비가 되어 있습니다. 만일 하나님께로 나아오기만 한다면, 심지어 세속적이고 술고래인 사람도 하나님께서 그를 맞이하기 위해 준비하고 계시다는 것을 발견하게 될 것입니다.

이러한 사실이 당신 안에서 당신의 마음을 돌이키도록 하지 않습니까? 오,

죄인이여, 만일 당신이 돌 같은 마음이 아니라 부드러운 마음을 가지고 있다면, 저는 이것이 반드시 당신의 마음을 녹일 수 있으리라고 생각합니다. 천국에 계신 두렵고도 무한하신 하나님께서 당신의 회개를 기다리고 계십니다. 그토록 오랫동안 하나님을 무시하며 욕되게 했던 당신을 받아들이고자 준비하고 계십니다. 하나님께서는 당신의 회심을 기뻐하실 것입니다.

이러한 사실로도 아직 당신의 마음이 녹지 않았습니까? 당신은 아직 돌아올 준비가 안 되어 있습니까? 하나님께서 당신을 부르고 계시며 당신을 영접하고자 준비하고 계시는데도, 아직도 당신에게 돌아오지 못할 이유가 남아 있습니까?

이것이 다가 아닙니다. 그리스도께서 십자가 위에서 자신의 사역을 완수하심으로써 당신을 위해서 아버지께로 가는 길을 만들어 놓으셨습니다. 이제 당신이 오기만 하면 그리스도의 공로로 당신이 받아들여질 수 있습니다. 그런데도 아직 당신은 준비되지 않았습니까?

복음 안에서 용서가 이미 당신에게 주어졌습니다. 그런데도 아직 당신은 준비되지 않았습니까? 복음 사역자들은 당신을 돕고 가르치며 당신에게 평화의 말씀을 선포할 준비가 되어 있습니다. 그들은 당신을 위해 기도하고, 거룩한 성례전을 거행함으로써 당신의 용서를 인치기 위해 준비하고 있습니다. 그런데도 아직 당신은 준비되지 않았습니까?

당신과 관련하여 하나님을 두려워하는 모든 사람들이 당신의 회심을 기뻐하면서 당신을 성도들의 공동체로 받아들일 준비를 하고 있습니다. 비록 당신이 그 공동체로부터 추방당했었다 할지라도 당신에게 교제의 악수를 청할 준비를 하고 있습니다. 당신의 신앙고백이 분명하다면, 하나님께서 용서하신 것을 그들이 감히 용서하지 않을 수는 없습니다. 그들이 감히 당신의 이전 죄에 대해서 이를 갈 수는 없습니다. 왜냐하면 하나님께서 당신을 그들과 함께 비난하지 않으실 것임을 그들이 알기 때문입니다. 만일 당신이 그렇게 비난받을 만한 일을 결코 한 적이 없거나 진심으로 회심했다면, 그들은 당신을 거절하지 않을 것입니다.

이렇게 당신을 받아들일 모든 준비가 되어 있는데도 당신은 아직 준비되지 않았단 말입니까?

그렇습니다. 천국이 준비되어 있습니다. 당신이 짐승처럼 악했다 할지라도 주님께서 당신을 성도들의 영광으로 받아들이고자 준비하고 계십니다. 비록 당신이 짐승처럼 악한 삶을 살았다 할지라도, 만일 당신이 죄씻음을 받게 된다면 주님의 보좌 앞에 있게 될 것입니다. 만일 당신이 거짓 없이 회개하기만 한다면, 주님의 천사들이 당신의 영혼을 기쁨의 자리에 이르기까지 보호할 것입니다. 하나님께서 준비하고 계시며, 그리스도의 희생이 준비되어 있고, 약속과 용서도 준비되어 있습니다. 이미 하나님의 사람들도, 천국도, 천사들도 모두 준비되어 있습니다. 이 모든 것들이 당신의 회심을 기다리고 있습니다.

그런데도 당신은 아직 준비되지 않았습니까? 당신이 그렇게 오랫동안 죽은 상태로 있었으면서도 아직 살 준비를 하지 못했단 말입니까? 당신이 그렇게 오랫동안 제정신이 아니었는데도 정신 차릴 준비가 안 되어 있단 말입니까? 당신은 심지어 멸망당할 준비는 되어 있는데 구원받을 준비는 안 되어 있습니까? 당신이 심지어 물에 빠져 죽게 되었는데도 당신을 구원해 줄 그리스도께로 손을 내밀 준비가 안 되어 있습니까? 당신이 심지어 더 이상 가망이 없는 지옥에 떨어질 준비가 되어 있는데도 지옥으로부터 구원받을 준비가 안 되어 있습니까?

오, 인간이여, 자신이 무엇을 하고 있는지 알고 있습니까? 만일 당신이 회심하지 않은 상태로 죽는다면 틀림없이 지옥에 들어갈 것입니다. 당신이 한 시간을 더 산다고 확실히 보장할 수도 없습니다. 그런데도 회개할 준비가 안

되어 있습니까?

오, 불쌍하고도 비참한 존재여! 당신은 오랫동안 충분히 육신과 마귀를 섬기지 않았습니까? 아직도 당신의 죄가 충분하지 않습니까? 죄를 짓는 것이 당신에게 그렇게 좋고 유익합니까? 당신은 계속 죄를 짓는다는 것이 무슨 의미인지 알고 있습니까? 당신은 무수한 부르심과 자비와 재난과 사례를 보고, 무덤 속에 누워 있는 수많은 사람들을 보았는데도, 아직도 죄를 버리고 그리스도에게로 갈 준비가 안 되어 있습니까? 이렇게 많은 사실들과 양심의 고통 앞에서도, 그리고 이렇게 많은 유익과 약속 앞에서도, 당신은 회개하고 살 준비를 못하고 있습니까?

오, 당신의 눈과 마음이 열려 지금 당신에게 얼마나 놀라운 것이 제공되었는지 알게 되기를 바랍니다! 당신을 회개하게 하기 위해 우리가 보냄 받았다는 것은 얼마나 기쁜 소식입니까! 모든 것이 준비된 것입니다.

2) 하나님이 직접 부르고 계십니다

당신이 회개하고 살도록 하나님께서 어떻게 당신을 부르시는지 생각해 보십시오. 얼마나 많이, 얼마나 크게, 얼마나 간절하게, 얼마나 두렵게 당신을 부르고 있습니까? 그 부르심이 얼마나 힘과 기쁨을 주는 부르심입니까? 결정적인 초청자는 바로 하나님이십니다. 하늘과 땅에게 명령하시는 하나님께서 당신에게 회개하라고 명령하고 계십니다. 그것도 지금 지체 없이 회개하라고 말입니다.

하나님께서는 태양이 정해진 경로로 운행하도록 명령하시며, 아침마다 당신을 비취게 하십니다. 태양은 영광스러운 피조물이요 지구보다 몇 배나 더 크지만, 하나님께 순종합니다. 태양은 단 일 분도 하나님께서 정해 놓으신 시간을 어기지 않습니다. 뿐만 아니라 하나님께서는 모든 천체와 하늘에 있는 것들에게 명령하시며, 그것들은 순종합니다. 하나님께서는 바다에게 명하여 밀물과 썰물을 만드시며, 모든 피조물들에게 명하여 정해진 질서를 지키게 하십니다. 그리고 이 모든 피조물들은 하나님께 순종합니다. 히브리서 1장 14절에 기록되어 있는 것처럼 하나님께서 천사들을 보내 지상에 있는 벌레 같은 우리를 섬기게 하실 때, 하늘의 천사들도 하나님의 뜻에 순종합니다.

"모든 천사들은 섬기는 영으로서 구원받을 상속자들을 위하여 섬기라고 보내심이 아니냐."

그런데 하나님께서 죄인에게 회개하라고 명령하시는데도 그는 하나님께 불순종합니다. 그는 자신이 하나님보다 더 지혜롭다고 생각합니다. 죄인은 죄를 지은 이유를 변명하면서 하나님께 불순종합니다. 전능하신 주님께서 말씀하시면 하늘과 하늘에 있는 모든 것들이 순종합니다. 그러나 주님께서 한 술주정뱅이에게 술집에서 나오라고 말씀하시면, 그는 순종하지 않을 것입니다. 주님께서 세속적이고도 육신적인 한 죄인에게 자신을 부인하고 육신을 죽이고 더 나은 기업을 얻기 위해 마음을 다하라고 하는데도, 그는 순종하지 않습니다.

만일 당신이 하나님을 사랑한다면, 그 음성을 알고 이렇게 말할 것입니다. "오, 이것은 내 아버지께서 부르시는 음성이로구나! 내 마음으로 어찌 불순종할 수 있을까?" 이처럼 그리스도의 양들은 목자이신 그리스도의 음성을 듣고 알며 그리스도를 따르고, 그리스도는 그들에게 영생을 주십니다.

"내 양은 내 음성을 들으며 나는 그들을 알며 그들은 나를 따르느니라. 내가 그들에게 영생을 주노니 영원히 멸망하지 아니할 것이요 또 그들을 내 손에서 빼앗을 자가 없느니라"(요 10:27,28).

만일 당신이 영적인 삶을 살고 있고 영적인 감각이 있다면, 당신은 적어도 이렇게 말할 것입니다. "이것은 하나님의 두려운 음성이로다. 누가 감히 불순종할 수 있을까?"

아모스 선지자는 이렇게 말합니다.

"사자가 부르짖은즉 누가 두려워하지 아니하겠느냐? 주 여호와께서 말씀하신즉 누가 예언하지 아니하겠느냐?"(암 3:8)

하나님은 당신이 농담하거나 함께 노닥거릴 수 있는 분이 아니십니다. 바울이 회심할 때, 하나님께서 바울에게 하신 말씀을 기억하십시오.

"사울아 사울아, 네가 어찌하여 나를 박해하느냐? 가시채를 뒷발질하기가 네게 고생이니라"(행 26:14).

그런데도 당신은 계속해서 하나님의 말씀을 무시하며 성령을 거스르고, 하나님의 부르심에 대해 귀를 틀어막으려 합니까? 이보다 더 큰 잘못이 무엇이겠습니까?

당신은 당신이 불순종하면서 다투고 있는 분이 누구인지, 당신이 무슨 일을 하고 있는지 알고 있습니까? 당신이 가시와 다투고 맨발로 가시를 걷어차며 맨손으로 가시를 치거나, 당신의 머리를 불 속에 집어넣는 것이 차라리 훨씬 더 지혜롭고 쉬운 일입니다. 사람은 누구든지 업신여김을 받을 수 있지만, 하나님께서는 그렇지 않습니다.

"스스로 속이지 말라. 하나님은 업신여김을 받지 아니하시나니"(갈 6:7).

하나님의 진노의 불을 가지고 노느니 차라리 여러분의 초가지붕 위에서 불을 가지고 노는 편이 훨씬 낫습니다.

"우리 하나님은 소멸하는 불이심이라"(히 12:29).

오, 당신이 하나님과 다투는 것이 얼마나 합당하지 않은지요!

"살아 계신 하나님의 손에 빠져 들어가는 것이 무서울진저"(히 10:31).

하나님과 다투거나 하나님께 저항하는 것은 무서운 일입니다. 자신의 영혼을 사랑하는 것처럼 자신이 하는 일에도 주의를 기울이십시오. 만일 하나님께서 여러분에게 진노를 부으시기 시작한다면 여러분은 뭐라고 말하겠습니까? 만일 하나님께서 여러분을 일단 손에 잡으신다면 어떻게 하겠습니까? 지금 여러분이 하나님의 은혜에 대해서 다투듯이, 그때에는 하나님의 심판과 다투시겠습니까?

이사야 27장 4절에서 하나님께서는 "나는 노함이 없나니"라고 말씀하십니다. 즉, "나는 멸망당하는 것을 기뻐하지 않으며, 고의로 멸망시키지 않는다"라고 말씀하신 것입니다. 그러나 이어서 이렇게 말씀하십니다.

"찔레와 가시가 나를 대적하여 싸운다 하자. 내가 그것을 밟고 모아 불사르리라. 그리하지 아니하면 내 힘을 의지하고 나와 화친하며 나와 화친할 것이니라"(사 27:4,5).

가시나무와 그루터기가 불과 싸운다면 아무 승산이 없습니다. 여러분은 여러분을 부르고 계시는 분이 누구인지, 여러분의 마음을 움직여 이러한 부르심을 듣고 회개하도록 하는 분이 누구인지를 알고 있습니다.

그렇다면 하나님께서 어떤 도구를 가지고 얼마나 자주, 얼마나 간절하게 이 도구들을 사용하시는지 생각해 보십시오.

① 복되신 하나님의 말씀이 당신을 부르고 있습니다. "회개하라. 그러면 살리라. 회개하라. 그렇지 않으면 죽으리라." 당신은 어떻게 하나님의 말씀을 펴서 읽고 듣습니까? 하나님께서 당신을 부르시는 것을 인식하지 못합니까?

② 당신이 듣고 있는 모든 설교가 당신을 부르고 있습니다. 모든 설교의 내용과 방향이 당신을 부르고 설득하고 회개하라고 말하고 있지 않습니까?

③ 수많은 성령의 역사가 당신을 부르고 있습니다. 성령께서는 은밀하게 이러한 설교들을 통하여 당신에게 계속 말씀하시고, 회개하라고 권고하십니다.

④ 당신의 양심이 당신을 부릅니다. 때때로 당신은 모든 것이 잘못되어 있다고 느끼지 않습니까? 당신의 양심이 당신에게 새사람이 되어 새로운 삶을 살아야 한다고 말하지 않습니까? 또한 종종 당신에게 회개하라고 부르짖지

않습니까?

⑤ 경건한 사람들의 모범적인 삶이 당신을 부릅니다. 당신은 경건한 사람들이 천국의 삶을 살고 당신이 즐기는 죄를 짓지 않는 삶을 사는 것을 보면서 그것이 바로 실제로 당신을 회개하라고 부른다는 것을 알아야 합니다.

⑥ 하나님의 모든 역사가 당신을 부릅니다. 하나님의 역사 또한 당신에게 하나님의 위대하심과 지혜와 선하심을 보여 줌으로써, 또 이러한 하나님의 속성들을 알게 하고 창조주 하나님을 경배하게 함으로써 당신에게 교훈을 주는 하나님의 책입니다.

"하늘이 하나님의 영광을 선포하고 궁창이 그의 손으로 하신 일을 나타내는도다. 날은 날에게 말하고 밤은 밤에게 지식을 전하니"(시 19:1,2).

태양이 뜰 때마다, 실제로 그 천체가 회개하라고 당신을 부르고 있습니다. 태양이 마치 이렇게 말하는 것과 같습니다. "무엇 때문에 내가 궤도를 돌며, 세상을 비추고 있는가? 사람들에게 그들의 창조주의 영광을 선포하고, 그들로 하나님의 일을 하도록 하기 위해 빛을 비추어 주려는 것이 아닌가? 그런데도 나는 당신이 여전히 죄를 짓고 있으며 무지 속에서 깊이 잠들어 있는 것을 발견하고 있지 않은가?"

"잠자는 자여, 깨어서 죽은 자들 가운데서 일어나라. 그리스도께서 너에게 비추이시리라 하셨느니라"(엡 5:14).

"또한 너희가 이 시기를 알거니와 자다가 깰 때가 벌써 되었으니 이는 이제 우리의 구원이 처음 믿을 때보다 가까웠음이라. 밤이 깊고 낮이 가까웠으니 그러므로 우리가 어둠의 일을 벗고 빛의 갑옷을 입자. 낮에와 같이 단정히 행하고 방탕하거나 술 취하지 말며 음란하거나 호색하지 말며 다투거나 시기하지 말고, 오직 주 예수 그리스도로 옷 입고 정욕을 위하여 육신의 일을 도모하지 말라"(롬 13:11-14; 이 본문은 어거스틴을 회심시키는 방편으로 사용되기도 했습니다).

⑦ 당신에게 주어진 모든 자비가 당신을 부르고 있습니다. 만일 당신이 듣고 이해할 수만 있다면, 그 모든 것들이 당신에게 회개하라고 소리 지르고 있는 것을 알 것입니다.

왜 땅이 당신을 참고 있습니까? 하나님을 찾고 섬기라는 것이 아닙니까? 왜 땅이 당신에게 열매를 줍니까? 하나님을 섬기라는 것이 아닙니까? 왜 공기가 당신에게 호흡하도록 배려해 주고 있습니까? 하나님을 섬기라는 것이 아닙니까? 왜 모든 피조물들이 그의 노력과 생명으로 당신을 섬기고 있습니까? 당신으로 하여금 그들의 주님을 섬기도록 하기 위함이 아닙니까? 왜 하나님께서 당신에게 시간과 건강과 힘을 주셨습니까? 그것으로 하나님을 섬기라는 것이 아닙니까? 왜 당신이 먹고 마시고 옷을 입습니까? 하나님을 섬기기 위한 것이 아닙니까?

당신이 받지 않은 것이 하나라도 있습니까? 만일 당신이 그러한 것들을 받았다면, 이러한 것을 누구에게서 받았고 무엇을 위해 사용해야 할지를 생각해야 마땅합니다. 당신은 어려움에 처했을 때 하나님께 도와 달라고 간청한 적이 한 번도 없습니까? 그리고 그럴 때 하나님께서 당신을 구해 주시기만 한다면 회개하고 하나님을 섬기는 것이 마땅하다고 생각하지 않았습니까?

하나님께서는 당신의 생명을 조금 더 연장시켜 주셔서 또 한 해를 더 살도록 해 주셨습니다. 그런데 당신은 아직도 회개하지 않았습니다.

여러분은 누가복음 13장 6-9절에 등장하는 열매 맺지 못한 무화과나무의 비유를 알고 있습니까?

"이에 비유로 말씀하시되 한 사람이 포도원에 무화과나무를 심은 것이 있더니 와서 그 열매를 구하였으나 얻지 못한지라. 포도원지기에게 이르되 내가 삼 년을 와서 이 무화과나무에서 열매를 구하되 얻지 못하니 찍어 버리라. 어찌 땅만 버리게 하겠느냐. 대답하여 이르되 주인이여, 금년에도 그대로 두소서. 내가 두루 파고 거름을 주리니 이후에 만일 열매가 열면 좋거니와 그렇지 않으면 찍어 버리소서 하였다 하시니라."

하나님께서 "찍어 버리라. 어찌 땅만 버리게 하겠느냐"라고 말씀하셨을 때 포도원지기는 한 해만 더 참아 달라고 간구했습니다. 그리고 만일 금년에도 열매가 없으면 찍어 버리라고 말했습니다. 그리스도께서는 이 내용을 두 번이나 적용하셨습니다.

"너희에게 이르노니 아니라 너희도 만일 회개하지 아니하면 다 이와 같이 망하리라……너희에게 이르노니 아니라 너희도 만일 회개하지 아니하면 다 이와 같이 망하리라"(눅 13:3,5).

얼마나 많은 해 동안 하나님께서 당신에게서 사랑과 거룩의 열매를 찾았지만 하나도 찾지 못하셨는지요! 그러나 그분은 당신의 생명을 연장시켜 주셨습니다. 당신은 고의적 무지와 무관심과 불순종으로 "찍어 버리라. 어찌 땅만 버리게 하겠느냐"라는 하나님의 공의로운 심판을 얼마나 많이 불러 일으켰는지요! 그러나 아직까지 하나님의 자비와 인내로 당신이 죽어 멸망당하는 것이 연기되었습니다. 만일 당신이 속사람을 이해하고 있었다면, 이 모든 것이 당신의 회개를 촉구하고 있음을 알았을 것입니다.

"이런 일을 행하는 자를 판단하고도 같은 일을 행하는 사람아, 네가 하나님의 심판을 피할 줄로 생각하느냐? 혹 네가 하나님의 인자하심이 너를 인도하여 회개하게 하심을 알지 못하여 그의 인자하심과 용납하심과 길이 참으심이 풍성함을 멸시하느냐? 다만 네 고집과 회개하지 아니한 마음을 따라 진노의 날 곧 하나님의 의로우신 심판이 나타나는 그날에 임할 진노를 네게 쌓는도다. 하나님께서 각 사람에게 그 행한 대로 보응하시되"(롬 2:3-6).

⑧ 모든 재난이 신속히 회개하라고 부르고 있습니다. 질병과 고통이 회개하라고 부르고 있습니다. 가난과 친구들을 잃는 것과 모든 징계의 회초리들이 회개하라고 부르고 있습니다. 그런데도 당신은 아직 그 부름을 듣지 못하

고 있습니까? 이것들이 가까이에서 당신으로 하여금 느끼고 신음하게 만들고 있습니다. 그러나 이것들로도 당신은 회개하지 않습니다.

⑨ 존재와 본성 자체가 회개하라고 부르고 있습니다. 왜 당신은 이성을 가지고 육신을 통제하며 주님을 섬기지 않습니까? 왜 당신은 지성을 가지고도 하나님의 뜻을 알고, 하나님의 뜻을 행하려 하지 않습니까? 왜 당신은 사랑하고 두려워하며 갈망할 수 있는 마음을 가지고도 하나님을 사랑하고 두려워하며 갈망하지 않습니까?

⑩ 하나님께 한 약속이 회개하라고 부르고 있습니다. 그렇습니다. 당신이 하나님께 드린 약속이 당신으로 하여금 회개하여 하나님을 섬기라고 부르고 있습니다. 세례 받을 때 당신은 자신을 하나님께 드리며 세상과 육신과 마귀를 버리겠노라고 약속하고 선언했습니다. 당신은 신앙고백을 통해서 이러한 것을 확증했고, 성찬식과 어려운 고통의 순간마다 새롭게 확인했습니다. 당신에게는 약속하고 맹세하며, 다시는 죄를 짓지 않고 하나님께로 돌아갈 마음이 있습니까?

이제 이 모든 것들을 하나로 묶어서 무엇을 말하고 있는지를 봅시다. 성경이 회개하라고 당신을 부르고 있습니다. 그리스도의 사역자들이 회개하라고 당신을 부르고 있습니다. 성령님이 회개하라고 당신을 부르고 있습니다. 당신의 양심이 회개하라고 당신을 부르고 있습니다. 경건한 성도들이 설득하고 모범을 보이면서 회개하라고 당신을 부르고 있습니다. 온 세상과 만물들이 회개하라고 당신을 부르고 있습니다.

하나님의 인내하심이 회개하라고 당신을 부르고 있습니다. 당신이 받은 모든 은혜가 회개하라고 당신을 부르고 있습니다. 하나님의 징계의 회초리가 회개하라고 당신을 부르고 있습니다. 당신의 이성과 본성이 회개하라고 당신을 부르고 있습니다. 또한 당신이 하나님께 한 모든 약속이 회개하라고 당신을 부르고 있습니다. 그런데도 당신은 아직 회개하려고 결심하지 않았습니까?

3) 회개하라고 부르시는 하나님을 향한 죄인의 부당한 태도

더구나 불쌍하고도 완악한 죄인인 당신은 회개하라고 부르시는 하나님께 대해 어떤 입장을 취해 왔습니까? 당신은 하나님의 것이며, 당신 자신은 물론 당신이 가진 모든 것이 하나님의 소유입니다. 당신은 하나님의 종이므로 다른 주인을 섬겨서는 안 됩니다. 당신은 하나님의 은혜로 유지되고 있으며, 당신의 생명이 하나님의 손안에 있습니다. 하나님만이 당신을 구원하실 수 있습니다.

당신에게 있는 많은 악한 영적 원수들은 하나님께서 당신을 버리시기만 하면 기뻐할 것입니다. 하나님께서는 이런 원수들을 당신에게서 떼어 놓을 수도 있고, 당신을 그들에게 넘겨줄 수도 있습니다. 만일 하나님께서 당신을 그들에게 넘긴다면, 그들은 얼마나 신속하게 당신을 악한 방식으로 다룰 것인지요! 당신이 오직 하나님께로 돌아갈 때에만 그들에게서 벗어날 수 있습니다.

당신은 이미 당신이 지은 죄 때문에 하나님의 진노 아래 놓여 있습니다. 그리고 하나님의 인내심이 얼마나 지속될지 알지 못합니다. 어쩌면 올해가 당신에게 마지막 해가 될지도 모릅니다. 어쩌면 바로 오늘이 당신의 마지막 날일지도 모릅니다. 하나님의 말씀이 귀에 들리는 동안 하나님의 칼이 당신의 심장을 겨누고 있습니다. 회개하지 않는다면 당신은 죽은 목숨입니다. 반면 당신의 눈이 열려 자신이 바로 지옥의 입구에 있다는 것을 보게 된다면, 또 회개하지 않았던 사람들이 이미 그곳에 얼마나 많이 있는지를 보게 된다면, 그때 자기 자신을 돌아보아야 하는 때임을 알게 될 것입니다.

자, 이제 여러분 자신을 돌아보십시오. 그리고 주님께서 제공해 주신 것들에 대해 얼마나 마음이 움직였는지를 저에게 말해 주시겠습니까?

여러분은 하나님의 생각이 어떠한지에 대해 듣고 있습니다. 하나님께서는 여러분의 죽음을 기뻐하시지 않습니다. 하나님께서는 회개하라고, 회개하라고 여러분을 부르고 계십니다. 만일 이 모든 것에도 아랑곳하지 않은 채로 여러분의 마음이 전혀 움직이지 않거나 반 정도밖에 움직이지 않는다면, 그것은 두려운 일입니다. 또한 이 모든 것에도 불구하고, 여러분이 하나님의 자비하심에 대해 들음으로써 여러분의 비참함에 대해 더욱 무관심해진다면, 그것은 더욱 두려운 일입니다. 치료할 가능성이 있는지는 약효가 어느 정도 나타나는지를 보면 부분적으로 알 수 있습니다.

지옥에 있는 사람들이 하나님께로부터 온 소식을 알고 있다면, 그것은 지금 지옥에 있는 사람들에게 얼마나 기쁜 소식일까요! "회개하라. 그러면 살 것이라"라는 소식을 듣는 것이 얼마나 기쁜 일일까요! 그렇습니다. 하나님의 진노를 받을 시간이 한 시간밖에 남지 않았다는 것을 알 때, 그 소식은 여러분에게 얼마나 반가운 소식이겠습니까? 아니, 천 년이나 만 년의 고통을 받은 후라 할지라도 여러분은 "회개하라. 그러면 살 것이라"라는 하나님의 말씀을 들어야만 할 것입니다. 그런데도 여러분은 그 소식을 무시하며, 사역자로 하여금 헛수고하고 돌아가는 고통을 맛보게 하려고 합니까?

죄인들이여, 보십시오. 우리 사역자들은 주님의 대변인으로서 생명과 죽음을 여러분 앞에 제시합니다. 생명과 죽음 중 어느 것을 선택하겠습니까? 그리스도께서 한 손에는 천국을, 또 한 손에는 지옥을 들고 당신 앞에 서서 선택하라고 요구하고 있습니다. 당신은 어느 것을 선택하겠습니까?

주님의 목소리에 바위들도 진동합니다. 시편 29편을 보십시오. 하물며 회개하지 않는 여러분을 두려워 떨게 하는 것은 아무것도 아닐 것입니다.

당신은 "돌이키고 돌이키라. 어찌 죽고자 하느냐?"라는 음성을 깨닫지도, 느끼지도 못합니까? 당신이 행동으로도 쉽게 알 수 있는 것처럼, 그것은 무한한 사랑의 음성이요 당신의 가장 친한 친구의 음성이 아닙니까? 그런데도 그것을 무시할 수 있습니까? 그것은 사랑과 연민의 목소리입니다.

주님께서는 당신이 회개하라는 부름을 받고 난 후에 생활이 얼마나 더 나아졌는지를 알고 계십니다. 주님께서는 당신이 회개하지 않을 경우에 어떻게 될지를 알고 계십니다. 또 당신이 회개하지 않는다면, "이 불쌍한 죄인이 스스로를 영원한 고통으로 던져 넣고 있구나. 나는 내 의로운 율법에 따라 이 죄인을 공의로 심판해야만 한다"라고 생각하실 것입니다. 그래서 주님께서 계속해서 회개하라고 부르고 계시는 것입니다.

오, 죄인들이여! 만일 여러분이 지금 처해 있는 위험과 여러분이 빠져 들어가고 있는 비참함을 이전에 알았더라면, 더 이상 우리가 여러분에게 회개하라고 부를 필요도 없을 것입니다.

게다가 여러분을 부르는 이 음성은 지금 천국에 있는 모든 사람들을 부르던 음성과 동일합니다. 지금 하나님의 음성을 듣고 회개한 사람들이 소유하고 있는 것이 무엇입니까? 그들은 참으로 그 음성이 사랑의 음성이요 자신들의 구원을 위한 것임을 알고 있습니다. 만일 여러분이 그 동일한 음성에 순종한다면, 동일한 행복을 경험하게 될 것입니다. 회개하지 않아 영원히 슬피 울게 될 사람들은 무수히 많아도, 천국에서 자신이 회심한 것을 후회하는 사람은 단 한 사람도 없습니다.

자, 여러분, 아직도 결정하지 못했습니까? 제가 여러분에게 더 말해야 합니까? 어떻게 하겠습니까? 회개하겠습니까, 회개하지 않겠습니까? 비록 여러분이 저에게는 말하지 않는다 할지라도, 마음으로 하나님께 대답하십시오. 하나님께서 여러분의 침묵을 부정으로 간주하시지 않도록 말하십시오. 하나님께서 여러분에게 더 이상 요구하시지 않도록 빨리 말하십시오. 두마음을 품지 말고 확실하게 말하십시오. 더 이상 지체하지 말고, 흔들리기 전에 이렇게 말하십시오.

"지금 나는 하나님의 은혜로 회개할 것을 결심합니다. 나는 나 자신의 연약함을 알기 때문에 하나님의 은혜를 의지하며, 하나님의 방식을 따르며, 이전의 삶의 습관과 친구들을 버리고 나 자신을 하나님의 인도하심에 맡기리라 결심합니다."

여러분은 이교(異敎)의 어둠에 갇혀 있는 것도 아니고, 지옥에 떨어진 자들의 멸망 속에 갇혀 있는 것도 아닙니다. 생명이 여러분 앞에 있습니다. 여러분이 원한다면 얼마든지 바른 판단 속에서 영생을 취할 수 있습니다. 그렇습니다. 여러분이 생명을 받아들이고자 한다면 그것은 무료입니다. 하나님의 길이 여러분 앞에 놓여 있으며, 교회가 여러분에게 열려 있습니다. 여러분이 원한다면 그리스도와 용서와 거룩함을 가질 수 있습니다.

여러분은 어떻게 하겠습니까? 회개하렵니까, 회개하지 않으렵니까? 만일 여러분이 '아니오'라고 대답하거나 아무 말 없이 계속 회개하지 않은 채로 살아간다면, 오늘 여러분이 얼마나 많은 권고를 들었는지에 대해서 하나님께서 증인이 되시고, 저와 이 회중이 증인이 되며, 여러분의 양심이 증인이 될 것입니다.

여러분이 그리스도를 가질 수도 있고, 그렇지 못할 수도 있음을 기억하십시오. 여러분이 영생을 잃어버렸을 때, 여러분도 다른 사람들처럼 원하기만 했다면 영생을 소유할 수도 있었음을 기억하십시오. 여러분이 영생을 잃어버린 것은 전적으로 여러분이 회개하지 않았기 때문인 것입니다.

이제 다음 교리로 넘어가서 여러분의 변명을 들어 보기로 합시다.

8장

회심하지 않는 이유를 물으시는 하나님

하나님께서는 자신을 낮추시고는
회심하지 않는 죄인들에게 왜 죽으려 하느냐고 물으신다.

이것은 논쟁과 논쟁자 모든 면에서 이상한 논쟁입니다.

첫째, 이 논쟁 혹은 질문은 '왜 악인들이 스스로 멸망하려고 하느냐?' 또는 '어찌하여 악인들이 회개하기보다는 죽으려고 하는가? 그들이 그렇게 하는 데에 어떤 충분한 이유가 있는가'를 논하기 위한 것입니다.

둘째, 이 논쟁의 당사자는 하나님과 사람입니다. 즉, 가장 거룩하신 하나님과 악하고도 회개하지 않은 죄인들입니다.

1. 악인들이 스스로 멸망당하고자 한다는 근거

여기에서 하나님께서 '어떤 사람이 자발적으로 죽으려 하고 멸망당하려 하는 것'처럼 가정하시는 것이 이상하지 않습니까? 그렇습니다. 악인들의 형편이 그러합니다. 이 세상의 가장 큰 부분을 형성하고 있는 모든 악인들이 그러합니다.

그러나 여러분은 이렇게 될 수 없다고 말할 것입니다. 왜냐하면 자연이 본성적으로 자체의 보존과 번성을 원하는 것처럼, 다른 사람들보다 더욱 이기적인 악인은 더욱 죽지 않고 기필코 살아남으려 할 것이기 때문입니다. 그런데 어떻게 사람이 자발적으로 멸망당하려 할 수 있단 말입니까?

이 문제에 대해서 저는 다음과 같이 대답하겠습니다.

그 누구도 고의적으로 악한 사람이 되려고 하지는 않는다는 것은 진리입니다. 그 누구도 고의적으로 영원히 고통받으려 하지는 않는다는 것은 더욱 당연한 진리입니다. 어느 누구도 비참하게 되기를 바라지 않습니다. 악인이라면 더욱 그러할 것입니다. 그런데도 악한 사람들이 죽고 멸망당하려 한다고 말할 수 있겠느냐고 묻겠지만, 악인들이 결국 죽고 멸망당할 것이기 때문에 그들이 죽음과 멸망을 선택한다는 하나님의 가르침은 더욱 진리입니다. 이것은 여러 면에서 진리입니다.

첫째, 악인들은 하나님과 사람에게서 자기들이 가는 길의 마지막이 어떠한지에 대해서 들으면서도 계속 지옥으로 향하는 길을 걸어갈 것입니다. 하나님께서 자신의 말씀을 통해서 "만일 악인들이 그 길을 계속 가면 멸망당할 것이며, 회개하지 않으면 구원받지 못할 것이다"라고 그토록 자주 가르치시는데도 악인들은 계속 그 길을 갑니다.

"악인에게는 평강이 없다 하셨느니라"(사 48:22; 57:21).

"그들은 평강의 길을 알지 못하며 그들이 행하는 곳에는 정의가 없으며 굽은 길을 스스로 만드나니 무릇 이 길을 밟는 자는 평강을 알지 못하느니라"(사 59:8).

악인들은 회개하지 않으면 하나님의 안식에 들어가지 못하리라는 살아 계신 하나님의 말씀과 맹세를 듣습니다. 그렇지만 그들은 악인이고, 앞으로도 악인일 것입니다. 그들은 여전히 육신적이고 또한 육신적일 것입니다. 그들은 여전히 세속적이고 또한 세속적일 것입니다. 비록 하나님께서 다음과 같이 말씀하신다 하여도 그들은 여전히 그러할 것입니다. "세상을 사랑하는 것이 하나님과 원수 되는 것이다. 누구든지 세상을 사랑하면 나의 사랑이 네 속에 있지 않게 된다"(약 4:4; 요일 2:15 참고).

결국 그들은 직접적으로는 아니더라도 스스로 멸망하려고 하는 셈입니다. 비록 그들이 지옥을 사랑하거나 그들이 견뎌야만 할 고통을 사랑하는 것은 아니더라도, 그들은 지옥으로 가려 하고, 자신들이 받을 고통의 원인이 되는 어떤 것을 사랑하고 있는 셈입니다.

바로 이 진리가 여러분에게도 해당되지 않습니까? 여러분이 지옥에서 불타고 싶어하지는 않을 것입니다. 그러나 실상 여러분은 자신의 죄로써 지옥불을 붙이고 스스로를 지옥으로 던져 넣고 있습니다. 여러분이 지옥에서 마귀와 함께 고통받고 싶어하지는 않을 것입니다. 그러나 실제로는 그런 것을 조장하는 행동을 하고 있습니다. 마치 여러분이 이렇게 말하는 것과 같습니다. "나는 독을 마실 것이지만 죽지는 않을 것이다. 나는 건물 꼭대기에서 뛰어내릴 것이지만 자살하지는 않을 것이다. 나는 칼로 내 심장을 찌를 것이지만 죽지는 않을 것이다. 나는 이 불을 나의 짚더미에 던질 것이지만 그것을 태우지는 않을 것이다."

악인들도 마찬가지입니다. 그들은 악하게 살 것이고 이 세상에 있는 육신을 따라 살 것이지만, 그러한 삶을 계속 살면서도 멸망당하지는 않으려고 합니다. 그러나 여러분은 그러한 과정이 그러한 결과를 만들어 낼 수밖에 없다는 것을 알지 않습니까? 또한 하나님께서 여러분이 반드시 회개해야 하며 그렇지 않으면 멸망당하리라고 자신의 거룩한 율법으로 결론지었다는 것을 알지 않습니까?

마찬가지로 여러분이 술주정뱅이나 음행하는 사람, 또는 세속적이며 육신을 따라 사는 사람이라면, 여러분은 "우리가 멸망당할 것이다"라고 분명하게 말해야 할 것입니다. 왜냐하면 여러분이 회개하지 않는다면 반드시 멸망당할 것이기 때문입니다.

만일 도둑이나 살인자가 "나는 물건을 훔치고 사람을 죽일 것이다. 그러나 처벌당하지는 않을 것이다"라고 말한다면, 여러분은 그의 어리석음을 꾸짖을 것입니다. 그리고 나서 만일 그가 무언가를 훔치거나 살인을 한다면, 여러분은 법정에서 판사가 그들을 처벌하는 것을 보게 될 것입니다. 그가 "나는 물건을 훔치고 살인할 것이다"라고 말한다면, 그는 차라리 "나는 처벌을 받게 될 것이다"라고 분명하게 말하는 편이 좋습니다. 이와 같이 여러분이 계속해서 세속적인 삶을 살아간다면, "우리는 지옥에 갈 것이다"라고 분명하게 말하는 편이 낫습니다.

둘째, 악인들은 자신의 구원에 도움이 되는 수단들을 사용하지 않을 것입니다. 음식을 먹지 않으려는 사람은, 그가 음식을 먹지 않고서 어떻게 살 것인지에 대해서 말할 수 없다면 차라리 자신이 죽을 것이라고 분명히 말하는 편이 더 낫습니다. 여행하지 않으려는 사람은, 자신이 목적지에 결코 도달하지 못할 것이라고 분명하게 말하는 편이 더 낫습니다. 물속에 빠진 사람이 스스로 물 밖으로 나오지 못하거나 다른 사람의 도움을 전혀 받지 못하게 되었다면, 그는 익사할 것이라고 분명하게 말하는 편이 더 낫습니다.

마찬가지로 여러분이 계속 세속적이고 불경건하며 회심하지 않을 뿐만 아니라 회심을 위한 수단들을 사용하지도 않는다면, 여러분이 멸망당할 것이라고 분명하게 말하는 편이 더 나을 것입니다. 왜냐하면 만일 여러분이 회심하지 않고서도 구원받을 수 있는 길을 발견한다면 여러분이 이전에 단 한 사람도 하지 못했던 일을 한 것이기 때문입니다.

셋째, 심지어 악인들은 구원을 바라지도 않습니다. 비록 그들이 천국이라고 부르는 것의 어떤 부분을 바랄지라도 천국 자체를 바라지는 않습니다. 참된 행복의 관점에서 고려해 본다면, 그들은 천국을 원하는 것이 아닙니다. 그렇습니다. 그들의 마음은 천국에 대해서 매우 적대적입니다. 천국은 완전히 거룩하고 계속 사랑하며 하나님께 찬양드리는 것으로서, 악인들에게는 이러한 마음이 없습니다. 이 땅에서 얻을 수 있는 불완전한 사랑과 찬양과 거룩함에 대해서도 그들은 관심이 없습니다. 악인들은 위대한 것일수록 관심을 가지지 않습니다. 악인들의 마음은 실제로 매우 순수하고도 영적인 특성을 가지고 있는 천국의 기쁨을 바랄 수가 없습니다.

이제 여러분은 어떤 근거로 하나님께서 악인들이 스스로 멸망하기를 원한다고 가정하시는지 알았을 것입니다. 악인들은 반드시 회개해야 하며 그렇지 않으면 죽는다 하더라도 회개하지 않을 것입니다. 그들은 회개하느니 차라리 비참함으로 뛰어드는 모험을 선택할 것입니다. 그리고는 죄짓는 생활을 계속하면서도 자신이 멸망받지 않을 것이라고 믿을 것입니다.

2. 우리와 논쟁하시는 하나님

'사람들이 고의적으로 자신의 영혼을 망치는 데 빠짐으로써 스스로에게 적이 될 수 있다'는 논쟁이 놀라운 만큼 논쟁자 또한 너무나 놀랍습니다. 사람과 논쟁하기 위해서는 하나님께서 아주 낮은 위치가 되어야만 합니다. 한편 사람들은 매우 이상할 정도로 눈이 멀어 있고 고집이 셉니다. 그래서 사람들에게 이 논쟁을 매우 쉽게 설명해야 할 정도이며, 사람들은 자신의 구원이 이 문제에 달려 있는데도 이 모든 것들에 반대하고 있습니다.

악인들이 우리의 말을 듣지 않더라도 놀라지 마십시오. 그들은 하나님의 말씀도 듣지 않을 것입니다. 하나님께서는 이스라엘 백성들에게 선지자를 보내시면서 이렇게 말씀하셨습니다.

"그러나 이스라엘 족속은 이마가 굳고 마음이 굳어 네 말을 듣고자 아니하리니 이는 내 말을 듣고자 아니함이니라"(겔 3:7).

사람들이 사역자나 경건한 성도들에게 변명을 늘어놓는다 하더라도 놀라지 마십시오. 그들은 하나님께도 변명할 것이며, 심지어 하나님의 말씀 가운데 가장 분명한 구절에 대해서도 변명할 것입니다. 그리고는 자기편에서 보면 이유가 있다고 생각할 것입니다.

그들은 이렇게 말하면서 하나님을 괴롭게 합니다.

"우리가 어떻게 여호와를 괴롭혀 드렸나이까?"(말 2:17)

하나님의 이름을 멸시하는 제사장들은 감히 이렇게 묻습니다.

"우리가 어떻게 주의 이름을 멸시하였나이까?"(말 1:6)

또 제사장들은 제단을 더럽히고 주의 상(床)을 경멸히 여기면서도 감히 이렇게 말합니다.

"우리가 어떻게 주를 더럽게 하였나이까?"(말 1:7)

그러나 하나님께서는 "질그릇 조각 중 한 조각 같은 자가 자기를 지으신 이와 더불어 다툴진대 화 있을진저, 진흙이 토기장이에게 너는 무엇을 만드느냐? 또는 네가 만든 것이 그는 손이 없다 말할 수 있겠느냐?"(사 45:9)라고 말씀하십니다.

그렇다면 하나님께서 왜 사람들에게 이유를 물으시는 것일까요?

첫째, 사람이 이성적으로 지음 받은 존재이기 때문입니다. 사람은 이성적으로 지음 받은 존재이기 때문에 이성에 의해 설득당하기도 하고 항복하기도 합니다. 그래서 하나님께서는 사람에게 이성을 주셔서 그것을 사용하게 하십니다. 근거가 사람에게 제시되었을 때, 이성적인 존재라면 세상에서 가장 분명하고도 위대한 논증에 대해 반대해서는 안 된다고 생각할 것입니다.

둘째, 사람으로 하여금 핑계하지 못하도록 하기 위함입니다. 적어도 사람들은 이를 통해 하나님께서 절대 비이성적인 것들을 요구하시지 않으며, 하나님께서 사람들에게 명령하시거나 금하시는 모든 것에 타당한 이유가 있고,

사람들이 하나님께 순종하는 데는 좋은 이유가 있지만 불순종하는 데는 단 하나의 이유도 없다는 것을 알게 될 것입니다. 따라서 심지어 멸망당한 사람들도 하나님을 의롭다고 인정할 것이요, 자기들이 하나님 앞에서 회개하는 것이 이성적이었음을 고백하게 될 것입니다. 또한 그들은 자신들을 정죄하게 되고, 자기들이 부름 받은 날에 하나님의 은혜를 무시하고서 자신들을 멸망으로 던져 넣을 이유가 전혀 없었음을 고백하게 될 것입니다.

3. 아무런 핑계도 댈 수 없는 인간

죄인들이여, 만일 여러분이 계속 여러분의 길을 가기 원한다면, 가장 강력한 이유들을 제시해 보십시오. 여러분은 자신이 지금 누구와 논쟁하고 있는지를 알고 있습니다. 회심하지 않은 자여, 죄짓기를 좋아하는 비참한 자여, 여러분이 뭐라고 말하고 있습니까? 여러분이 감히 하나님과 논쟁하려고 합니까? 여러분이 감히 하나님을 논박할 수 있습니까? 여러분은 하나님과 논쟁할 준비가 되어 있습니까? 하나님께서는 "왜 너는 죽으려고 하느냐"라고 묻고 계십니다. 여러분은 하나님이 틀렸고 자신이 옳다는 것을 증명하려고 합니까? 오, 그것이 도대체 어떤 일인지 알고 있습니까? 하나님께서는 여러분의 회심을 찬성하고 여러분은 그것을 반대할 때, 어느 쪽이 잘못된 것입니까?

하나님께서 여러분을 회개하라고 부르시는데도 여러분은 회개하려고 하지 않습니다. 하나님께서는 지체 없이 지금, 바로 오늘 회개하라고 명령하시는데도 여러분은 지체하면서 앞으로도 충분히 시간이 있다고 생각합니다.

회개는 반드시 총체적 변화이어야 합니다. 여러분이 반드시 거룩하고도 새로운 피조물이 되어야 하며 거듭나야만 한다고 준엄하면서도 간곡하게 말씀하십니다. 그런데도 여러분은 회개에 대한 잘못된 개념을 가지고서 새사람이 되지 않아도 옛사람이 조금만 교정되면 충분하다고 생각합니다. 그렇다면 누가 옳습니까? 하나님입니까, 아니면 여러분입니까?

하나님께서는 여러분이 회개하고 거룩한 삶을 살도록 부르고 계십니다. 그런데도 여러분은 그렇게 하지 않으려고 합니다. 여러분의 불순종하는 삶을 보면 여러분이 회개하지 않으려고 한다는 것을 알 수 있습니다. 여러분이 회개하려고 한다면 왜 그렇게 불순종하는 삶을 살겠습니까? 왜 계속해서 불순종하는 삶을 살아왔겠습니까? 왜 아직까지 회개하지 않았겠습니까?

여러분의 의지에 따라 여러분의 행동이 결정됩니다. 그러므로 우리는 여러분이 회개하지 않는다면, 여러분에게 회개할 의지가 없는 것이라고 분명히 결론 내릴 수 있습니다. 왜 여러분은 회개하지 않으려 합니까? 그렇게 할 만한 타당한 이유를 제시할 수 있습니까?

저는 여러분과 똑같이 벌레 같은 피조물이요 능력도 부족하지만, 여러분 중에서 가장 지혜로운 분들에게 나의 창조주를 위해 감히 도전합니다. 저는 저의 주장이 곧 하나님의 주장이요 하나님을 옹호하는 최고의 주장이라고 믿습니다. 그래서 저는 낙심하지 않습니다. 뿐만 아니라 여러분이 다음의 두 가지 일반적인 근거에 대하여 아무런 핑계도 댈 수 없을 것이라고 저는 확신합니다.

1) 어느 누구도 하나님보다 더 지혜로울 수는 없습니다

그 무엇도 진리와 이성의 하나님을 대적하는 것에 대해 결코 좋은 이유가 될 수 없음을 저는 확신합니다. 빛이 태양과 적대적일 수 없습니다. 어떤 피조물에게 있는 그 어떤 지식도 하나님께로부터 나오지 않은 것이 하나도 없습니다. 그러므로 어느 누구도 하나님보다 더 지혜로울 수는 없습니다.

가장 뛰어난 천사가 자신의 창조주와 비기려고 한 것은 멸망에 이르는 주제 넘은 짓이었습니다. 하물며 자신도, 자신의 영혼도 모를 뿐만 아니라, 자기가 보는 것 중에서도 대부분을 알지 못하며, 자기 동료들보다도 훨씬 무지한 진흙덩이요 술주정뱅이에 불과한 사람이 하나님의 지혜에 대항하는 것에 대해서는 뭐라고 말할 수 있겠습니까? 심히 어리석은 두더지 같은 자가 감히 자기의 창조주를 대적하고 하나님의 말씀을 의심하는 것은, 타락한 죄인들에게서 발견되는 가장 큰 약점 중 하나이며, 가장 미친 짓 가운데 하나입니다.

그렇습니다. 우리 교구 가운데는 짐승처럼 지극히 무지하며, 신앙의 근본 원리에 대하여 전혀 이성적으로 답변하지도 못하면서 스스로에게 속아 아직도 자기가 매우 지혜롭다고 생각하는 사람들이 있습니다. 그들은 감히 하나님의 가장 명백한 진리에 대해 의문을 제기하고 진리에 대적하고 진리를 트집 잡습니다. 그들은 의미 있는 말을 전혀 할 수 없을 뿐만 아니라 자신의 어리석은 지혜에 동조하면서도 이보다 더 좋은 것이 없다고 믿습니다.

2) 자신의 영원한 영혼을 멸망시키는 것은 어떤 이유로도 정당해질 수 없습니다

하나님께서는 반드시 옳으십니다. 그러므로 사람이 하나님께 반박하는 것은 매우 명백하고도 엄청난 잘못입니다. 따라서 그 누구도 자신을 멸망시키는 정당한 이유를 제시할 수 없습니다. 사람이 자기 주인의 법을 어기고 영광의 하나님을 무시하며, 자기를 산 주인을 버릴 어떤 타당한 이유를 가질 수 있을까요? 사람이 자신의 영원한 영혼을 멸망시킬 어떤 정당한 이유를 댈 수 있을까요? 정말 그렇게 할 수 있을까요?

하나님의 질문에 주목하십시오. "너희는 돌이키고 돌이키라. 어찌 죽고자 하느냐?" 영원한 죽음이 바람직한 것이 될 수 있습니까? 여러분은 지옥을 사랑합니까? 여러분이 고의적으로 멸망당하려는 이유가 무엇입니까? 만일 여러분이 여러분의 죄에 대한 어떤 이유를 가지고 있다면, "죄의 삯은 사망이요"(롬 6:23)라는 말씀을 기억해야 하지 않겠습니까?

여러분이 자신의 몸과 영혼을 영원히 파멸시킬 만한 어떤 이유를 가지고 있는지 생각해 보십시오. 여러분은 독사를 사랑하고 있는지 물어보아야 할 뿐만 아니라 그 독까지도 사랑하고 있는지 물어보아야 합니다. 사람이 자신의 영원한 행복을 던져 버리고 하나님께 죄를 짓는 것에 대해서는 어떤 좋은 이유도 발견할 수 없습니다. 이러한 일에 대해 변명하면 할수록 그 사람은 더욱 미친 것처럼 보일 것입니다.

만일 죄를 짓는 대가로 여러분에게 왕권이나 왕국이 제공된다면, 그것을 받아들이는 것을 미쳤다고만 할 수는 없습니다. 만일 여러분이 어떤 죄를 짓든 간에 육체가 원하는 가장 좋은 것을 얻을 수 있다면, 여러분을 설득해서 죄를 짓게 하는 것도 이치상 고려해 볼 만한 가치가 있습니다. 만일 그것이 여러분의 가장 소중하고도 친한 친구를 위한 것이거나, 지상에서 가장 위대한 왕에게 순종하는 것이거나, 여러분의 목숨을 구하기 위한 것이라면, 이치상 사람들을 설득해서 한 가지 죄를 짓도록 하는 것도 고려해 볼 만합니다.

그렇다면 한편으로 여러분의 오른손이나 눈이 여러분의 구원에 방해가 된다면, 이것을 가지고 지옥에 가느니 차라리 이것을 과감하게 찍어 내버리거나 빼어 내버리는 것이 가장 유익할 것입니다(마 18:8,9 참고). 왜냐하면 온몸을 잃어버리면 지체를 구할 수 없기 때문입니다. 마찬가지로 영원에 관한 문제는 비할 수 없이 위대한 것입니다. 이 세상에 있는 그 어떤 것도 영원한 것에 비교하면 고려할 가치가 없습니다. 세상에 있는 그 어떤 것도, 비록 그것이 생명이나 왕관이나 왕국이라 할지라도, 이와 같이 고귀하고도 영원한 가치를 지니는 것과는 비교가 되지 않습니다.

그러므로 그 어떤 사람도 자기의 영원한 파멸에 대하여 변명할 수 없습니다. 만일 여러분이 천국을 잃어버리게 된다면, 어떤 것으로도 그것을 보상할 수 없습니다. 만일 여러분이 지옥의 고통을 겪게 된다면, 어떤 것으로도 그 고통을 제거할 수 없으며, 더 이상 편안하고도 안락한 삶을 살 수 없습니다. 그러하기에 자신의 구원을 무시하는 것은 그 어떤 것으로도 용서받을 수 없습니다. 따라서 우리 주님께서는 이렇게 말씀하십니다.

"사람이 만일 온 천하를 얻고도 자기 목숨을 잃으면 무엇이 유익하리요"(막 8:36).

오, 여러분! 지금 여러분에게 전하고 있는 이 회심의 문제가 어떤 문제인지 제대로 알고 있었습니까? 천국에 있는 성도들은 이 문제에 관해서 여러분과는 다르게 생각하고 있습니다. 만일 마귀가 천국에서 하나님의 사랑을 받으며 살고 있는 성도들에게 와서, 그들을 하나님과 영광에서 떼어 놓으려고 유혹하기 위해 술이나 창녀나 친구들이나 운동 경기를 제공해 주겠다고 제안한다면, 그 성도들이 그 제안에 어떻게 반응하리라고 생각합니까? 그들은 거절합니다. 여러분은 지상에서 왕으로 만들어 주겠다는 마귀의 제안이 그들을 천국에서 떨어지도록 유혹할 수 있으리라고 생각합니까? 분명히 그들은 이러한 제안을 미워하고 멸시하면서 거절할 것입니다.

만일 여러분이 이러한 것을 볼 수 있는 믿음을 가지고 있다면, 왜 여러분은 천국에 있는 성도들처럼 믿음으로 천국이 열리도록 행동하지 않습니까?

이제 지옥에 있는 영혼들은 육체의 쾌락과 천국을 바꾼 것이 미친 거래였음을 알고 있습니다. 또한 지옥 불을 끄고 자기를 구원해 줄 것은 쾌락이나 부나 명예나 호의나 사람의 말이 아님을 알고 있습니다.

만일 여러분이 제가 믿는 바를 보고 듣는다면, 하나님 말씀의 신빙성에 근거해서 여러분은 사람이 자기 영혼을 파멸시키는 것은 아무런 변명의 여지가 없다고 말할 것입니다. 회개하여 살겠다는 결심을 하기 전에, 여러분은 감히 밤에 조용히 잠자리에 들 수가 없을 것입니다.

만일 어떤 사람이 손을 불 속에 집어넣어 태우는 것을 본다면, 여러분은 놀랄 것입니다. 그러나 크랜머(Cranmer) 주교가 국교회에 서명한 것 때문에 자기 손을 불태웠을 때처럼, 어떤 사람은 그렇게 해야 할 분명한 이유를 가지고 있습니다. 사람이 다리나 팔을 자르는 것은 슬픈 일입니다. 그러나 많은 사람들이 자기 목숨을 구하기 위해 그렇게 하듯이 이유 있는 행동이기도 합니다. 사람이 자기 몸이 불태워지거나 채찍과 고문으로 고통당하면서도, 이러한 것으로부터 벗어나게 해 준다는 제안을 거절하는 것은 매우 고통스러운 일입니다. 그러나 여러분이 히브리서 11장 33-36절에서 보는 것처럼, 그리고 수많은 순교자들이 그러했던 것처럼, 그들에게도 충분한 이유가 있을 것입니다.

그러나 사람이 자기를 창조하신 하나님을 버리고, 회개하면 구원받는다는 부르심을 듣고도 지옥 불로 뛰어 들어가는 것은, 이 세상 그 무슨 이유로도 변명할 수 없는 것입니다. 이것은 참으로 정당화할 수도, 핑계를 댈 수도 없는 것입니다. 천국은 우리가 천국을 얻기 위한 대가로 그 어떤 손실이나 그 어떤 노력도 지불할 수 있는 가치가 있습니다. 그러나 천국을 잃어버리는 것은 그 무엇과도 바꿀 수 없습니다.

이제 하나님의 말씀이 여러분의 마음에 조금 더 가까이 다가가게 되기를 간청합니다. 여러분은 자신을 멸망시킬 아무런 핑계가 없다는 사실을 확신하고 있습니다. 그렇다면 여러분이 회개하고 하나님께로 돌아가 살 것을 거절할 만한 어떤 이유가 있는지 저에게 말해 보십시오.

가장 세속적이거나 술주정뱅이거나 무지하고도 무관심한 죄인인 여러분 모두에게 어떤 핑계거리가 있습니까? 왜 여러분은 여러분이 알고 있는 다른 사람처럼 거룩하게 되지 않고, 자신의 영혼에 관심을 가지지 않습니까? 다른 사람에게는 뜨거운 지옥이 여러분에게는 뜨겁지 않을까요? 다른 사람의 영혼이 그 사람에게 소중한 것처럼, 여러분의 영혼이 여러분에게는 그렇게 소중하지 않습니까? 다른 사람들처럼 여러분에게도 하나님이 주권자가 되시지 않습니까? 그런데도 왜 여러분은 다른 사람들처럼 거룩한 백성이 되지 않습니까?

4. 회심을 거부하는 어리석은 변명들과 답변

하나님께서는 여러분에게 회심하지 않을 이유가 전혀 없다는 것을 매우 알기쉽게 보여 주고 계십니다. 그런데도 아직까지 이해하지 못하고 회개하지 않는다면, 지금 여러분은 매우 위험한 처지에 있는 것입니다.

이제 여러분은 여러분이 무엇을 해야 할지에 대한 이유를 가지고 있거나 아니면 이유를 가지고 있지 않거나 둘 중 하나일 것입니다. 만약 이유가 없다면, 여러분은 계속해서 이유 자체와 싸우겠습니까, 이유 없는 행동을 계속 하시겠습니까? 또 만일 여러분이 그러한 이유를 가지고 있다면, 저에게 말해 보십시오. 최대한 여러분의 입장을 변명해 보십시오. 잠시 동안 친구들에게 그런 이유를 제시해 보십시오. 그것이 하나님 앞에서 변명을 늘어놓는 것보다는 더 쉬울 것입니다.

여러분이 곧 죽는다고 가정하고서, 왜 여러분이 지금 있는 자리에서 빠져나와 오늘 당장 회개하리라 결심하지 않았는지에 대하여 여기가 하나님 앞이라고 생각하고 저에게 말해 보십시오. 여러분에게 거절하거나 지체할 어떤 이유가 있습니까? 여러분은 자신의 양심을 만족시킬 만한 어떤 이유를 가지고 있습니까? 하나님의 심판대 앞에서 감히 변명할 어떤 이유를 가지고 있습니까? 만일 여러분이 그런 이유를 가지고 있다면, 그것을 우리에게 들려주십시오.

그러나 불행한 일입니다. 우리 사역자들이 회심하지 않은 사람들에게서 매일 듣는 것은 타당한 이유들이 아니라 얼마나 어리석고도 무지한 이야기들인지요! 이것을 낱낱이 밝히는 것조차 부끄러운 일이지만 그들의 필요 때문에 말씀드리겠습니다.

> **반대 ①** 당신이 이야기하는 것처럼 회심하고 거룩한 사람만 구원받고 다른 사람은 전혀 구원받을 수 없다면, 천국은 텅텅 비게 될 것이다. 그렇게 된다면 하나님께서 엄청나게 많은 사람을 구원해 주실 것이 아닌가?

· **답변** 여러분은 하나님께서 뭘 모르시거나 사람들이 하나님을 믿지 않으리라고 생각하고 있는 것 같습니다. 그러나 여러분의 잣대로 모든 것을 판단하지 마십시오. 하나님께는 수천, 수백만의 회심한 백성들이 있습니다. 다만 그리스도께서 성경에서 말씀하신 것처럼, 회심한 사람들이 세상 사람과 비교하면 아직 소수일 뿐입니다. 그러한 사실은 그리스도께서 여러분에게 말씀하신 진리를 여러분이 더욱 잘 사용하도록 돕습니다.

"좁은 문으로 들어가라. 멸망으로 인도하는 문은 크고 그 길이 넓어 그리로 들어가는 자가 많고, 생명으로 인도하는 문은 좁고 길이 협착하여 찾는 자가 적음이라"(마 7:13,14).

"적은 무리여, 무서워 말라. 너희 아버지께서 그 나라를 너희에게 주시기를 기뻐하시느니라"(눅 12:32).[1]

> **반대 ②** 만일 내가 지옥에 간다 할지라도, 거기에는 많은 친구들이 있을 것이 아닌가?

---

1) 역자주 – 그리스도께서 구원받은 사람들에게 말씀하고 계십니다.

· **답변** 그렇게 생각하는 것이 여러분에게 어떤 도움이나 위로가 됩니까? 천국에는 충분한 친구가 없으리라고 생각합니까? 여러분은 친구를 위해서 멸망 받으려고 합니까? 아니면 지옥에 죄지은 사람이 너무 많이 있기 때문에 하나님께서 심판을 집행하지 않으시리라고 믿습니까? 이 모든 것들은 어리석고도 비합리적인 속임수입니다.

> **반대 ③** 모든 사람이 죄인이다. 그러므로 여러분 가운데 가장 훌륭한 사람도 마찬가지로 죄인이 아닌가?

· **답변** 그러나 모든 사람이 회심하지 않은 죄인인 것은 아닙니다. 회심한 사람들은 큰 죄를 지으면서 살지는 않습니다. 그들은 작은 결점에도 괴로워하고 고통스러워하며, 날마다 이러한 것들이 제거되기를 바라고 기도하며 노력합니다. 죄가 이들을 주장하지 못하는 것입니다.

> **반대 ④** 나는 신앙을 고백하는 사람들에게서 다른 사람보다 더 나은 점을 발견하지 못했다. 그들도 신앙 없는 사람들처럼 실수하며 다른 사람들을 억압하지 않는가?

· **답변** 신앙인으로 불리는 사람 가운데도 외식자들이 섞여 있습니다. 그들은 회심한 사람들과는 다릅니다. 하나님께는 외식자가 아닌 수천수만의 백성들이 있습니다. 악한 세상 사람들은 자신이 결코 증명할 수 없는 것들로 성도들을 비난합니다. 특히 하나님만이 볼 수 있는 마음속에 있는 죄를 가지고 성도들을 비난합니다. 왜냐하면 세상은 자기들이 짓는 죄와 같은 것으로는 성도들을 비난할 수 없기 때문입니다.

> **반대 ⑤** 나는 색골도 아니고 알코올 중독자도 아니며 폭력배도 아니다. 그런데 왜 여러분은 나에게 회개하라고 하는가?

· **답변** 다른 사람들처럼 여러분은 마치 자신이 육체를 따라 나지도 않았고 육체를 따라 살지도 않은 것처럼 말합니다. 어떤 사람이 세속적인 생각을 가지고 있고 하나님보다 세상을 더 사랑하며 불신과 교만한 마음을 가지고 있는 것은 여러분이 생각하고 있는 것보다 더 큰 죄가 아닙니까? 죄의 경중(輕重)은 죄인이 판단할 문제가 아닙니다. 더 나아가서 불명예스러운 죄를 짓지 않으려는 많은 사람들도 매우 부끄럽고도 악독한 죄를 짓는 다른 사람들과 마찬가지로 자신의 세련된 삶 속에서 세속에 아주 빨리 탐닉하고 육신의 노예가 됩니다. 그들이 하나님과 관계없이 천국에 반대되는 삶을 산다고 저는 감히 여러분에게 말씀드릴 수 있습니다.

> **반대 ⑥** 나는 그 누구에게도 해를 끼치지 않았으며, 잘못을 범하지도 않았다고 생각한다. 그런데 왜 하나님께서 나를 정죄하시는가?

· **답변** 당신을 창조하신 하나님과 당신이 이 세상에 태어난 목적을 무시하고, 창조주보다 피조물을 더 좋아하고 날마다 당신에게 제공되는 은혜를 무시하는 것은 해가 아닐까요? 이에 대해서 무감각한 것이 바로 당신의 죄의 깊이를 보여 줍니다. 죽은 사람은 자신이 죽었다는 것을 느낄 수 없습니다. 일단 여러분이 살아나면 자신의 죄를 보게 될 것이며, 그러한 것을 얼마나 경시했는지 놀라게 될 것입니다.

> **반대 ⑦** 나는 당신이 회심시킨다는 구실로 사람들을 미치게 만든다고 생각

> 한다. 이런 것은 단순한 사람들의 머리에 고통을 주고, 너무 고차원적인 문제에 너무 많은 생각을 하게 하는 것이다.

· **답변** 여러분이 지금보다 더 미칠 수 있을까요? 적어도 여러분의 영원한 행복을 무시하고 고의로 자신을 파멸시키는 것보다 더 위험하고도 미친 짓이 있을 수 있을까요?

사람은 회심하기 전까지는 결코 지혜로울 수 없습니다. 회심하기 전까지는 결코 하나님도, 죄도, 그리스도도, 세상도, 자신도, 이 세상에서 자신의 사명도 알 수 없습니다. 성경은 악인들을 가리켜 어리석은 사람들이라고 말합니다(살후 3:2 참고). 또한 이 세상이 자기 지혜로는 하나님을 알지 못한다고 말합니다(고전 1:21 참고). 또한 탕자가 집으로 돌아가기로 결심했을 때, 그가 비로소 제정신이 들었다고 말합니다(눅 15:17 참고).

미칠지도 모른다는 위험 때문에 사람들이 하나님께 불순종하고 지옥으로 달려 들어가는 것이 지혜롭단 말입니까? 그리스도께서 당신을 부르시면서 당신을 정신 차리게 하는 것이 무엇입니까? 그것은 하나님의 사랑, 다가올 영광에 대한 생각, 우리의 죄를 버리는 것, 서로 사랑하는 것, 하나님을 기쁘게 섬기는 것 등이 아니겠습니까? 이것들이 사람들을 미치게 만듭니까? 그것이 사람들을 미치게 만드는, 감당할 수 없는 차원의 것이라면, 사람이 짐승보다 나을 것이 무엇이겠습니까?

이 문제를 너무 고차원적인 것이라고 말하는 것은 곧 하나님을 비난하는 것입니다. 하나님께서 우리에게 이 일을 하라고 명하셨고, 우리에게 말씀하셨으며, 그것을 주야로 묵상하는 것이 복되다고 명령하셨기 때문입니다. 우리가 해야만 하고, 우리가 이렇게 살아야만 하는 문제가 우리가 다루기에는 너무나 벅찬 문제란 말입니까?

마치 우리가 육신과 땅에 속한 것보다 더 고차원적인 문제를 다루어서는 안 되는 것처럼 말하는 것은, 명백히 우리를 짐승처럼 만드는 것입니다. 만일 천국이 여러분이 생각하기에 너무 고차원적이고 여러분이 살기에도 너무 고차원적인 곳이라면, 지금 여러분이 소유하고 있는 것도 너무 고차원적인 것입니다. 만일 때때로 정신이 약한 사람이 영원한 것을 생각하여 정신이 산만해지는 것이 하나님께서 그들에게 주는 고통이라고 생각한다면, 이것은 그들이 오해하고, 인도자 없이 생각하기 때문입니다. 두 가지 중 하나를 택하라면, 저는 차라리 미치고 회심하지 않은 세상보다는 지혜를 얻기 위해 고통받는 편을 택하겠습니다.

> **반대 ⑧** 나는 하나님께서 사람들이 생각하고 말하며 행동하는 것처럼 그렇게 그 문제에 많은 관심을 가지고 계시다고 생각하지는 않는다.

· **답변** 그렇다면 여러분은 하나님의 말씀을 거짓말로 여기는 것입니다. 그러면 여러분은 도대체 무엇을 믿겠습니까? 만일 성경을 믿지 않는다면, 여러분의 이성이 여러분을 가르칠 것입니다.

하나님은 우리가 그렇게 간단하게 정의 내릴 수 있는 분이 아닙니다. 하나님께서 우리를 만드시고, 여전히 우리를 보호하고 계시며, 날마다 우리를 지탱시키시며, 우리를 위해 모든 것을 제공해 주십니다.

지혜로운 사람이 아무것도 아닌 것을 위해 용의주도한 구조물을 만들겠습니까? 여러분은 벽걸이 시계나 손목시계를 만들거나 사서 날마다 시계를 보면서도 그 시계가 잘 가고 있는지 그렇지 않은지에 아무런 관심을 가지지 않겠습니까?

만일 여러분이 여러분의 마음과 생활을 살펴보고 계시는 특정한 섭리의 눈

길을 믿지 않는다면, 여러분은 여러분을 구원하기 위해 여러분의 부족함과 고통을 살펴보고 있는 어떤 특정한 섭리를 믿을 수도, 기대할 수도 없습니다. 잠시라도 우리에게서 눈길을 떼지 않으시는 그분의 섭리를 생각조차 할 수 없을 것입니다. 그리고 만일 여러분이 생각하는 것처럼 하나님께서 여러분에게 아무런 관심이 없다면, 여러분은 절대 지금까지 살지 못했을 것입니다. 수많은 질병들이 여러분을 죽이려고 공격했을 것입니다. 그렇습니다. 큰 물고기가 작은 물고기를 잡아먹는 것처럼, 또 사나운 짐승과 새들이 다른 짐승과 새들을 잡아먹는 것처럼 마귀가 여러분을 죽이려고 공격했을 것입니다.

하나님께서 인간을 아무런 목적 없이 창조했다고 생각할 수는 없습니다. 하나님께서 어떤 목적을 가지고 인간을 창조하셨다면, 그것은 분명히 인간을 위한 것입니다. 그런데 어떻게 하나님께서 자신의 목적이 이루어지고 있는지, 또 우리가 지음 받은 목적대로 살아가고 있는지 아무런 관심도 없다고 생각할 수 있습니까? 하나님께서 별생각 없이 그저 아무렇게나 인간을 창조하셨겠습니까? 어떻게 그렇게 생각할 수 있겠습니까?

그렇습니다. 이러한 무신론적인 반대로 여러분은 하나님을 모든 피조물을 무의미하게 창조하신 분으로, 또 무의미하게 유지하시는 분으로 만들고 있습니다. 모든 인간보다 못한 다른 피조물들에게도 존재의 목적이 있다면, 하물며 인간에게도 목적이 있지 않겠습니까? 땅이 우리를 지탱하고 먹이는 이유가 무엇입니까? 짐승들은 그들의 행위와 생명을 통해 우리 인간을 섬깁니다. 다른 피조물들도 마찬가지입니다. 하나님께서는 매우 아름다운 거처를 만드시고, 인간으로 하여금 그곳에서 살게 하셨습니다. 그런데도 하나님께서 아무것도 살펴보지 않으신다는 말입니까? 참으로 하나님께서 사람이 어떻게 생각하고 어떻게 말하고 어떻게 사는지에 아무런 관심도 없다는 말입니까? 이것은 가장 비합리적인 생각입니다.

> **반대 ⑨** 사람들이 종교에 대해 그렇게 야단법석 떨지 않을 때가 더 좋은 세상이지 않은가?

· **답변** 사람들에게는 과거를 미화하려는 습성이 있습니다. 우리는 입버릇처럼 우리 조상들이 살던 때가 더 좋았다고 말합니다. 마찬가지로 우리 조상들은 그들의 조상이 살던 때가 더 좋은 세상이었다고 말했습니다. 그러나 이것은 오래된 관습일 뿐입니다. 왜냐하면 모든 사람은 자기 시대의 악함만 피부로 느낄 뿐 전 시대의 악함을 느끼지는 못하기 때문입니다. 그러나 그 시대에도 그 시대의 악인들이 악을 행하며 살았습니다.

아마 여러분은 여러분이 생각하는 대로 말할 것입니다. 세속적인 사람들은 세상이 자기 마음에 맞을 때, 자기들의 쾌락거리가 가장 많을 때 그러한 세상이 가장 좋다고 생각합니다. 마찬가지로 마귀도 여러분처럼 그러한 세상이 가장 좋다고 말할 것이라는 점을 저는 의심치 않습니다. 왜냐하면 마귀는 그러한 세상에서 가장 잘 대접받을 것이고, 방해물도 가장 적을 것이기 때문입니다.

그러나 하나님께서 가장 사랑받고 존경받으며 순종을 받으시는 때가 가장 좋은 세상입니다. 이러한 것이 아니라면 여러분이 세상이 좋은지 나쁜지를 어떻게 알 수 있겠습니까?

> **반대 ⑩** 수많은 방법들과 종교들이 있기 때문에 우리는 어느 것이 옳은지를 알 수가 없다. 그러므로 우리는 그냥 지금처럼 살겠다.

· **답변** 여러분은 길이 많기 때문에 하나님께서 말씀하시는 그 길이 틀렸을 것이라고 확신할 수 있습니까? 세속적이고 육적인 사람과 회심하지 않은 죄

인보다 정도(正道)에서 더 멀리 벗어난 사람은 없습니다. 많은 분파들이 그러한 것처럼 이런저런 의견이 잘못된 것은 아니지만 그들의 삶의 결정적인 범위와 방향이 잘못되었기 때문입니다.

여러분이 삶이 달린 중요한 여행을 한다고 합시다. 그렇다면 여행하는 중에 여러분이 어떤 갈림길을 만났기 때문에, 혹은 어떤 사람은 짐승들이 다니는 길로 가고 어떤 사람은 작은 보도로 가고 어떤 사람은 울타리를 부수고 어떤 사람은 길을 잃어버렸다고 해서, 여러분이 가던 길을 멈추거나 돌아가겠습니까? 아니면 더욱 조심스럽게 길을 묻겠습니까?

여러분에게 일을 잘 못하거나 충성스럽지 못한 종들이 있다고 해서, 그들에게 시켜야 할 일을 다른 사람에게 맡겨 그 종들이 빈둥거리며 놀거나 여러분을 섬기지 않도록 하겠습니까?

> **반대 ⑪** 나는 성도들이 다른 사람들보다 더 나은 삶을 산다고 생각하지 않는다. 그들도 믿지 않는 사람들처럼 가난하며 많은 고통을 안고 살아간다.

· **답변** 성도들은 수고의 대가로 이 세상에서 누리는 번영을 택하지 않습니다. 그들은 자신의 보물과 소망을 다른 세상에 쌓아 둡니다. 만일 그렇지 않다면, 그들은 참된 그리스도인이 아닙니다. 참된 그리스도인은 이 세상에서 적게 가질수록 저 세상에서 더 많이 가집니다. 또한 그들은 그때까지 만족하면서 기다립니다.

> **반대 ⑫** 당신이 말한 모든 것을 들은 후에 나는 희망을 가지고 하나님을 믿으며 내가 할 수 있는 것을 하려고 결심하고 있다. 그러나 그렇게 야단법석 떨지는 않겠다.

· **답변** 여러분이 하나님께 회개하지도 않고 마음을 거룩하고도 부지런하게 하나님을 예배하는 데 쏟지 않는데도, 이것이 여러분이 할 수 있는 만큼 하는 것입니까? 사실 여러분은 처음부터 그만큼만 하려 했던 것입니다. 그것이 바로 여러분의 비참함입니다.

저는 여러분이 하나님께 소망을 두고 하나님을 믿기를 바랍니다. 그러나 여러분이 무엇 때문에 소망을 가지는 것입니까? 만일 회개하고 거룩하게 된다면 여러분은 구원받게 될 것입니다. 하나님께서 그렇게 약속하셨습니다. 그러므로 여러분 역시 그렇게 바랍니다. 그런데 혹시 여러분이 회심 없이, 또 거룩한 생활 없이 구원받게 되리라 소망하고 있다면, 이것은 하나님께 소망을 두는 것이 아니라 사탄이나 여러분 자신에게 소망을 두는 것입니다. 그렇게 헛된 소망에 안주하다가 마지막 날에 돌이킬 수 없는 나락의 구렁텅이로 굴러 떨어지겠습니까? 하나님께서는 여러분에게 그렇게 약속하시지 않았습니다. 하나님께서는 오히려 그 반대로 말씀하셨습니다. 여러분에게 그렇게 약속하고 그런 소망을 가지도록 부추긴 것은 바로 사탄과 자기 사랑입니다.

좋습니다. 만일 이러한 것들, 그리고 이와 같은 것들이 여러분이 회심과 거룩한 생활을 하는 것에 대해서 반대하는 전부라면, 그 모든 것들은 아무것도 아닙니다. 만일 이러한 것들이 여러분을 설득해서 하나님을 잊어버리게 만들고 여러분 자신을 지옥에 던지도록 하는 충분한 이유라면, 하나님께서 그러한 이유들과 맹목적 이해와 무감각하고도 굳은 마음으로부터 여러분을 건져 주실 것입니다. 어떻게 감히 여러분이 하나님의 심판대 앞에서 이런 이유들을 견지할 수 있겠습니까?

여러분은 "주님, 제가 회개하지 않은 이유는 세상에서 할 일이 너무 많았기 때문입니다"라거나 "어떤 신앙인들의 삶을 좋아하지 않았기 때문입니다"

혹은 "내가 수많은 사람들의 견해를 알고 있었기 때문입니다"라는 말들이 쓸모가 있으리라 생각합니까? 그날의 빛은 얼마나 쉽게 이러한 이유들을 당황스럽고 부끄럽게 만들 것인지요!

여러분이 추구할 만한 세상을 가지고 있었습니까? 할 수만 있다면 여러분이 섬겼던 그 세상으로 이제 여러분을 구원하기 위해 대가를 지불하게 해 보십시오. 여러분에게 먼저 추구해야 할 더 나은 세상이 있지 않았던가요? 여러분은 먼저 하나님의 나라와 그의 의를 구하라고 명령받고, 그리하면 다른 모든 것들을 여러분에게 더하여 주시겠다고 약속받지 않았습니까?(마 6:33 참고) 그리고 "경건은 범사에 유익하니 금생과 내생에 약속이 있느니라"(딤전 4:8)라는 말씀을 듣지 않았습니까?

신앙인들의 죄가 여러분에게 장애물이 되었습니까? 오히려 여러분은 더 신중해야 했고, 그들의 실패를 보고 더 조심해야 함을 배워야 했습니다. 여러분의 법은 그들의 삶이 아니라 성경입니다.

세상의 많은 의견들이 여러분에게 장애물이 되었습니까? 여러분의 법인 성경은 여러분에게 한 길만을 가르쳤습니다. 그리고 그 길은 바른길이었습니다. 만일 여러분이 그 길을 따랐다면 결코 실패하지 않았을 것입니다. 혹시 이러한 대답들이 여러분을 당혹스럽게 하거나 침묵하게 만들지 않습니까? 만일 그렇게 하지 않는다면, 하나님께서 그렇게 만드실 것입니다.

하나님께서는 "친구여, 어찌하여 예복을 입지 않고 여기 들어왔느냐?"(마 22:12)라고 물으셨습니다. 말하자면, "신앙을 고백하는 성도들, 즉 내 교회에 있는 너희가 어찌하여 거룩한 마음과 삶을 가지고 있지 않느냐"라고 물으신 것입니다. 이에 대해서 그들이 뭐라고 대답했습니까? 성경은 "그가 아무 말도 못하거늘"이라고 말합니다. 그들은 한 마디도 하지 못했습니다.

비록 여러분이 지금 우리가 여러분에게 뭐라고 전하든지 굴복하지 않겠지만, 그때는 너무나 명백하게 밝혀진 여러분의 죄와 하나님의 엄위하심 앞에서 여러분 가운데 가장 확신 있는 사람의 입도 쉽게 닫히고 말 것입니다. 하나님과 온 세상 앞에서 틀림없이 여러분이 심판받게 될 때, 지금 여러분이 하는 변명들이 결코 여러분에게 아무런 도움도 되지 않으리라는 것을 저는 이미 알고 있습니다.

글쎄요, 저는 여러분의 양심조차 여러분의 변명에 그렇게 만족하리라고는 생각하지 않습니다. 만일 여러분의 양심이 만족한다면, 그것은 회개할 의사가 그만큼 없다는 말입니다. 그러나 만일 회개할 의사가 있다면, 여러분은 자신의 변명거리를 그렇게 많이 신뢰하지 못할 것입니다.

회심하지 않은 죄인이여, 무슨 말을 하겠습니까? 여러분은 왜 회심하지 않아야 했는지, 그리고 지금은 왜 온 마음을 다해 회심해야 하는지에 대해 합당한 이유를 제시할 수 있습니까? 그러한 이유에도 불구하고 지옥으로 가겠습니까?

어떻게 할지 제때에 생각하십시오. 여러분이 생각하기에는 너무 늦어 버린 때가 곧 올 것입니다.

여러분은 하나님과 그분의 사역과 처우에서 어떤 잘못을 발견할 수 있습니까? 하나님께서 나쁜 주인이십니까? 여러분이 섬기고 있는 마귀가 더 좋습니까? 혹은 육신이 더 좋습니까? 거룩한 생활에 어떤 해가 있습니까? 세속적이고도 불경건한 생활이 더 좋습니까? 진심으로 회심하고 거룩한 삶을 사는 것이 여러분에게 어떤 해가 되리라고 생각합니까? 그것이 여러분에게 무슨 해가 될까요? 여러분 안에 그리스도의 영을 가지는 것이 무슨 해가 됩니까? 깨끗하고 순결한 마음을 가지는 것이 여러분에게 무슨 해가 됩니까?

만일 거룩하게 되는 것이 나쁘다면, 왜 하나님께서 "내가 거룩하니 너희도 거룩하라"(벧전 1:15,16; 레 20:7 참고)라고 말씀하셨겠습니까? 하나님처럼 되는 것이 나쁩니까? "하나님이 자기 형상대로 사람을 지으셨음이니라"(창 9:6)라고 기록되어 있지 않습니까? 그렇습니다. 거룩함은 하나님의 형상입니다. 아담이 잃어버린 이것을 그리스도께서 자신의 말씀과 성령을 통해 여러분에게 회복시켜 주십니다. 자신이 구원하게 될 모든 사람과 마찬가지로 말입니다.

만일 여러분이 성령에 의해서 거룩하게 되지 않고, 거룩하게 되는 것이 해롭다고 생각한다면, 왜 여러분은 성령으로 세례를 받았으며, 또 여러분의 자녀들을 성령으로 세례 받게 했습니까? 설령 여러분이 거룩한 삶을 사는 것을 싫어하더라도, 하나님 앞에서처럼 저에게 솔직하게 말해 보십시오. 여러분은 거룩한 삶을 살지 않는 사람들보다는 거룩한 삶을 살다가 죽는 사람처럼 죽고 싶지 않습니까? 만일 오늘 죽는다면, 회심하지 않은 사람의 죽음보다는 회심한 사람의 죽음으로 죽고 싶지 않습니까? 거룩한 삶을 살다가 죽는 것이 왜 손해입니까? 탐욕적이고도 세속적인 사람의 죽음보다는 거룩하고도 천상적인 사람으로 죽고 싶지 않습니까? "나는 의인의 죽음을 죽기 원하며 나의 종말이 그와 같기를 바라노라"(민 23:10)라고 고백한 발람처럼 말하고 싶지 않습니까?

왜 여러분은 죽음이 임박한 때와 같은 마음을 지금은 품지 않습니까? 여러분은 회심하든지, 아니면 머지않아 너무 늦었을 때 회심하기를 바라게 되든지, 반드시 둘 중 하나일 것입니다.

여러분이 회개했을 때에 잃어버릴까 봐 두려운 것이 무엇입니까? 여러분의 친구입니까? 그러나 여러분은 친구를 바꾸게 될 것입니다. 하나님께서 여러분의 친구가 되실 것이며, 그리스도와 성령이 여러분의 친구가 되실 것이고, 모든 성도들이 여러분의 친구가 될 것입니다. 여러분은 세상의 모든 친구들이 할 수 있는 것보다 더 확고한 관계를 유지하게 될 한 친구를 얻게 될 것입니다. 여러분이 잃어버린 친구들은 여러분을 지옥으로 유혹할 뿐, 여러분을 구원하지는 못합니다. 그러나 새로 얻은 친구는 여러분을 지옥으로부터 구원해 자신의 영원한 안식으로 데리고 갈 것입니다.

여러분이 잃을까 봐 두려워하는 것이 여러분의 쾌락입니까? 일단 회개하고 나면 다시는 즐거운 시간을 갖지 못할 것이라고 생각합니까? 그러나 여러분이 영광을 바라보며 하나님을 사랑하고 '성령 안에 있는 의와 평강과 희락'(롬 14:17)을 누리며 살아가는 것보다, 어리석은 운동 경기와 오락거리로 시간을 보내고 육체를 만족시키며 살아가는 것이 더 큰 즐거움을 준다고 생각하는 것은 불행입니다.

만일 여러분이 엄청난 땅의 소유주여서 어린이처럼 공을 가지고 노는 것보다는 땅과 재산에 대해서 생각하는 것이 더 큰 즐거움이 된다면, 세상의 모든 부와 쾌락보다 천국이 여러분의 것이라는 생각을 하는 것이 더 큰 즐거움이 되지 못할 이유가 무엇입니까? 어린이들이 그렇게 공놀이를 좋아하는 것은 그들이 어리석고 유치하기 때문입니다. 그래서 어린아이들은 여러분이 소유한 모든 땅을 얻기 위해서 공놀이를 버리지는 않을 것입니다. 마찬가지로 여러분이 집과 토지와 먹고 마시는 것과 안락함과 명예를 그렇게 좋아하는 것은, 여러분의 어리석은 세속성과 탐욕과 악함 때문입니다. 그래서 여러분이 천국의 즐거움을 위해서 세상적인 것들을 버리지 못하는 것입니다.

그런데 이와 같은 세상적인 것들이 사라졌을 때, 여러분은 기쁨을 얻기 위해서 무엇을 하겠습니까? 때때로 그런 것을 생각해 보지 않습니까? 여러분의 즐거움이 두려움과 함께 끝나고, 악취와 함께 사라져 버렸을 때, 성도들의 즐거움은 최고조에 달하게 됩니다.

저는 복된 날이 다가오고 있는 것을 바라보며, 현재 그리스도 안에서 하나님의 사랑을 누리면서 천국의 즐거움을 약간 맛보았을 뿐입니다. 반면 세상의 즐거움은 아주 깊이 맛보았습니다. 그러나 제가 천국의 즐거움을 조금 맛

본 경험으로 고백하건대, 천국의 즐거움은 세상의 즐거움과는 비교할 수 없을 정도로 좋은 것이었습니다. 죄악된 즐거움을 누리는 평생보다는 거룩한 상태에서 누리는 하루의 기쁨이 비교할 수 없이 큽니다. 저도 시편 기자와 동일한 마음으로 고백합니다.

"주의 궁정에서의 한 날이 다른 곳에서의 천 날보다 나은즉 악인의 장막에 사는 것보다 내 하나님의 성전 문지기로 있는 것이 좋사오니"(시 84:10).

악인의 쾌락은 자신의 비참함을 알지 못하는 미치광이의 웃음과도 같습니다. 솔로몬은 그러한 웃음에 대해 다음과 같이 말합니다.

"내가 웃음에 관하여 말하여 이르기를 그것은 미친 것이라 하였고, 희락에 대하여 이르기를 이것이 무슨 소용이 있는가 하였노라"(전 2:2).

"초상집에 가는 것이 잔칫집에 가는 것보다 나으니 모든 사람의 끝이 이와 같이 됨이라. 산 자는 이것을 그의 마음에 둘지어다. 슬픔이 웃음보다 나음은 얼굴에 근심하는 것이 마음에 유익하기 때문이니라. 지혜자의 마음은 초상집에 있으되 우매한 자의 마음은 혼인집에 있느니라. 지혜로운 사람의 책망을 듣는 것이 우매한 자들의 노래를 듣는 것보다 나으니라. 우매한 자들의 웃음소리는 솥 밑에서 가시나무가 타는 소리 같으니 이것도 헛되니라"(전 7:2-6).

육신적인 것들에 대한 모든 즐거움은 병 때문에 가려운 곳을 긁는 즐거움과 같습니다. 지혜로운 사람은 가려움 때문에 고생하느니 차라리 즐거움이 없는 상태를 바랄 것입니다. 여러분의 커다란 웃음은 웃어야 할 이유가 없는데도 웃고 있는, 간지럼을 타는 사람의 웃음과도 같습니다. 하나님의 사랑과 거룩한 삶과 천국의 소망을 버리고 자신을 멸망 속에 빠뜨린 채 잠시 죄의 즐거움으로 육신을 간질거려 웃는 것보다는, 자기의 신분이나 목숨을 버리는 편이 더 지혜로울 것입니다.

거룩한 생활이 슬프게 여겨지고 죄짓는 생활이 더 즐겁게 여겨지는 것은,

여러분의 거룩해지지 않은 세속적인 본성 때문입니다. 그러므로 돌이켜 그러한 본성을 버려야 합니다. 여러분이 회개하면 성령께서 새로운 본성과 성향을 주셔서, 지금처럼 계속 죄를 짓는 것보다 죄를 버리는 것으로 여러분에게 더 큰 즐거움이 되게 하실 것입니다. 그리고 여러분은 "지금까지 나는 무엇이 참으로 복된 생활인지를 몰랐고, 하나님과 거룩함이 나의 기쁨이 되기까지는 결코 행복하지 못했다"라고 말할 것입니다.

5. 회심을 방해하는 원인들

> **질문** 이렇게 회심하지 않는 것이 비합리적이라면, 왜 사람들은 그렇게도 회심하기를 싫어하는 것입니까? 사람들이 구원의 문제에 대해 어떻게 그렇게 비합리적일 수 있습니까? 다른 문제에서는 충분히 지혜로운 그들이 왜 그렇게 회심하기를 싫어하는 것입니까? 왜 그렇게 명백한 사실에 대해 그리도 많은 설명이 필요합니까? 그런데도 많은 사람들은 회개하지 않을 것이고, 대다수의 사람들은 회심하지 않은 채로 살다가 죽을 것이 아닙니까?

그 원인을 간단히 설명해 보겠습니다.

1) 본성적으로 세상과 육신을 사랑하기 때문입니다

사람들은 본성적으로 세상과 육신을 사랑합니다. 사람들은 죄인으로 태어나며, 뱀의 본성이 사람에게 적대적인 것처럼 사람의 본성은 하나님과 경건에 대해서 적대적입니다. 그래서 사역자가 전하는 모든 것이 사람들의 본성적인 습관의 경향과는 반대되는 것이므로, 이러한 것들이 사람들에게 영향력을 미치지 못한다 해도 그리 놀라운 것이 아닙니다.

2) 사람들이 무지하기 때문입니다

사람들은 어둠 속에 있기에 그들이 듣는 것들의 본질을 알지 못합니다. 그들은 하나님이 누구신지, 그리스도의 십자가의 능력이 어떠한지, 성령이 누구신지, 믿음으로 사랑 가운데 사는 것이 무엇인지 모릅니다. 그들은 천국 기업의 확실성과 영광스러움과 탁월함을 모릅니다. 그들은 비록 귀로 듣기는 하지만 회심이 무엇인지, 거룩한 생각과 대화가 무엇인지 모릅니다. 그들은 무지의 안개 속에 갇혀 죄악 속에서 길을 잃고 헤매고 있습니다. 마치 밤에 길을 잃어 아침에 빛이 비춰기까지 자신이 지금 어디에 있는지, 어떻게 다시 길을 찾을 수 있는지를 도무지 모르는 사람과 같습니다.

3) 자기가 이미 회심했다고 착각하기 때문입니다

그들은 자기들이 회심할 필요는 없고, 단지 삶을 약간 수정하는 것만 필요하다고 생각합니다. 또한 그들은 자신이 이미 천국으로 가는 길에 들어서 있다고 생각하거나, 회개하지 않았는데도 자기가 이미 회개한 상태라고 생각합니다. 만일 여러분이 길에서 멀리 벗어난 사람을 만난다면, 그가 길에서 벗어났다는 것을 알려 주는 여러분의 말을 믿지 않는다 하더라도, 여러분은 아마 그 사람을 다시 길로 돌아오라고 부를 것입니다.

4) 육신의 노예가 되어 있기 때문입니다

그들은 자기 육신의 노예가 되었습니다. 그리고 육신을 성장시키기 위해 돕는 세상 속에 빠져 있습니다. 그들의 정욕과 열정과 탐욕이 그들의 마음을 빼앗고 그들을 완전히 장악하고 있습니다. 그래서 그들은 어떻게 이러한 것들을 부인해야 할지, 어떻게 그 밖의 것들을 생각해야 할지 알지 못합니다.

그래서 술주정뱅이는 "나는 한 잔의 좋은 술을 좋아한다. 나는 술을 절제할 수 없다"라고 말합니다. 대식가는 "나는 맛있는 음식을 좋아한다. 나는 음식을 절제할 수 없다"라고 말합니다. 또 음란한 사람은 "나는 내 정욕이 충족되는 것을 좋아한다. 나는 정욕을 억제할 수 없다"라고 말합니다. 또 도박꾼은 "나는 도박을 좋아한다. 나는 도박을 억제할 수 없다"라고 말합니다.

그들은 자신의 육신에 사로잡힌 노예가 되었습니다. 그들의 의지가 마비되어 더 이상 하지 않으려고 해도 그럴 수 없다고 말합니다. 세속적인 사람은 세상의 일에만 심취되어 있어서 천국에 대한 마음도, 생각도, 시간도 가질 수 없습니다. 창세기 41장 4절에 기록된 바 '비쩍 마른 소가 살찐 소를 먹었던 바로의 꿈'에서처럼, 이 마르고 황무한 세상이 천국에 대한 모든 생각들을 다 먹어 치웁니다.

5) 악한 친구의 영향 때문입니다

어떤 사람들은 악한 친구의 물결에 휩쓸려서, 경건한 생활을 비난하는 그들의 말을 듣고 경건한 생활에 대하여 부정적으로 생각하게 됩니다. 또는 적어도 그들은 대부분의 사람들이 하는 것처럼 자기들도 그렇게 할 수 있다고 생각하고 악한 생활을 계속해 나갑니다.

한 사람이 죽어서 지옥에 던져지고 또 다른 사람이 그들 가운데서 끌려 나가 지옥에 들어가도 남아 있는 사람들의 기세는 꺾이지 않습니다. 그들이 먼저 죽은 사람들이 어디에 있는지를 보지도, 알지도 못하기 때문입니다. 그들은 참으로 불쌍한 사람들입니다. 그들은 지옥이 있는데도 불경건한 생활을 계속해 나갑니다. 왜냐하면 그들의 친구들이 지금 지옥의 고통 속에서 애통해하고 있다는 것을 모르고 있기 때문입니다.

누가복음 16장 28절을 보십시오. 지옥에 있는 부자는 자기의 다섯 형제들이 지옥에 오지 않도록 누군가가 그들에게 경고해 주기를 간절히 바랐습니다. 그 부자가 자기 형제들의 생각과 생활을 알고, 자기가 지옥에 있다는 것을 그들이 꿈에도 생각하지 못할 것을 알고 있었기 때문입니다. 그렇습니다. 누가 그들에게 지옥에 대해서 말해 주더라도 그들은 믿지 않았을 것입니다.

한 신사가 스티븐 다리 위에서 보았던 것을 저에게 말해 준 적이 있습니다. 어떤 사람이 양 떼를 몰고 가다가 장애물을 만났습니다. 그때 양 한 마리가 다리의 난간 위로 펄쩍 뛰다가 미끄러져서 그만 강물 속으로 빠지고 말았습니다. 그러자 나머지 양들이 이 장면을 보고 계속해서 난간 위를 뛰어넘어서 강물 속으로 들어갔습니다. 그래서 거의 전부가 강물 속에 빠졌다는 이야기입니다. 뒤에 있던 양들은 앞에 있던 양들이 어떻게 되었는지를 알지 못한 채 친구를 따라 뛰어내릴 수 있다고 생각했습니다. 그러나 난간을 뛰어넘어 강물 속으로 빠질 때는 이미 늦었습니다.

회심하지 않은 사람도 이와 마찬가지입니다. 그들 중에서 한 사람이 죽어서 지옥에 떨어집니다. 그리고 다른 사람이 똑같은 전철을 밟습니다. 그들은 앞으로도 계속 그렇게 할 것입니다. 왜냐하면 그들은 자기보다 먼저 죽은 친구들이 어디로 가는지를 생각하지 않기 때문입니다. 일단 죽고 나서야 비로소 그들은 죽음 건너편에 무엇이 있는지를 보게 됩니다. 그러나 그때는 이미 너무 늦었습니다.

6) 원수 사탄의 공작 때문입니다

그들에게는 미묘하고도 악한 원수가 있습니다. 이 원수는 그들이 볼 수 없도록 어둠 속에서 게임을 하고 있습니다. 사람들의 회심을 방해하는 것이 이 원수의 가장 중요한 과업입니다. 원수는 성경을 믿지 못하도록 하거나 사람들을 회심의 문제로 고민하지 않게 만들어서, 또한 경건한 삶을 나쁘게 생각하게 하거나 이것이 불필요하게 야단법석을 떠는 것이라고 생각하게 함으로써 사람들이 지금 가고 있는 길을 계속 가게 합니다.

또 원수는 사람들에게 회심하지 않아도 구원받을 수 있으며 하나님은 사랑이 많으신 분이기 때문에 사람들을 멸망시키지 않으실 것이라는 생각을 심어 줍니다. 또 때로는 적어도 좀 더 시간을 가지고 쾌락을 즐기며 좀 더 세상을 따라 즐기며 살다가 그 후에 회개하면 된다고 생각하게끔 유도합니다. 원수 마귀는 이렇게 유혹하여 대부분의 사람들을 포로로 잡아 두고, 이들을 비참한 상태로 끌고 갑니다. 사람들을 구원하기 위해서 하나님께서 그토록 많이 일하시고 그리스도께서 그토록 많은 고난을 받으시고 사역자들이 그토록 많이 설교해 왔지만, 사탄이 놓은 이와 같은 장애물들이 수많은 사람들을 회심하지 못하도록 방해합니다.

그러나 심판의 날에 그들은 더 이상 변명할 수 없으며, "너희는 돌이키고 돌이키라. 어찌 죽고자 하느냐?"라고 부르셨던 하나님 앞에서 아무 대답도 할 수 없습니다. 죄인들이 나름대로 가장 훌륭한 변명으로 대답해도 아무 소용이 없습니다. 우리도 그들을 위해 더 이상 아무것도 할 수 없으며, 그들은 그저 앉아서 자신들의 비참함을 통곡하게 될 것입니다.

저는 지금까지 여러분에게 하나님의 명령의 합리성과 악인들의 불순종의 불합리성을 보여 주었습니다. 만일 이것으로도 여러분이 회개하는 데 아무런 도움을 줄 수가 없고, 아직까지 사람들이 회개하기를 거부한다면, 이제 마지막으로 사람들이 멸망하는 것이 과연 누구의 뜻인지에 대해 생각해 보도록 하겠습니다.

9장

회심하지 않는 자의 죽음은 자신의 책임

교리 7

그런데도 사람들이 회개하지 않아 멸망당한다면,
그것은 하나님의 책임이 아니라 멸망당하는 사람들 자신의 책임이며,
더구나 그들 자신의 고의적 뜻이다.
그들이 죽는 것은 그들이 죽으려 하기 때문에 임하는 것이다.
즉, 그들이 회개하지 않기 때문이다.

1. 최선을 다하신 하나님과 악인의 반응

만약 여러분이 지옥에 가려 한다면, 무엇으로 여러분을 막을 수 있겠습니까? 하나님께서는 여기서 여러분의 피에 대해서 해명하십니다. 만일 여러분이 지옥에 간다면 그것은 하나님의 책임이 아닙니다. 명심하십시오. 그것은 하나님께 달린 것이 아닙니다. 하나님께서는 열매 맺지 않는 자신의 포도원에 대해서 이렇게 말씀하십니다.

"이제 나와 내 포도원 사이에서 사리를 판단하라. 내가 내 포도원을 위하여 행한 것 외에 무엇을 더 할 것이 있으랴?"(사 5:3,4)

하나님께서 '땅을 파서 돌을 제하고 극상품 포도나무를 심고, 망대를 세우는 것'(사 5:2 참고) 외에 달리 또 무엇을 더 하셔야 하겠습니까?

하나님께서는 사람을 만드시고 그들에게 이성을 주셨습니다. 하나님께서는 여러분에게 필요한 모든 것들을 주셨으며, 모든 피조물들로 여러분을 섬기게 하셨습니다. 하나님께서는 여러분에게 의와 완전한 법을 주셨습니다. 그리고 여러분이 하나님의 법을 어기고 스스로 멸망당하도록 했을 때, 하나님께서는 여러분을 불쌍히 여기셔서 자신의 아들로 하여금 여러분을 위해 죽게 하셨으며, 여러분의 죄를 위한 희생 제물로 삼으시고, 그리스도 안에서 세상을 자신과 화목하게 하셨습니다. 주 예수님께서는 자신을 여러분에게 선물로 주심으로써 영생을 주시고, 여러분으로 하여금 이것을 받아들여 회개하게 하셨습니다.

이와 같이 합리적인 근거 위에서 하나님께서는 여러분의 모든 죄를 값없이 용서해 주셨습니다. 그리고 이것을 자신의 말씀 안에 기록하시고 성령으로 인치셨으며, 자신의 사역자에게 이것을 가르치라고 명령하셨습니다. 하나님의 사역자들은 여러분에게 수백, 수천 번씩이나 이러한 사실을 알려 주고, 그러한 제안을 받아들이고 하나님께로 돌아오라고 여러분을 불렀습니다. 그들은 하나님의 이름으로 여러분을 설득하며 이유를 설명해 주고, 여러분의 모든 시시한 반대에 답변해 주었습니다.

하나님께서는 오랫동안 여러분을 기다렸으며, 여러분의 게으름을 참으시고 여러분이 하나님을 모욕하는 것도 인내하셨습니다. 하나님께서는 여러분이 죄를 짓는데도 여러분을 사랑으로 보존해 주셨습니다. 하나님께서는 온갖 자비로 여러분을 이해해 주셨습니다. 또한 하나님께서는 여러분의 어리석음을 깨닫게 하고, 여러분을 지혜롭게 만들기 위해 고통을 겪었습니다. 성령께서는 때때로 여러분의 마음을 움직여서 "죄인이여, 회개하라. 너희를 부르시는 하나님께로 돌아가라"라고 말씀하셨습니다.

여러분은 어디로 가고 있습니까? 여러분은 무엇을 하고 있습니까? 여러분은 종말이 어떠한지 알고 있습니까? 여러분은 얼마나 오랫동안 친구를 미워하고 원수를 사랑하려고 합니까? 여러분은 언제쯤 죄를 멀리하고 돌이켜서, 자신을 하나님께 바치고 여러분의 구세주에게 영혼을 맡기겠습니까?

이러한 질문들이 여러분에게 주어졌습니다. 여러분이 머뭇거리거나 지체하는 동안에도 하나님께서는 여러분을 이렇게 부르고 계셨습니다. "오늘이라고 부르는 동안에 왜 너희의 마음을 완악하게 하느냐? 왜 지금 속히 돌아오지 않느냐?"(히 4:7 참고)

생명이 여러분 앞에 있습니다. 천국의 기쁨이 복음 안에서 여러분에게 열려 있습니다. 천국의 확실성이 드러났습니다. 멸망당한 사람들의 영원한 고통이 확실하게 여러분에게 선언되었습니다.

만일 여러분이 천국과 지옥을 보지 않으려고 한다면 더 이상 무엇을 기대하십니까? 그리스도께서 여러분의 눈앞에서 십자가에 못 박히셨습니다.

"어리석도다. 갈라디아 사람들아, 예수 그리스도께서 십자가에 못 박히신 것이 너희 눈앞에 밝히 보이거늘 누가 너희를 꾀더냐"(갈 3:1).

여러분이 하나님께로 돌아오기 전까지 여러분은 잃어버린 자라는 사실을 수없이 들었습니다. 마찬가지로 죄의 악함과 세상과 죄가 주는 모든 쾌락과 부유함의 헛됨에 대해서도 많이 들었습니다. 또 여러분의 짧고도 불확실한 인생에 대해서도, 내세의 기쁨과 끝없는 고통에 대해서도 마찬가지입니다.

이 모든 것들을, 그리고 이보다 더 많은 것들을 여러분은 듣고 또 들었습니다. 여러분이 듣는 데 지치기까지, 그리고 너무 많이 들어서 그것을 가볍게 여기게 되기까지 말입니다. 마치 시끄러운 망치 소리가 귀에 들리는데도 습관적으로 잠을 자는 대장간의 개처럼 말입니다.

비록 이 모든 것들이 여러분을 회심시키지는 않았지만 아직까지 여러분은 살아 있습니다. 또 만일 여러분이 그것을 받아들이겠다고 마음먹기만 한다면 오늘까지 하나님의 자비가 남아 있습니다.

만일 이 모든 것에도 불구하고 여러분이 회심하지 않고 멸망당하게 된다면, 그것이 하나님의 뜻인지, 여러분의 뜻인지를 이제 판단해 봅시다. 만일 여러분이 지금 죽는다면, 그것은 여러분이 죽으려 하기 때문입니다. 여러분에게 무엇을 더 말해야 합니까? "우리는 회개하고 새로운 피조물이 되고 싶지만 그렇게 할 수 없습니다" 또는 "우리는 우리 친구들과 우리 생각들과 행동들을 바꾸고 싶지만 그렇게 할 수 없습니다"라고 여러분이 말할 수 있습니까? 만일 여러분이 그렇게 하려고 결심한다면 왜 할 수 없습니까? 무엇이 여러분을 방해합니까? 여러분의 마음이 약하기 때문입니까? 누가 강제로 죄를 짓게 합니까? 누가 의무를 행하지 못하도록 여러분을 막았습니까?

다른 경건한 친구들처럼 여러분도 똑같은 가르침과 시간과 자유를 가지고 있지 않습니까? 그렇다면 왜 여러분은 성도들처럼 그렇게 경건하게 될 수 없는 것입니까? 교회의 문이 여러분에게 닫혀 있었습니까? 여러분 스스로 교회에 나가지 않은 것은 아닙니까? 혹은 여러분이 듣지 않으려는 사람처럼 앉아서 졸지는 않았습니까?

하나님께서 죄인들에게 회개하라고 말씀하실 때, 그리고 회개한 사람들에게 자비를 약속하실 때, 여러분에게는 어떤 예외를 두셨습니까? "너는 죄인이기에 자격이 없다"라며 내쫓았습니까? 하나님께서 거룩한 예배를 드리는 자리에 들어오지 못하도록 여러분을 막으셨습니까? 하나님께서 다른 사람들과는 달리 여러분이 하나님께 기도하지 못하도록 금하셨습니까? 하나님께서 그렇게 하지 않으셨다는 것을 여러분은 알고 있습니다. 하나님께서 쫓아내신 것이 아니라 여러분이 하나님을 버리고 도망쳤습니다. 여러분이 하나님께서 부르실 때 귀를 막고 마음을 더욱 굳게 하여 하나님께로 가지 않았습니다.

하나님께서 일반적인 은혜의 약속과 제안에서 여러분을 제외하셨다면, 또는 여러분에게 "나를 떠나라. 나는 너희 같은 자와는 아무런 관계가 없다. 내게 기도하지 말라. 나는 너희의 기도를 듣지 않겠다"라고 말씀하셨다면, 우리가 핑계 댈 수 있었을지도 모르겠습니다. 또 하나님께서 "너희가 절대로 그렇게 회개하지 않고 절대로 그렇게 자비를 구하지 않겠다면 나도 너희에게 관심을 가지지 않겠다"라고 말씀하셨다면, 그럴 수 있었을지도 모르겠습니다. 만일 하나님께서 여러분에게 이와 같이 신뢰할 만한 것을 하나도 남기지 않으시고 단지 멸망 받도록 내버려 두셨다면, 여러분은 핑계거리를 가질 수도 있었을 것입니다. 그리고 이렇게 말할 수도 있었을 것입니다. "왜 내가 회개하고 돌이켜야 한단 말인가? 언제 그것이 유효하지 않단 말인가?"

그러나 여러분에게는 이러한 것이 적용되지 않습니다. 여러분은 다른 사람들처럼 그리스도를 주님과 구세주로, 머리와 신랑으로 모실 수 있었지만 그렇게 하지 않았습니다. 왜냐하면 여러분은 의사가 필요할 만큼 자신이 병들지는 않았다고 생각하면서 병을 고치려고 하지 않았기 때문입니다. 오히려 여러분은 마음속으로 반역자들처럼 스스로 다짐하면서 말했습니다.

"우리는 이 사람이 우리의 왕 됨을 원하지 아니하나이다"(눅 19:14).

그리스도께서는 자신의 구원의 날개 아래로 여러분을 모으고자 하셨지만, 여러분은 원하지 않았습니다.

"예루살렘아 예루살렘아, 선지자들을 죽이고 네게 파송된 자들을 돌로 치는 자여, 암탉이 그 새끼를 날개 아래에 모음같이 내가 네 자녀를 모으려 한 일이 몇 번이더냐. 그러나 너희가 원하지 아니하였도다"(마 23:37).

하나님께서는 자신의 거룩한 말씀 안에서 여러분의 행복을 원한다는 표현을 얼마나 많이 하셨는지요! 하나님께서 얼마나 깊은 연민을 가지고 여러분에게 말씀하셨는지를 다음의 구절은 잘 보여 줍니다.

"내 백성아 내 말을 들으라. 이스라엘아 내 도를 따르라"(시 81:13).

"다만 그들이 항상 이 같은 마음을 품어 나를 경외하며 내 모든 명령을 지켜서 그들과 그 자손이 영원히 복 받기를 원하노라"(신 5:29).

"그들이 지혜가 있어 이것을 깨달았으면 자기들의 종말을 분별하였으리라"(신 32:29).

하나님께서는 여러분의 하나님이 되기를 원하셨고, 여러분의 영혼이 잘되게 하기 위해서 모든 것을 하셨습니다. 그러나 여러분은 하나님보다 세상과 여러분의 육신을 더 사랑했습니다. 여러분은 하나님의 말씀을 들으려 하지 않았습니다. 여러분이 하나님께 존경을 표하는 것 같았으나 결국 여러분은 하나님의 말씀을 듣지 않았습니다.

그러므로 "내 백성이 내 소리를 듣지 아니하며 이스라엘이 나를 원하지 아니하였도다. 그러므로 내가 그의 마음을 완악한 대로 버려두어 그의 임의대로 행하게 하였도다"(시 81:11,12)라는 말씀에 놀라지 마십시오.

하나님께서는 자신을 낮추어 여러분에게 이유를 제시하시며 질문하십니다. "너희가 그렇게 나를 반대할 만한 이유가 무엇이냐? 너희 죄인들에게 내가 무슨 해로운 일을 했느냐? 나는 너희에게 많은 자비를 베풀었다. 그런데 무엇 때문에 너희가 나를 멸시하느냐? 너희의 원수가 나냐, 아니면 사탄이냐? 너희를 멸망시키는 것이 나냐, 아니면 탐욕적인 너희 자신이냐? 너희를 지옥으로 떨어지게 하는 것이 거룩한 생활이냐, 죄악된 생활이냐? 만일 네가 멸망했다면, 그것은 네가 너를 구원할 수 있는 나를 버려 스스로 멸망을 자초한 것이 아니냐?(렘 2:17 참고)"

"네 악이 너를 징계하겠고 네 반역이 너를 책망할 것이라. 그런즉 네 하나님 여호와를 버림과 네 속에 나를 경외함이 없는 것이 악이요 고통인 줄 알라. 주 만군의 여호와의 말씀이니라"(렘 2:19).

"나 여호와가 이와 같이 말하노라. 너희 조상들이 내게서 무슨 불의함을 보았기에 나를 멀리하고 가서 헛된 것을 따라 헛되이 행하였느냐"(렘 2:5).

말하자면 하나님께서는 짐승 같은 사람들을 하나님께서 전하시는 논증을 듣도록 불러내고 계십니다.

"너희 산들과 땅의 견고한 지대들아, 너희는 여호와의 변론을 들으라. 여호와께서 자기 백성과 변론하시며 이스라엘과 변론하실 것이라. 이르시기를 내 백성아, 내가 무엇을 네게 행하였으며 무슨 일로 너를 괴롭게 하였느냐? 너는 내게 증언하라. 내가 너를 애굽 땅에서 인도해 내어 종노릇하는 집에서 속량하였고"(미 6:2-5).

"하늘이여, 들으라. 땅이여, 귀를 기울이라. 여호와께서 말씀하시기를 내가 자식을 양육하였거늘 그들이 나를 거역하였도다. 소는 그 임자를 알고 나귀는 그 주인의 구유를 알건마는 이스라엘은 알지 못하고 나의 백성은 깨닫지 못하는도다 하셨도다. 슬프다. 범죄한 나라요 허물진 백성이요 행악의 종자(種子)요 행위가 부패한 자식이로다. 그들이 여호와를 버리며 이스라엘의 거룩하신 이를 만홀(慢忽)히 여겨 멀리하고 물러갔도다"(사 1:2-4).

"어리석고 지혜 없는 백성아, 여호와께 이같이 보답하느냐? 그는 네 아버지시요 너를 지으신 이가 아니시냐? 그가 너를 만드시고 너를 세우셨도다"(신 32:6).

하나님께서는 여러분이 하나님을 아무것도 아닌 것처럼 버리고 하나님과 생명으로부터 돌아서서 세상의 껍데기들과 깃털을 추구하는 것을 보시면서도, 여러분의 어리석음을 지적하시며 여러분이 좀 더 유익한 종이 되도록 부르셨습니다.

"너희 모든 목마른 자들아, 물로 나아오라. 돈 없는 자도 오라. 너희는 와서 사 먹되 돈 없이, 값없이 와서 포도주와 젖을 사라. 너희가 어찌하여 양식이 아닌 것을 위하여 은을 달아 주며 배부르게 하지 못할 것을 위하여 수고하느냐. 내게 듣고 들을지어다. 그리하면 너희가 좋은 것을 먹을 것이며 너희 자신들이 기름진 것으로 즐거움을 얻으리라. 너희는 귀를 기울이고 내게로 나아와 들으라. 그리하면 너희의 영혼이 살리라. 내가 너희를 위하여 영원한 언약을 맺으리니 곧 다윗에게 허락한 확실한 은혜이니라"(사 55:1-3).

"너희는 여호와를 만날 만한 때에 찾으라. 가까이 계실 때에 그를 부르라. 악인은 그의 길을, 불의한 자는 그의 생각을 버리고 여호와께로 돌아오라. 그리하면 그가 긍휼히 여기시리라. 우리 하나님께로 돌아오라. 그가 너그럽게 용서하시리라"(사 55:6,7).

여러분이 듣지 아니할 때, 여러분은 하나님께 어떤 불평을 늘어놓습니까? 하나님께서는 이와 같은 불평을 여러분의 의도적인 완고함으로 여기시고 책임을 물으십니다.

"너 하늘아, 이 일로 말미암아 놀랄지어다. 심히 떨지어다. 두려워할지어다. 여호와의 말씀이니라. 내 백성이 두 가지 악을 행하였나니 곧 그들이 생수의 근원 되는 나를 버린 것과 스스로 웅덩이를 판 것인데 그것은 그 물을 가두지 못할 터진 웅덩이들이니라"(렘 2:12,13).

그리스도께서는 여러분을 여러 번 은혜로 초대하셨습니다.

"목마른 자도 올 것이요 또 원하는 자는 값없이 생명수를 받으라 하시더라"(계 22:17).

그러나 여러분은 그리스도의 제안에도 불구하고 그리스도를 비난합니다.

"그러나 너희가 영생을 얻기 위하여 내게 오기를 원하지 아니하는도다"(요 5:40).

하나님께서는 자신의 은혜의 왕국에서 잔치에 참여하라고 여러분을 초대하셨습니다. 그러나 여러분은 밭과 소와 장가 핑계를 대면서 초대에 응하지 않았습니다. 여러분은 가고 싶지 않을 때 갈 수 없다고 말하면서 하나님의 진노를 불러 일으켰습니다. 그리하여 하나님께서는 여러분이 절대로 하나님의 잔치에 참여하지 못하도록 하셨습니다.

"함께 먹는 사람 중의 하나가 이 말을 듣고 이르되 무릇 하나님의 나라에서 떡을 먹는 자는 복되도다 하니 이르시되 어떤 사람이 큰 잔치를 베풀고 많은 사람을 청하였더니 잔치할 시각에 그 청하였던 자들에게 종을 보내어 이르되, 오소서 모든 것이 준비되었나이다 하매 다 일치하게 사양하여, 한 사람은 이르되 나는 밭을 샀으매 아무래도 나가 보아야 하겠으니 청컨대 나를 양해하도록 하라 하고, 또 한 사람은 이르되 나는 소 다섯 겨리를 샀으매 시험하러 가니 청컨대 나를 양해하도록 하라 하고, 또 한 사람은 이르되 나는 장가들었으니 그러므로 가지 못하겠노라 하는지라. 종이 돌아와 주인에게 그대로 고하니 이에 집주인이 노하여 그 종에게 이르되 빨리 시내의 거리와 골목으로 나가서 가난한 자들과 몸 불편한 자들과 맹인들과 저는 자들을 데려오라 하니라. 종이 이르되 주인이여, 명하신 대로 하였으되 아직도 자리가 있나이다. 주인이 종에게 이르되 길과 산울타리 가로 나가서 사람을 강권하여 데려다가 내 집을 채우라"(눅 14:15-23).

그렇다면 이것이 누구의 뜻입니까? 여러분의 뜻이 아닙니까? 여러분의 멸망에 대한 가장 중요한 책임은 누구에게 있습니까? 여러분의 책임이 아닙니까? 여러분은 멸망당할 것입니다. 그리스도께서 말씀하신 이러한 전체적인 상황이 잠언에 잘 나타나 있습니다.

"지혜가 길거리에서 부르며 광장에서 소리를 높이며 시끄러운 길목에서 소리를 지르며 성문 어귀와 성중에서 그 소리를 발하여 이르되, 너희 어리석은 자들은 어리석음을 좋아하며 거만한 자들은 거만을 기뻐하며 미련한 자들은 지식을 미워하니 어느 때까지 하겠느냐? 나의 책망을 듣고 돌이키라. 보라, 내가 나의 영을 너희에게 부어 주며 내 말을 너희에게 보이리라. 내가 불렀으나 너희가 듣기 싫어하였고 내가 손을 폈으나 돌아보는 자가 없었고, 도리어 나의 모든 교훈을 멸시하며 나의 책망을 받지 아니하였은즉, 너희가 재앙을 만날 때에 내가 웃을 것이며 너희에게 두려움이 임할 때에 내가 비웃으리라. 너희의 두려움이 광풍같이 임하겠고 너희의 재앙이 폭풍같이 이르겠고 너희에게 근심과 슬픔이 임하리니 그때에 너희가 나를 부르리라. 그래도 내가 대답하지 아니하겠고 부지런히 나를 찾으리라. 그래도 나를 만나지 못하리니, 대저 너희가 지식을 미워하며 여호와 경외하기를 즐거워하지 아니하며 나의 교훈을 받지 아니하고 나의 모든 책망을 업신여겼음이니라. 그러므로 자기 행위의 열매를 먹으며 자기 꾀에 배부르리라. 어리석은 자의 퇴보는 자기를 죽이며 미련한 자의 안일은 자기를 멸망시키려니와 오직 내 말을 듣는 자는 평안히 살며 재앙의 두려움이 없이 안전하리라"(잠 1:20-33).

저는 여러분에게 이 본문 전체를 상기시켜 주는 것이 가장 좋겠다고 생각했습니다. 왜냐하면 이 본문은 악인이 멸망하는 원인을 충분히 보여 주기 때문입니다. 악인들의 멸망은 하나님께서 그들을 가르치시지 않으려 했기 때문이 아니라, 그들이 하나님께 배우려고 하지 않았기 때문입니다. 악인들의 멸망은 하나님께서 그들을 부르시지 않으려 했기 때문이 아니라, 그들이 하나님의 책망을 듣고도 회개하려 하지 않았기 때문입니다. 결국 그들이 멸망하는 것은 그들의 고집 때문입니다.

2. 멸망의 책임은 누구에게 있는가

지금까지 살펴본 사실을 통해 여러분은 다음과 같은 점들을 더 배울 수 있습니다.

1) 사람의 멸망 원인을 하나님께 돌리려는 악인들

여러분은 앞에서 본 사실들을 통해서 사람의 멸망 원인을 하나님께 돌리는 것은 하나님께 대한 심한 모독과 불경이며, 그 책임을 창조주에게 돌리는 것은 매우 적합하지 못하다는 것을 알 수 있습니다.

악인들은 하나님께 소리치면서 하나님께서 자신들에게 아무런 은혜도 베풀지 않으며 하나님의 심판은 가혹하다고 말합니다. 또한 그들은, 회심하지 않고 성화되지 않은 모든 사람이 멸망 받도록 하시는 하나님의 처사는 합당하지 못하다고 말합니다. 그들은 잠깐 지은 죄 때문에 영원토록 고통받아야 하는 것은 너무나 가혹한 처벌이라고 생각합니다.

이러저러할 사이 그들은 스스로를 멸망시키는 일에 바쁘며, 심지어 자기 영혼의 숨통을 끊으면서도 '손을 내밀어 하나님을 붙잡으라'는 권고를 듣지 않습니다. 그러면서도 하나님께서 그들을 멸망시키는 것은 잔인한 처사라고 생각합니다. 그러나 실제로는 그들이 자기 자신에게 잔인한 것입니다. 하나님께서 그들 바로 앞에 지옥이 있다고 말씀하셔도 그들은 지옥 불로 달려갈 것입니다. 권유나 협박이나 그 어떤 것도 그들을 막지 못할 것입니다.

우리는 그들 대부분이 멸망당하는 것을 봅니다. 부주의하고도 세속적이며 육신적인 그들의 삶은 그들이 마귀의 능력 아래 있다는 것을 우리에게 말해 줍니다. 만일 그들이 회심하기 전에 죽는다면 온 세상도 그들을 구할 수 없으리라는 것을 우리는 압니다. 또 인생의 불확실성을 알기 때문에 우리는 매일 그들이 지옥 불에 떨어지지는 않을까 염려하고 있습니다.

그래서 우리는 그들에게 스스로의 영혼을 불쌍히 여기고 은혜가 가까이 있을 때 자신을 파멸시키지 말라고 권면하지만, 그들은 우리의 말을 들으려고 하지 않습니다. 우리는 그들에게 죄를 버리고 지체 없이 그리스도께로 나아와 그들에게 베푸시는 사랑을 받아들이라고 권면하지만, 그들은 아무것도 들으려 하지 않습니다. 그러면서도 그저 만일 하나님께서 그들을 멸망시킨다면 하나님은 틀림없이 잔인한 분일 것이라고 생각합니다. 오, 고집 세고 불쌍한 죄인들이여! 여러분에게 잔인한 것은 하나님이 아니라 여러분 자신입니다.

여러분은 반드시 회개해야 하며, 그렇지 않으면 지옥 불에 들어간다는 말씀을 듣습니다. 그런데도 여러분은 회개하지 않습니다. 여러분은, 만일 계속 죄를 버리지 않는다면 하나님의 형벌도 계속 여러분에게 머물러 있을 것이라는 말씀을 들으면서도 계속해서 죄를 짓습니다. 거룩함이 없이는 행복에 이를 수 없다는 것을 들으면서도 여러분은 거룩하게 되려고 하지 않습니다.

하나님께서 여러분에게 무엇을 더 말해야 합니까? 여러분에게 하나님의 어떤 자비가 더 필요합니까? 하나님께서 여러분에게 그것을 주셨는데도 여러분은 그것을 받아들이려 하지 않습니다. 죄와 비참함의 구렁텅이에 빠져 있는 여러분을 건지시기 위해 하나님께서 손을 내미시는데도 여러분은 하나님의 도움을 거절합니다. 하나님께서 여러분의 죄를 깨끗하게 씻어 주려고 하시는데도 여러분은 오히려 죄의 더러움 속에 계속 머물려고 합니다.

여러분은 정욕과 탐식과 운동 경기와 술 취함을 사랑합니다. 왜 이런 것들을 버리지 않습니까? 여러분은 여러분이 죄를 버리든지 버리지 않든지 무조건 하나님께서 여러분을 천국으로 데리고 가기를 바라고 있습니까? 아니면 여러분과 여러분의 죄를 함께 천국으로 데리고 가 주기를 바라고 있습니까? 이것은 불가능합니다. 차라리 하나님께서 태양을 어둠과 바꾸시기를 기대하는 편이 더 나을 것입니다.

뭐라고요! 거룩해지지 않은 육신적인 마음이 천국에 있다고요! 그것은 불가능합니다.

"무엇이든지 속된 것이나 가증한 일 또는 거짓말하는 자는 결코 그리로 들어가지 못하되"(계 21:27).

"의와 불법이 어찌 함께하며 빛과 어둠이 어찌 사귀며 그리스도와 벨리알이 어찌 조화되며 믿는 자와 믿지 않는 자가 어찌 상관하며"(고후 6:14,15).

"이스라엘에 대하여 이르되 순종하지 아니하고 거슬러 말하는 백성에게 내가 종일 내 손을 벌렸노라 하였느니라"(롬 10:21).

여러분은 이제 무엇을 하겠습니까? 하나님께 자비를 구하겠습니까? 하나님께서 여러분에게 주어진 자비를 받아들이라고 부르시는데도, 여러분은 전혀 받아들이려고 하지 않습니다.

사역자들이 술주정뱅이의 손에 독이 든 잔이 들려 있는 것을 보고서 그에게 그 잔에는 독이 있으므로 목숨을 보전하려면 그것을 마시지 말라고 말하지만, 주정뱅이는 그 말을 들으려 하지 않습니다. 그는 그 잔을 마시려 하고, 결국 마시고 맙니다. 그는 그것을 사랑하기 때문에 설령 지옥이 바로 앞에 있다 할지라도 그것을 마시지 않을 수 없다고 말합니다. 이런 사람에게 뭐라고 말할 수 있습니까? 우리는 불경하고도 부주의한 세속적인 사람들에게 그런 생활이 회개를 돕는 것이 아니며, 또한 그들을 천국으로 데리고 가는 것도 아니라고 말합니다.

만일 곰이 여러분의 뒤에 있다면 여러분은 안색이 바뀔 것입니다. 그런데 하나님의 저주와 사탄과 지옥이 여러분의 뒤에 있다고 말해도 여러분은 아무런 동요도 없이 '왜 이렇게 야단법석입니까' 하고 짜증을 냅니다. 불멸의 영혼이 여러분에게는 아무 소용 없습니까? 여러분에게 자비가 있기를 기도하지만, 그들은 자신들에게 무자비하며 우리에게 관심을 가지지도 않습니다.

우리는 그들에게 종말이 더 고통스럽다고 말해 줍니다. 누가 끝없는 지옥불 속에서 살 수 있겠습니까? 그런데도 그들은 자신에게 무자비합니다. 그리고 잔인하고도 무정하게 스스로를 멸망시키면서도 뻔뻔스럽고 불쌍하게도 하나님께서 자비로우시기 때문에 자기들을 멸망시키지 않으실 것이라고 말합니다. 우리가 공손한 태도로 그들을 설득해도 그들을 막을 수가 없습니다. 우리가 무릎을 꿇고 빌어도 그들을 멈출 수가 없습니다. 그들은 지옥으로 가려 하면서도 자신이 지옥으로 가고 있다는 것을 믿지 않을 것입니다.

만일 우리가 그들을 지으신 하나님을 위해, 그들을 대신하여 죽으신 그리스도를 위해, 그들의 불쌍한 영혼을 위해, 스스로를 불쌍히 여기며 더 이상 지옥 길을 계속 가지 말라고, 팔을 벌리고 계신 그리스도에게로 나아가 문이 열려 있는 동안 생명을 얻고 은혜 받을 만한 때에 은혜를 받으라고 간청해도, 그들은 설득당하지 않을 것입니다. 만일 우리가 그들의 회심을 위해 죽는다 해도, 그들은 회심 문제에 관심을 기울이거나 회개하지 않을 것입니다. 그러면서도 그들은 "나는 하나님께서 자비롭기를 바란다"라고 말할 것입니다.

여러분은 하나님께서 이사야 27장 11절에 말씀하신 것을 주의해 보십니까?

"가지가 마르면 꺾이나니 여인들이 와서 그것을 불사를 것이라. 백성이 지각이 없으므로 그들을 지으신 이가 불쌍히 여기지 아니하시며 그들을 조성하신 이가 은혜를 베풀지 아니하시리라."

어떤 사람이 여러분이 벗었을 때 입을 옷을 주지 않고, 여러분이 배고플 때 먹을 것을 주지 않는다면, 여러분은 그를 무자비하다고 말할 것입니다. 만일 그가 여러분을 감옥에 가두거나 때리거나 고문한다면, 여러분은 그를 가리켜 무자비하다고 말할 것입니다. 그러나 여러분은 자신에게 수천 배나 더 무자비하며, 심지어 몸과 영혼을 모두 영원한 지옥에 던져 넣고 있습니다. 그러면서도 여러분 자신의 무자비함에 대해서는 전혀 불평하지 않습니다.

만일 하나님께서 결국 여러분을 심판하신다면, 여러분은 계속해서 자비를 가지고 기다려 오신 하나님을 무자비한 분으로 여길 것입니다. 만일 천국의 거룩한 하나님께서 이 불쌍한 자들이 하나님의 아들의 피를 짓밟으며, 유대인들과 더불어 또다시 아들의 얼굴에 침을 뱉고, 은혜의 성령을 무시하며, 거룩함을 조롱하고, 자신들의 육체적 쾌락의 더러움보다 하나님의 구원의 은혜를 더욱 무시하도록 내버려 두었더라면 어떻게 되었겠습니까? 만일 그런데도 하나님께서 그들이 내던져 버린 자비로 그들을 구원하지 않으신다면, 그들은 반드시 하나님을 무자비한 분으로 여길 것입니다. 그러나 하나님께서는 공의로 심판하시는 분입니다. 하나님께서는 벌레 같은 죄인들의 판단에 따라 좌우되시는 분이 아닙니다.

저는 그들이 하나님을 반대하는 많은 트집거리들을 갖고 있다는 것을 잘 알고 있습니다. 그러나 저는 『회심에 대한 논문』에서 이미 이 점에 대해 답변했으므로 여기서는 특별하게 더 다루지 않겠습니다.

만일 세상의 논쟁자들이 자기들의 멸망 원인을 찾고, 또 간접적으로 그 원인을 하나님께 돌리기에 바쁜 것만큼이나 죄와 멸망을 피하기 위해 주의한다면, 그들은 자신들의 지혜를 더 유익하게 사용할 수 있을 것이며, 하나님께 잘못을 돌리지 않고 그만큼 자신의 안전을 더 확보할 수 있을 것입니다.

추악한 괴물 같은 죄가 우리 안에 있고, 무서운 형벌이 우리 위에 있으며, 두려운 지옥이 우리 앞에 있기에, 누구에게 잘못이 있는지, 즉 가장 일차적인 책임이 하나님께 있는지 사람에게 있는지는 아주 쉬운 문제라고 생각합니다.

어떤 사람들은 자신에 대해서 편향적인 재판관이 됩니다. 그래서 그들은 자신의 마음보다 무한히 완전하며 선함 자체이신 하나님을 비난하려 합니다. 그들은 다음과 같이 말한 자기들의 첫 번째 조상을 닮았습니다.

"아담이 이르되 하나님이 주셔서 나와 함께 있게 하신 여자, 그가 그 나무 열매를 내게 주므로 내가 먹었나이다. 여호와 하나님이 여자에게 이르시되 네가 어찌하여 이렇게 하였느냐? 여자가 이르되 뱀이 나를 꾀므로 내가 먹었나이다"(창 3:12,13).

이 말에는 은근히 하나님이 원인이었다는 의미가 함축되어 있습니다. 그래서 그들은 이렇게 말합니다. "당신께서 나에게 주신 지성으로는 분별할 수 없었습니다. 당신께서 나에게 주신 의지로는 더 좋은 선택을 할 수가 없었습니다. 당신께서 내 앞에 두신 자들이 나를 유혹했습니다. 당신께서 나에게 공격하도록 허용한 유혹들이 나를 삼켰습니다."

또 어떤 사람들은 하나님께서 스스로 결정할 수 있는 피조물을 만들 수 있다는 생각을 아주 싫어하기 때문에, 하나님을 일차적으로 유효한 직접적, 물리적 원인이요 모든 죄에 대한 의지의 결단자로 삼아 주저 없이 하나님께 책임을 돌리고 있습니다. 그리고 많은 사람들은 만일 이것과 하나님이 선(善)의 주요한 원인이라는 것을 조화시킬 수만 있다면, 하나님을 그토록 심하게 악의 원인이라고 말해서는 안 된다는 것에 동의할 수도 있습니다.

만일 진리가 더 이상 진리일 수 없다면, 진리를 완벽한 질서와 일관성을 가진 것으로도 볼 수 없습니다. 우리의 혼란스러운 지혜가 진리를 바르게 결합시킬 수 없고, 각각의 진리를 바른 자리에 둘 수가 없기 때문에, 우리는 '어떤 사람은 반드시 멸망받게 되어 있다'라는 추측을 결론으로 취하게 됩니다. 사람들이 선생님의 가르침을 순수하게 받아들이는 어린아이처럼 하나님의 전지하심에 절대복종하는 마음으로 하나님의 진리를 받아들이는 것이 아니라, 오히려 너무 똑똑해서 도무지 배울 수 없는 비판자처럼 하나님의 진리를 받아들이지 않을 때, 이것은 인간의 교만한 자기 속임수의 열매일 뿐입니다.

> **반론 1.** 하나님께서 우리를 회심시키기 전까지 우리 스스로는 회심할 수 없습니다. 우리는 하나님의 은혜 없이는 아무것도 할 수 없습니다. 원함이나 행함은 우리에게 있는 것이 아니라 은혜를 주시는 하나님께 있습니다.

· **답변** 하나님께서는 두 종류의 은혜를 베푸십니다. 첫째는 회심의 은혜요, 둘째는 구원의 은혜입니다.

구원의 은혜는 원하고 행하는 자에게만 주어집니다. 그리고 그러한 자들에게만 주겠다고 약속하셨습니다. 그러나 회심의 은혜는 그들이 원하지 않던 것을 원하게 만드는 은혜입니다. 비록 여러분 자신의 의지와 노력으로 하나님의 은혜를 받을 수 있는 것은 아니지만, 여러분이 의도적으로 거부하는 것은 은혜를 받지 못하게 만드는 합당한 이유가 됩니다. 여러분의 불가능성은 바로 여러분의 무의지 자체이며, 이것은 여러분의 죄를 면제해 주는 것이 아니라 오히려 더 크게 만듭니다.

만일 진실로 원한다면 여러분은 회개할 수 있습니다. 만일 여러분의 의지가 매우 부패해서 유효한 은혜로도 그것을 움직일 수 없을 정도라면, 여러분에게는 그 은혜를 구해야 할 더 큰 이유가 있는 것이며, 여러분은 그 은혜에 굴복해야만 합니다. 그 은혜의 수단을 사용해서 여러분이 할 수 있는 것을 하십시오. 그것을 무시하거나 반대하지 마십시오. 먼저 여러분이 할 수 있는 것을 하고, 그다음에 만일 이유가 있다면 여러분에게 은혜를 주시지 않는 하나님께 불평하십시오.

> **반론 2. 당신은 계속 인간이 자유의지를 가지고 있다는 것에 대해 암시하려는 것 같습니다.**

· **답변** 자유의지에 관한 논쟁은 여러분의 능력 밖의 일입니다. 여러분의 의지는 본성적으로 자유롭습니다. 즉, 의지는 자유 결정 기관입니다. 그러나 의지가 타락함으로써 선을 행하는 것과는 정반대가 되었습니다. 따라서 우리는 슬프게도 의지에 선과 도덕적 자유가 없음을 경험하고 알고 있습니다.

우리가 형벌을 받는 것은 의지가 악하기 때문입니다. 만일 여러분에게 아주 악한 원수가 있다고 합시다. 그런데 그가 만날 때마다 여러분을 때리고 여러분 자녀의 목숨을 빼앗아 가면서도 그저 "내게는 자유의지가 없다. 이것이 나의 본성이다. 하나님께서 나에게 은혜를 주시지 않으면 나는 선한 일을 할 수 없다"라고 말한다면, 여러분은 그를 용서하겠습니까? 만일 여러분의 물건을 훔친 종이 그렇게 말한다면, 그의 대답을 인정하겠습니까? 교수형에 처해지는 모든 절도범과 살인범들이 "내게는 자유의지가 없다. 그래서 나는 나의 마음을 바꿀 수가 없다. 하나님의 은혜 없이 내가 무엇을 할 수 있겠는가?"라고 말한들 그들의 죄가 용서될 수 있습니까? 만일 그들의 죄가 용서될 수 없다면, 여러분이 하나님께 범한 죄에 대해서는 어떻게 생각하십니까?

2) 유혹자 사탄과 기만적인 죄, 그리고 어리석은 인간

지금까지 살펴본 사실로부터 여러분은 다음의 세 가지를 관찰할 수 있습니다.

첫째, 사탄이 얼마나 간사한 유혹자인가 하는 것입니다.

둘째, 죄가 얼마나 기만적인가 하는 것입니다.

셋째, 타락한 인간이 얼마나 어리석은 피조물인가 하는 것입니다.

참으로 간사한 유혹자는 세상 사람의 대다수를 설득해서 그들이 수많은 경고와 권유를 받고 있는데도 고의적으로 영원한 지옥 불에 들어가게 만들 수 있습니다.

참으로 죄는 기만적이어서 수많은 사람들을 미혹하여 그토록 천하고도 무가치한 것을 위해 영생을 버리게 할 수 있습니다.

참으로 사람은 어리석은 피조물이어서 아무것도 아닌 것을 위해 자기의 구원을 내버릴 수 있습니다. 그렇습니다. 이미 알려진 아무것도 아닌 것을 위해서, 그리고 적들, 이미 알려진 적들에 의해서도 말입니다. 여러분은 사람이 자기의 꾀로 사소한 것 때문에 스스로 불이나 물이나 탄광 속에 던져져 목숨을 잃어버릴 수는 없다고 생각할 것입니다. 그러나 사람들은 유혹을 받아 자신을 지옥에 던질 수 있습니다.

만일 여러분의 자연적 생명이 여러분의 손에 달려 있어서 스스로 목숨을 끊기 전에는 죽지 않는다면, 여러분 대부분은 얼마나 오랫동안 살 것인지요! 또 여러분의 영원한 삶이 하나님의 통제 아래 여러분의 손에 달려 있어서 여러분이 스스로 멸망되기 전에는 멸망당하지 않는다면, 여러분 가운데 그 누가 스스로 멸망당하려고 할 것인지요! 오, 인간이란 얼마나 어리석은 존재인지요! 그리고 죄는 사람을 얼마나 기만하며 어리석게 만드는지요!

3) 자신과 다른 사람 모두에게 무자비한 악인

또한 이로부터 여러분은, 악인들과 다른 사람들이 천국으로 가는 것을 방해하고, 할 수 있는 대로 많은 사람들이 회심하지 않기를 바라며, 그들이 죄를 짓도록 끌어들여 계속 죄 가운데 살게 한다고 하더라도 그리 놀랄 만한 일이 아님을 배우게 될 것입니다. 여러분은 자기 자신에 대해서 무자비한 사람들이 다른 사람들에 대해서는 자비로울 것이라고 기대하십니까? 자신의 멸망도 막지 못하는 사람들이 과연 다른 사람의 멸망을 막을 수 있으리라고 기대하십니까? 그들 자신보다도 다른 사람들이 그들을 더 나쁘게 할 수는 없습니다.

4) 멸망의 원인은 바로 자기 자신

마지막으로, 여러분은 사람에게 가장 큰 적은 자기 자신이라는 것을 배울 수 있습니다. 또 이 세상에서 만날 수 있는 가장 큰 심판도 자기 자신에게 달려 있다는 것을 배울 수 있습니다.

그러므로 은혜가 해야 하는 가장 큰 일은 우리를 우리 자신에게서 구원하는 것입니다. 그리고 사람이 가장 큰 비난과 불평을 돌릴 대상도 다름 아닌 바로 자기 자신입니다. 우리가 우리 자신에게 해야 할 가장 큰 일은 바로 우리 자신과 싸우는 것입니다. 우리가 날마다 기도하면서 경계하고 대적해야 할 가장 큰 원수는 우리의 탐심과 의지입니다.

만일 여러분이 다른 사람에게 선한 일을 행하여 그들이 천국으로 가도록 돕고자 한다면, 여러분이 할 수 있는 가장 위대한 일은 그들을 그들 자신으로부터 구원하는 것입니다. 그들의 맹목적인 지성과 부패한 의지, 왜곡된 감정과 격정, 그리고 거친 감각으로부터 그들을 구원하는 것입니다. 저는 이런 것들을 사안별로 간단하게 언급했습니다. 나머지는 여러분의 상상력에 맡기겠습니다.

3. 적용

자, 여러분, 이제 우리는 영혼의 가장 큰 범죄자와 살인자를 찾아냈습니다. 이것은 바로 사람 자신이요 사람 자신의 의지입니다. 여러분이 증거에 따라 판단하며, 하나님 앞에서 이 큰 죄악을 고백하고 이로 인해 겸손해지는 것 외에 더 해야 할 일이 무엇이겠습니까? 여기에 몇 마디 덧붙이겠습니다. 만일 아직까지 약간의 소망이 있다면, 첫째, 계속해서 여러분의 죄악됨을 깨달으십시오. 둘째, 겸손해지십시오. 셋째, 여러분을 개혁하십시오.

1) 인간의 죄악됨을 깨달으라
(1) 인간의 본성은 악합니다.

우리는 선과 자비 베풀기를 기뻐하시는 하나님의 탁월하신 은혜로운 성품에 대해서 익히 알고 있습니다. 그러하기에 우리는 하나님께서 우리의 죽음을 책임져야 할 일차적 원인이 된다고 의심하거나, 하나님을 잔인하다고 말할 수 없습니다.

하나님께서 모든 선한 것을 만드셨으며, 또한 만물을 보전하고 유지하고 계십니다.

"모든 사람의 눈이 주를 앙망하오니, 주는 때를 따라 그들에게 먹을 것을 주시며 손을 펴사 모든 생물의 소원을 만족하게 하시나이다"(시 145:15,16).

"여호와께서는 그 모든 행위에 의로우시며(따라서 공의롭게 심판하시며) 그 모든 일에 은혜로우시도다(따라서 하나님께서는 죄의 원인이 아니시다)"(시 145:17).

"여호와께서는 모든 것을 선대하시며 그 지으신 모든 것에 긍휼을 베푸시는도다" (시 145:9).

한편 우리가 아는 바와 같이, 인간의 생각이 어두워졌으며 인간의 의지가 왜곡되었고, 인간의 감정이 그를 끌고 다닙니다. 그래서 인간은 자신을 파멸시킬 만큼 그렇게 어리석고 부패한 것입니다.

만일 여러분이 길에서 양 한 마리가 죽어 있는 것을 본다면 그 양 떼를 의심하겠습니까? 아니면 그 옆에 서 있는 개나 늑대를 범인으로 의심하겠습니까? 또는 어떤 집에 도둑이 들고 사람이 살해당했다면, 그런 일을 할 필요가 없는 지혜롭고도 의로운 왕이나 재판관을 의심하겠습니까? 아니면 잘 알려진 도둑이나 살인자를 의심하겠습니까?

야고보서에 기록된 말씀을 보십시오.

"사람이 시험을 받을 때에 내가 하나님께 시험을 받는다 하지 말지니 하나님은 악에게 시험을 받지도 아니하시고 친히 아무도 시험하지 아니하시느니라. 오직 각 사람이 시험을 받는 것은 자기 욕심에 끌려 미혹됨이니, 욕심이 잉태한즉 죄를 낳고 죄가 장성한즉 사망을 낳느니라"(약 1:13-15).

여러분은 여기서 죄가 여러분 자신의 욕망의 산물이지, 하나님께서 죄를 만드신 것이 아님을 알 수 있습니다. 또한 죽음이 여러분 자신의 죄의 산물이요 죄가 자라서 맺은 열매임을 보게 됩니다. 거미가 독을 품고 있듯이 여러분 자신 안에 악을 쌓아 놓고 있으며, 그 악들로부터 자신이 해를 입는 것입니다. 이러한 여러분의 본성이 바로 멸망의 원인이 여러분 자신이라는 것을 보여 줍니다.

(2) 인간은 어떤 유혹도 받아들일 준비가 되어 있습니다.

여러분은 자신에게 주어지는 어떤 유혹도 받아들일 준비가 되어 있습니다. 바로 이 점에서 여러분이 자신을 멸망시키는 자라는 사실이 명백해집니다. 여러분은 이미 사탄이 시키는 대로 듣고 행동할 준비가 되어 있습니다. 사탄이 여러분의 지성을 오류와 편견에 빠지도록 유혹할 때 여러분은 굴복합니다. 사탄이 여러분이 좋은 결심을 하지 못하도록 방해하면 그것은 곧 이루어지고 맙니다. 사탄이 여러분의 좋은 욕구와 감정을 식게 만들면 곧 그렇게 되어 버립니다. 사탄이 여러분 안에 어떤 정욕과 악한 감정과 욕망이 생기게 만들면 곧 그렇게 됩니다. 사탄이 여러분에게 악한 생각과 말과 행동을 집어넣기를 원하면, 여러분이 자유롭기 때문에 사탄이 매를 들거나 선동할 필요도 없습니다. 사탄이 여러분으로 하여금 거룩한 생각과 말과 행동을 하지 못하도록 하려고 한다면 곧 그대로 됩니다.

여러분에게는 재갈이 필요 없습니다. 여러분은 사탄의 제안을 검토해 보지도 않고 결심하며, 그 제안에 대항하지도 않습니다. 또한 그 제안을 던져 버리지도 않고, 그가 질러 놓은 불을 끄지도 않습니다. 오히려 여러분은 사탄과 함께 일을 시작하고 중간에 그를 만나서 그의 행동을 포용하며, 그가 여러분을 유혹하도록 그를 유혹합니다. 미끼를 입질하다가 낚싯바늘을 문 탐욕스러운 고기를 잡는 것은 쉬운 일입니다.

(3) 인간은 구원에 도움이 되는 모든 것을 싫어합니다.

여러분이 자신의 구원을 돕거나 유익이 되는 것, 또는 여러분의 멸망을 막는 모든 것에 저항한다는 점에서 볼 때 여러분의 멸망은 분명히 여러분의 뜻입니다.

하나님께서 자신의 말씀으로 여러분을 돕고 구원하려고 하시지만, 여러분은 하나님의 말씀에 저항하며 하나님의 말씀이 너무 엄격하다고 느낍니다. 하나님께서 자신의 성령으로 여러분을 거룩하게 만들려고 하시지만, 여러분은 성령을 거스르고 성령을 소멸합니다.

누군가가 여러분의 죄를 책망하면, 여러분은 그의 얼굴에 욕설을 퍼붓습니다. 또 누군가가 여러분을 거룩한 생활로 이끌고자 여러분이 현재 위험에 처한 것을 알려 주면, 그에게 전혀 감사하지도 않고 오히려 '당신이나 잘하라'고 말하거나 기껏해야 마음에도 없는 감사 인사나 할 뿐 회개하지 않습니다.

사역자들이 개인적으로 가르치거나 도움을 주려고 해도 여러분은 그들에게 가지도 않습니다. 오히려 여러분의 교만한 마음은 그들의 도움이 전혀 필요 없다고 느낍니다. 사역자들이 여러분에게 교리문답을 가르치려고 해도, 자신이 그렇게 늙지 않았는데도 나이가 너무 많아서 교리문답을 받을 필요가 없다고 말합니다. 그들이 여러분의 유익을 위해서 무엇을 말한다 할지라도, 여러분은 심각하게 스스로 속고 있으며 스스로 지혜롭다고 생각하기 때문에 아무것에도 주의를 기울이지 않습니다. 오히려 자신이 선생들보다 더 지혜로운 것처럼 선생님들의 가르침에 반박합니다. 여러분은 무지와 고집과 어리석은 트집 등으로 그들이 말하는 모든 것에 저항할 뿐, 여러분에게 제공되는 어떤 유익도 받아들이거나 환영하지 않습니다.

(4) 자신의 멸망에 대한 책임을 하나님께 돌립니다.

여러분은 죄와 멸망의 문제에 대해 복되신 하나님께 그 책임을 돌립니다. 이것이 스스로 자기를 멸망시키고 있다는 점을 분명히 보여 주는 것입니다. 여러분은 하나님의 지혜로운 계획을 좋아하지 않습니다. 또 하나님의 공의로우심을 좋아하지 않고, 오히려 그것을 잔인하게 생각합니다. 여러분은 하나님의 거룩하심을 좋아하지 않습니다. 오히려 하나님도 여러분과 같기 때문에 여러분처럼 죄를 가볍게 여기실 것이라고 생각합니다.

여러분은 하나님의 진리를 좋아하지 않으며, 오히려 하나님의 위협이 잘못되었다고 생각합니다. 그리고 마치 하나님께서 자비롭고 은혜가 넘치는 분이시기 때문에 여러분이 마음대로 죄를 지을 수 있는 것처럼 생각합니다. 부분적으로 여러분이 가장 높게 평가하는 하나님의 선하심을 자신의 죄를 강화시켜 주는 방편으로 남용하고 있는 것입니다.

(5) 자신의 멸망의 책임을 구세주에게 돌립니다.

그렇습니다. 여러분은 자신의 멸망을 복되신 구세주 탓으로 돌리고, 죽음의 책임을 생명의 주에게 돌립니다. 여러분은 그리스도께서 여러분을 위해 죽으신 것을 오히려 더 담대하게 죄짓는 핑계거리로 사용하고 있습니다. 마치 지금 죽음의 위험이 끝난 것처럼, 여러분은 더욱 담대하게 죄짓는 모험을 감행하려 합니다. 마치 그리스도께서 사탄과 여러분의 죄의 종이 된 것처럼, 그리고 반드시 여러분을 더 기다려야만 하는 것처럼, 여러분은 그리스도를 악용하고 있습니다.

그리스도께서 영혼의 의사요 그분을 통해 하나님께로 가는 모든 사람들을 구원하실 수 있다는 것을 구실로, 여러분은 그분의 도움과 치료를 거절하고 그분의 처방을 내팽개쳐 버리면서도 그런 자신을 허용해 주셔야 한다고 생각합니다. 또 그리스도를 통해서 하나님께로 가든지 말든지 간에 그리스도께서 반드시 여러분을 구원해 주셔야 한다고 생각합니다. 그래서 여러분의 죄 가운데 상당수가 그리스도의 죽음에 대한 여러분의 담대한 추측에 의해서 저질러지고 있습니다. 여러분은 그리스도께서 자기 백성을 그들의 죄에서 구원하시고 그들을 특별한 백성으로 구별하시며 그들을 하늘 아버지의 거룩한 형상과 그들의 머리의 거룩한 형상으로 변화시키시기 위해 오셨다는 것을 전혀 고려하지 않습니다(마 1:21; 딛 2:14; 벧전 1:15,16; 골 3:10,11; 빌 3:9,10 참고).

(6) 자신의 멸망의 책임을 하나님의 섭리로 돌립니다.

여러분은 자신의 멸망을 하나님의 모든 섭리와 행위의 탓으로 돌립니다. 여러분은 하나님의 영원한 예지와 뜻을 생각하면서 죄로 가득한 마음을 단단하게 만들거나 여러분의 생각을 논쟁으로 가득 차게 만듭니다. 마치 하나님의 뜻 때문에 여러분이 회개하지 않거나 거룩한 삶을 살지 못하는 것처럼, 또는 하나님의 뜻이 여러분의 죄와 죽음의 원인인 것처럼 말입니다.

하나님께서 여러분에게 고통을 주실 때 여러분은 불평합니다. 하나님께서 여러분을 번영하게 하실 때 여러분 더욱더 하나님을 잊어버리고 내세에 대한 생각에서 더욱더 멀어집니다. 악인이 번성할 때 여러분은 곧바로 악인들에게 닥칠 종말에 대해서 잊어버리고, 악인이 되는 것도 경건한 사람이 되는 것만큼이나 괜찮다고 생각합니다. 결국 여러분은 여러분의 죽음에 대해 모든 것을 들어 핑계 댑니다.

(7) 하나님의 모든 선물을 죄짓는 데 사용합니다.

여러분은 모든 피조물과 하나님의 은혜를 여러분에게 좋은 대로만 사용하고 있습니다. 하나님께서는 그것들을 하나님의 사랑의 표증이요 하나님을 섬기는 도구로 사용하라고 주셨습니다. 그러나 여러분은 하나님을 반대하고 육신을 만족시키는 데 이것들을 사용하고 있습니다. 식욕을 충족시키기 위해 먹고 마실 뿐, 하나님의 영광과 하나님의 일을 위해서 먹고 마시지는 않습니다. 여러분은 뽐내기 위해서 옷을 입습니다. 여러분의 부(富)가 여러분을 점점 천국에서 멀어지게 만듭니다.

"또한 모든 것을 해로 여김은 내 주 그리스도 예수를 아는 지식이 가장 고상하기 때문이라. 내가 그를 위하여 모든 것을 잃어버리고 배설물로 여김은 그리스도를 얻고"(빌 3:8).

여러분의 명예와 칭찬받음이 여러분을 교만하게 만듭니다. 여러분이 가진 건강과 힘이 점점 안도감을 느끼게 하여 종말을 잊어버리게 만듭니다.

그렇습니다. 다른 사람의 자비가 여러분의 자존심을 손상시킵니다. 다른 사람들의 명예와 존귀를 보면서 여러분은 그들을 시기합니다. 또한 다른 사람의 부를 보면서 탐을 냅니다. 아름다운 것을 보면서 정욕이 발동합니다. 슬프게도 경건이 여러분의 눈에 거슬리는 것이 되었습니다.

(8) 하나님께서 주신 은혜의 방편들을 죄짓는 데 사용합니다.

하나님께서 주신 재능들과 자신의 교회를 위해 세우신 은혜의 방편들을 여러분은 죄짓는 데 사용하고 있습니다. 여러분이 다른 사람보다 더 나은 재능을 가지고 있을 때 그것으로 점점 교만해지고 스스로 속고 맙니다. 여러분의 기도가 죄로 변합니다. 왜냐하면 여러분이 '마음에 죄악을 품고'(시 66:18 참고)있기 때문입니다.

"주의 이름을 부르는 자마다 불의에서 떠날지어다"(딤후 2:19).

"사람이 귀를 돌려 율법을 듣지 아니하면 그의 기도도 가증하니라"(잠 28:9).

여러분은 하나님의 말씀을 듣고 순종하기보다 어리석은 자의 제사를 드리기에 더욱 잘 준비되어 있습니다. 여러분은 주의 잔을 받기 전에 자신을 살피지도 않고, 주의 몸을 분별하지 못하고 먹고 마시면서 자기 죄를 먹고 마시고 있습니다(고전 11:28,29 참고).

(9) 다른 사람들의 행동을 죄짓는 기회로 삼습니다.

여러분은 교제하는 사람들과 그들의 모든 행동을 여러분이 죄를 짓고 멸망하는 기회로 삼습니다. 그들이 하나님을 두려워하며 사는 것을 보면서 여러분은 그들을 미워합니다. 반면 그들이 불경건하게 살면 그들을 따라 합니다. 악인들이 많으면 여러분은 더욱 담대히 그들을 따라 합니다. 경건한 사람이 적으면 적을수록 여러분은 더욱 담대하게 그들을 멸시합니다.

경건한 사람들이 정확하게 행동하는 것을 보고서 여러분은 그들이 너무 엄격하다고 생각합니다. 그러다가 경건한 사람이 어떤 특정한 유혹에 빠지면, 여러분은 그들에게 걸려 넘어져서 다른 사람들도 불완전하다고 핑계하며 거룩에서 완전히 돌아서 버리고 맙니다. 이것은 마치 다른 사람이 부주의하여 근육을 다치거나 뼈가 상했기 때문에 여러분 스스로 목을 부러뜨릴 권한을 가지게 된 것처럼 행동하는 것과 같습니다.

어떤 외식자의 진실이 밝혀지면, 여러분은 그들도 모두 똑같다고 말하면서 여러분 자신이 가장 정직한 사람인 것처럼 생각합니다. 신앙인은 거의 어떤 불행에 빠져 들지 않더라도 그들이 손가락을 베었다는 이유만으로 여러분은 담대히 자신의 목이라도 자를 수 있을 것처럼 생각합니다.

목회자들이 여러분을 엄격하게 대하면 여러분은 그들이 자신을 비난한다고 말합니다. 또 목회자들이 부드럽게 말하든지 냉담하게 말하든지 여러분은 졸 뿐이며, 여러분이 앉아 있는 의자보다도 더 반응이 없습니다. 교회 안에 어떤 실수가 생기면, 어떤 사람은 열광하며 좋아하고, 또 어떤 사람은 자신에게 가장 거슬렸던 교리를 비난하기도 합니다. 목회자들이 여러분을 수백 년 이상 오래되고도 뿌리 깊은 잘못으로부터 벗어나게 하고자 하면, 여러분은 그만큼 개혁자가 된 것처럼 공격합니다. 마치 그렇게 하면 목숨을 잃어버리기나 할 것처럼 새로운 제도를 대적하면서 낡은 잘못을 굳게 고수합니다.

복음을 전하는 사역자들이 대부분 경험하는 바대로, 여러분은 자신의 죽음의 책임을 그들에게로 돌리려 합니다. 그리고 자신의 속임수가 도저히 통하지 않는, 의문의 여지 없이 확실한 교리들을 들으려 하지도 않고, 거기에 순종하려 하지도 않습니다.

어떤 사람은 목회자의 설교집을 읽었기 때문에 그의 설교를 들으려 하지 않고, 또 어떤 사람은 읽지 않았기 때문에 그 설교를 들으려 하지 않습니다. 어떤 사람은 설교자가 주기도문을 사용했다는 핑계로 설교를 들으려 하지 않고, 또 어떤 사람은 설교자가 주기도문을 사용하지 않았다는 이유로 설교를 들으려 하지 않습니다. 어떤 사람은 설교자가 감독 정치에 찬성한다는 이유로 그의 설교를 들으려 하지 않고, 또 어떤 사람은 설교자가 감독 정치에 반대한다는 핑계로 그의 설교를 들으려 하지 않습니다.

이 외에도 수많은 다른 사례를 통해서 여러분이 얼마나 구원에 도움이 되는 것들을 버리고 멸망으로 달려가고 있는지를 보여 줄 수 있습니다. 그러므로 경건하지 않은 사람은 자기를 파멸시키는 사람이며, 그들이 지옥에 들어가는 것이 그들 자신 때문이라는 것은 너무나 명백합니다. 그들의 변명이나 책임 전가는 궤변에 불과합니다.

2) 겸손해지라

지금까지 말한 것과 여러분의 삶들을 돌아보며 여러분이 무엇을 했는지를 생각한다면, 여러분은 부끄러워하며 깊이 겸비해질 수밖에 없습니다. 혹시 그렇지 않다면 다음의 진리들을 숙고해 보십시오.

(1) 자신을 파괴하는 것은 본성의 원리를 깨뜨리는 죄입니다.

여러분 자신을 파괴하는 것은 여러분의 본성 안에 있는 가장 깊은 원리, 즉 자기 보존의 원리를 깨뜨리는 죄를 짓는 것입니다. 만물은 본성적으로 자신의 번성과 행복과 완전을 바라고 추구하는 성향을 가지고 있습니다. 그런데 여러분은 어찌 자신을 파멸시키려 합니까? 네 이웃을 네 몸처럼 사랑하라는 그리스도의 명령은 여러분이 본성적으로 자신을 사랑한다는 것을 전제합니다. 그런데도 만일 여러분이 이웃을 자신보다 더 사랑하지 않는다면, 여러분은 온 세상을 파멸시키는 셈입니다.

(2) 의지를 잘못 사용하는 것은 죄입니다.

여러분은 극단적으로 자신의 의지를 잘못 사용하고 있습니다. 물론 여러분이 의도적으로 멸망하려고 하지는 않습니다. 다만 육신을 만족시키면서 자신에게 유익한 것을 하고 있다고 생각합니다. 그러나 그것은 단지 질병과 고통을 증가시키는 열병에 냉수 한 모금을 마시거나, 피부병이 난 부분을 긁어 상처를 내는 것과 같습니다. 만일 여러분이 즐거움과 유익과 명예를 얻기 원한다면, 이러한 것들을 찾거나 지옥으로 가는 길에서 이러한 것들을 추구하지 마십시오.

(3) 바로 자기 자신이 죄의 원인입니다.

이 세상에서나 지옥에서나 어느 누구도 할 수 없는 일, 곧 스스로 자신을 해롭게 하고 있다면, 이것은 얼마나 불쌍한 일인지요! 만일 온 세상이 하나가 되어 여러분을 대적하려 하거나 지옥에 있는 모든 귀신들이 힘을 합쳐 여러분을 대적하려 한다 해도 여러분의 동의 없이는 여러분을 멸망시킬 수 없으며, 죄짓게 할 수도 없습니다. 그렇게 다른 누구도 할 수 없는, 자신을 대적하는 일을 왜 스스로 하려 합니까?

마귀는 여러분의 원수요 여러분의 멸망을 위해 노력하는 자입니다. 그래서 여러분은 마귀의 생각들을 미워합니다. 그런데 왜 여러분은 스스로에게 마귀보다 더 악한 자가 되려고 합니까? 여러분에게 이런 것을 이해할 지성이 있다면 왜 그렇게 합니까? 여러분이 계속 죄를 짓고 경건한 삶에서 점점 멀어지며, 회개하라는 하나님의 부르심을 거절할 때, 여러분은 마귀나 다른 사람이 하는 것보다 더 자신의 영혼에 돌이킬 수 없는 악한 일을 행하는 것입니다. 여러분이 지혜를 동원해서 자신을 불행으로 몰아간다면, 이것은 여러분 자신에게 가장 나쁜 일을 하는 것입니다.

(4) 자신이 하나님의 신뢰를 깨뜨리는 죄인임을 깨달으십시오.

하나님께서 여러분을 신뢰하시는 것에 대해 여러분은 불성실합니다. 하나님께서는 여러분에게 여러분의 구원을 상당히 많이 위탁했습니다. 그런데 왜 여러분은 그 신뢰를 배반하려 합니까? 하나님께서는 여러분에게 마음을 지키라고 부지런히 독려하셨습니다. 바로 마음을 지키는 이 일이 가장 중요한 일이 아닙니까?

"모든 지킬 만한 것 중에 더욱 네 마음을 지키라. 생명의 근원이 이에서 남이니라" (잠 4:23).

(5) 자신이 자신에게 무자비한 죄인임을 깨달으십시오.

여러분이 자신에게 무자비할 때, 여러분은 심지어 다른 모든 사람들이 여러분에게 베푸는 자비도 막고 있는 셈입니다. 심판 날에 여러분이 하나님께

자비를 베풀어 달라고 요청한다면, 여러분을 쫓아내시면서 "안 된다. 너는 너 자신에게도 자비를 베풀지 않았다"라고 말씀하는 하나님의 음성 외에 무엇을 더 기대할 수 있겠습니까?

여러분 자신의 고집 말고 그 무엇이 여러분을 이렇게 만들었습니까? 만일 여러분의 형제들이 영원히 지옥의 고통을 받고 있는 여러분을 보게 된다면, 자기 자신을 멸망시키고 돌이키지 않았던 여러분을 얼마나 불쌍히 여기겠습니까?

(6) 자신의 행동을 후회하게 되는 것이 지옥의 영원한 고통입니다.

여러분 스스로 고의적으로 멸망에 빠졌다는 생각을 곱씹고 또 곱씹는 것은 지옥에서 영원히 여러분에게 고통거리가 될 것입니다. 지옥에 온 것이 자신의 책임이라는 것을 생각하면 얼마나 영원토록 고통스럽겠습니까! 여러분은 이런 날에 대해서 경고를 받고 또 받으면서도 꼼짝하지 않았습니다. 여러분은 자발적으로 죄를 범했고 하나님으로부터 돌아섰습니다. 그리고는 불러도 대답하지 않았습니다.

여러분에게도 다른 사람들처럼 시간이 있었지만, 그것을 헛되게 사용했습니다. 여러분에게도 남들처럼 선생이 있었지만, 그들의 가르침을 받아들이지 않았습니다. 여러분은 성도들의 모범을 보고서도 그들을 따르지 않았습니다. 여러분은 남들처럼 그리스도와 은혜와 영광을 제시받으면서도 육신적인 쾌락에 더 마음을 쏟았습니다. 여러분은 돈을 가지고 있으면서도 전혀 그것을 투자하려 하지 않았습니다.

"미련한 자는 무지하거늘 손에 값을 가지고 지혜를 사려 함은 어찜인고"(잠 17:16).

오, 여러분의 눈이 열려서 자신의 영혼에게 고의적으로 행한 잘못을 볼 수 있다면, 그리고 잠언 8장 33-36절과 같은 하나님의 말씀을 더욱 잘 깨달을 수 있다면 얼마나 좋겠습니까?

"훈계를 들어서 지혜를 얻으라. 그것을 버리지 말라. 누구든지 내게 들으며 날마다 내 문 곁에서 기다리며 문설주 옆에서 기다리는 자는 복이 있나니, 대저 나를 얻는 자는 생명을 얻고 여호와께 은총을 얻을 것임이니라. 그러나 나를 잃는 자는 자기의 영혼을 해하는 자라. 나를 미워하는 자는 사망을 사랑하느니라."

3) 자신을 개혁하라

이제 이 책의 결론에 도달하게 되었습니다. 그런데도 여전히 저의 마음은, 장차 육신이 여러분을 속이고 세상과 마귀가 여러분을 잠들게 하며 여러분이 지옥에서 깨어나기까지 제가 할 수 있는 것이 없다는 것 때문에 고통스럽습니다.

저는 탐욕스러운 마음의 완고함을 알고 있습니다. 그래서 여러분의 불쌍한 영혼들에게 일어날 일이 두렵습니다. 그러나 선지자 예레미야처럼 "재앙의 날도 내가 원하지 아니하였음을 주께서 아시는 바라"(렘 17:16)라고 말할 뿐입니다.

저는 야고보나 요한처럼, 불이 하늘에서 내려와 예수 그리스도를 거절하는 자들을 태워 버릴 것을 바라지 않습니다. 오히려 저는 지금까지 영원한 불을 막기 위해 노력하였습니다. 아, 그것이 불필요한 일이었더라면 얼마나 좋을까요! 하나님과 저의 양심은 어떤 사람이 할 수 있는 것만큼이나 저의 이러한 수고를 기꺼이 덜어 줄 수도 있었을 것입니다. 사랑하는 친구들이여, 저는 여러분이 천국에 들어가지 못한 채로 영원한 불 속에 들어가는 것을 매우 싫어합니다. 만일 그렇게 되는 것을 막을 수만 있다면, 저는 다시 한 번 여러분에게 묻겠습니다. 지금 여러분은 어떤 결심을 하고 있습니까? 회개하려고 합니까, 아니면 죽으려고 합니까?

어떤 의사가 자기 환자에게 이렇게 말한다고 가정해 봅시다. "당신은 중병에 걸렸습니다. 그러나 이 약을 먹고 당신에게 아주 해로운 이런 것들을 금하십시오. 그러면 당신의 생명을 보장할 수 있습니다. 그러나 만일 당신이 그렇게 하지 않는다면, 당신은 죽은 사람이나 마찬가지입니다."

만일 의사나 모든 친구들이 그에게 생명을 살릴 수 있는 약을 먹게 할 수 없다면, 그가 독극물을 먹지 못하도록 막을 수 없다면, 여러분은 그런 사람에 대해서 어떻게 생각합니까? 이것이 바로 여러분의 경우입니다.

지금까지 여러분은 계속 죄를 짓고 살았습니다. 그러나 이제 회개하고 그리스도께로 나아가 그리스도의 치료책을 받아들이십시오. 그러면 여러분의 영혼은 살 것입니다. 여러분의 치명적인 죄들을 회개함으로 버리고, 다시는 토한 것을 먹지 마십시오. 그러면 여러분은 건강하게 될 것입니다.

우리가 만일 여러분의 몸을 다루는 것이라면, 여러분에게 우리가 무엇을 해야 할지 조금은 알 것입니다. 여러분이 동의하지 않더라도 억지로 여러분에게 약을 삼키게 하여 약이 여러분의 목구멍으로 넘어가기만 하면 여러분이 해를 입지 않을 것이기 때문입니다. 그러나 영혼의 경우에는 그렇지 않습니다. 여러분이 싫다고 한다면 우리는 여러분을 억지로 회개시킬 수 없습니다. 미친 사람에게 족쇄를 채워 천국으로 데리고 갈 수는 없습니다.

여러분은 자발적인 의지로 죄를 지었기 때문에 여러분의 의지에 반해서 심판받게 될 것입니다. 여러분은 의지에 반해서 구원될 수도 없습니다. 사람들의 구원과 멸망을 상당 부분 그들 자신의 의지의 선택에 맡기신 것은 하나님의 지혜와 잘 어울립니다. 천국으로 가는 길을 선택하지 않은 사람은 그 누구도 천국에 들어갈 수 없습니다. 지옥으로 가는 사람들은 모두 "내가 지옥으로 가는 것을 선택했으며, 나의 의지로 지옥으로 가게 되었다"라고 말할 수밖에 없습니다.

만일 지금 제가 여러분을 철저하고 굳세게, 그리고 지속적으로 의지를 가지게 할 수 있다면, 그 일은 절반 이상이나 한 것입니다. 그러나 아, 슬픕니다. 이러한 회개의 의지가 부족하기 때문에 우리는 친구들을 잃어버리고, 그들은 그들의 하나님과 행복과 영혼을 잃어버려야 한다니요? 결코 그럴 수 없습니다. 사람들이 사소한 문제에 대해서는 매우 교양 있고 예의 바르며 좋은 이웃들이면서 왜 가장 중요한 문제에 대해서는 그렇게 비인간적이고도 어리석은 것인지 저는 이해할 수 없습니다.

제가 알고 있는 한 저는 거의 모든 이웃들에게서 사랑을 아주 많이 받고 있습니다. 그래서 만일 제가 도시나 농촌이나 교구에 있는 모든 사람들에게 합리적이고도 예의바른 행동을 요구한다면, 그들은 제 말을 듣고 그렇게 할 것입니다. 그러나 제가 그들에게 세상에서 가장 큰 문제인 회심을, 그것도 저를 위해서가 아니라 그들을 위해서 요구한다면, 저는 많은 사람들에게서 아무것도 얻지 못할 것입니다.

저는 사람들이 강단에 서 있는 사람의 안색이나 말하는 내용의 의미에 대해서 어떻게 생각하는지 잘 모르겠습니다. 만일 제가 그들과 함께 다정하게 앉아서 세상에서 제가 보고 듣고 알고 있는 것을 그들에게 말해 준다면, 그들은 저를 믿고 제가 한 말에 관심을 기울일 것입니다. 그러나 제가 그들에게 오류가 없는 하나님의 말씀을 가지고 그들이 내세에서 보고 알게 될 것들에 대해 말한다면, 그들은 그것을 믿지도 않고, 그다지 관심도 없다는 것을 자신들의 삶을 통해서 보여 줄 것입니다.

만일 제가 길에서 누군가를 만나서 저쪽에 큰 구덩이가 있다거나 늪이 있다거나 또는 도둑들이 기다리고 있다고 말한다면, 저는 그들을 설득시켜서 길을 돌이키게 할 수 있을 것입니다. 그러나 제가 그들에게 사탄이 그들을 기다리고 있으며, 죄가 그들에게는 독이며 지옥이 농담처럼 무시할 문제가 아니라는 것을 말해 준다면, 그들은 마치 저의 말이 들리지 않는 것처럼 계속

제 갈 길로 갈 것입니다.

이웃들이여, 진실로 말하건대 저는 개인적으로 친밀하게 말할 때만큼이나 강단에서도 그렇게 진실하게 말하고 있습니다. 만일 여러분이 저에게 관심을 보여 준다면, 바로 여기서 그렇게 해 주시기를 부탁드립니다.

만일 저의 목숨을 여러분의 뜻에 맡긴다면, 여러분은 저의 목숨을 살리기 위해 노력할 것입니다. 술주정뱅이여, 만일 당신이 술 몇 잔을 금하는 것으로 제 영혼을 지옥에서 구원할 수 있다면, 그것을 알면서도 그렇게 하지 않겠다고 말하겠습니까? 당신이 저에게 그렇게 잔인할 수 있을지 말해 보십시오. 당신이 절주하는 생활을 하는 대신에 제가 영원히 지옥에서 고통받도록 하시겠습니까? 만일 그렇다면 제가 당신을 가리켜 무자비한 괴물이요 사람이 아니라고 말해도 좋지 않겠습니까?

만일 제가 굶주리고 헐벗은 상태로 여러분의 집 문 앞에 간다면, 여러분은 저를 구하기 위해 한 잔의 술뿐만 아니라 더 많은 것들과도 관계를 끊으리라 숱한 노력을 기울일 것이 아닙니까? 저는 여러분이 그렇게 하리라고 확신합니다. 만일 그것이 저의 생명을 살리기 위한 것이라면, 여러분 가운데 어떤 사람은 자신이 위험에 빠지는 모험도 감수할 것입니다.

그런데 왜 여러분은 자신을 구원하기 위해서는 감각적 쾌락을 끊어 버리려 하지 않습니까? 여러분은 제 생명을 구원하기 위해서라면, 만일 여러분의 능력 안에서 할 수 있는 일이 있다면 술 백 잔이라도 참으려고 할 것입니다. 그런데 왜 여러분 자신의 영혼을 구원하기 위해서는 그렇게 하지 않으려 하십니까?

저는 여러분에게 공언합니다. 만일 제가 여러분의 집 앞에서 구걸해야 한다면 제 필요를 위해서 하는 것이겠지만, 오늘 저는 여러분의 영혼을 구원하기 위해서 여러분에게 구걸하는 거지가 되었습니다. 그러므로 만일 여러분이 그때 가서 제 말을 들어줄 것이라면, 지금 저의 말을 들어주십시오. 만일 여러분이 그때 저를 불쌍히 여길 것이라면, 지금 여러분 자신을 불쌍히 여기십시오.

다시 한 번 무릎을 꿇고 여러분이 구세주의 음성을 듣고 회개하게 되기를 간청합니다. 그러면 여러분은 살 것입니다. 여러분 모두는 오늘까지 무지하고 부주의하며 망상 속에서 살아왔습니다. 여러분 모두는 세상의 관심사에만 몰두해 왔고, 하나님과 영원한 영광에 대하여는 거의 관심이 없었습니다. 여러분 모두는 먹고 마시고 노는 것과 정욕을 추구하는 육신의 노예입니다.

또한 여러분 모두는 거룩함의 필요성에 대해서 모르고 있으며, 여러분의 영혼에 역사하는 성령의 거룩하게 하는 사역을 경험해 본 적이 한 번도 없습니다. 여러분은 살아 있는 믿음과 그리스도의 사랑에 대한 존경과 감사하는 마음을 가지고 여러분의 복되신 구세주를 신뢰해 본 적이 한 번도 없습니다. 여러분은 육신적인 성공과 세상에 속한 낮은 것보다 하나님과 천국에 대해서 더 높이 평가하거나 더 열정적인 사랑을 나타내 본 적이 한 번도 없었습니다.

저는 저의 이익을 위해서가 아니라 하나님의 영광과 여러분의 영혼을 위해서 간청합니다. 더 이상 전과 같은 상태로 하루를 더 넘기지 마십시오. 여러분을 되돌아보고 자신의 회심을 위해서 하나님께 간구하십시오. 그리하면 여러분은 새로운 피조물이 될 것이며, 여러분 바로 앞에 놓여 있는 재앙에서 벗어나게 될 것입니다. 만일 여러분이 저를 위해 무엇을 하려 한다면, 여러분의 악한 길과 삶에서 돌이키라는 저의 이 요청을 들어주십시오. 만일 여러분이 저의 요청을 들어주려고 한다면, 제가 여러분에게 요구한 그 어떤 것도 거절하지 마십시오. 여러분이 이것을 거절한다면, 여러분이 저에게 그 어떤 것을 해 준다고 한들 저는 별로 관심이 없습니다.

여러분을 창조하고 구속하신 하나님의 요구에 대해 어떤 것을 하려고 한다면, 회개하라는 하나님의 요구를 거절하지 마십시오. 만일 여러분이 하나님의 이 요구를 거절한다면, 여러분이 하나님께 무엇을 드린다 해도 하나님께서는 그런 것에 아무런 관심이 없으십니다. 만일 하나님께서 여러분의 기도를 들어주시고, 여러분의 요청을 받아 주시며, 죽음의 시간과 심판의 날에 또는 여러분이 매우 어려울 때 여러분을 위해서 좋은 것을 해 주시기를 바란다면, 지금 하나님의 요구를 거절하지 마십시오.

여러분, 이것을 믿으십시오. 죽음과 심판, 그리고 천국과 지옥은 여러분이 지금 멀리서 탐욕스러운 눈으로 보는 것보다 가까이 갔을 때 전혀 다른 차원의 문제로 마주칠 것입니다. 그때 여러분은 제가 지금 여러분에게 전하는 이 메시지를 더욱 두려운 마음으로 주의를 집중해서 듣게 될 것입니다.

10장

회심하려는 사람에게 드리는
열 가지 지침

자, 물론 여러분 전부가 회심하게 되리라고 바랄 수는 없겠지만, 그래도 지금쯤 여러분 가운데 얼마는 회개하고 살고자 하리라고 저는 기대합니다. 그런 사람들은 사도행전 2장 37절에서 유대인들이 마음이 찔려 베드로와 다른 사도들에게 "형제들아, 우리가 어찌할꼬"라고 말했던 것처럼 저에게 물을 준비를 하고 있을 것입니다. "우리가 어떻게 진정으로 회심할 수 있습니까? 우리가 해야 할 의무를 알기만 한다면 우리는 그렇게 하겠습니다. 하나님께서는 우리가 회심하지 않고서 멸망을 선택하는 것을 바라지 않으십니다."

만일 이것이 여러분의 생각과 의도라면, 저는 하나님께서 약속의 백성들에게 했던 것처럼 여러분에게 말합니다.

"이 백성이 네게 말하는 그 말소리를 내가 들은즉 그 말이 다 옳도다. 다만 그들이 항상 이 같은 마음을 품어 나를 경외하며 내 모든 명령을 지켜서"(신 5:28,29).

여러분의 의도는 좋습니다. 오, 여러분 안에 이러한 의도를 실행해 나갈 마음만 있다면 얼마나 좋을런지요! 저는 이런 기대를 가지고 기쁘게 여러분에게 무엇을 해야 할지에 대한 지침을 전하겠습니다. 다만 여러분이 좀 더 쉽게 기억하여 실천할 수 있도록 간단히 말하겠습니다.

지침 1. 회심의 필요성과 본질을 알기 위해 노력하라

1) 회심의 필요성

여러분이 회개하고 구원받기를 원한다면, 회심의 필요성과 참된 본질에 대해서 깨닫기 위해 노력하십시오. 또한 여러분이 무엇 때문에, 무엇으로부터, 무엇을 향하여, 어떻게 회개해야 하는지를 깨닫기 위해 노력하십시오.

회심하기 전까지 여러분이 얼마나 비참한 상태에 있었는지를 생각하십시오. 그러면 여러분은 그것이 안전한 상태가 아니었음을 알게 될 것입니다. 여러분은 일찍이 여러분이 범했던 온갖 죄책 아래 있었으며, 하나님의 진노와 하나님의 법의 저주 아래 놓여 있었습니다. 여러분은 마귀의 종으로 태어나 날마다 하나님과 여러분 자신과 다른 사람을 대적해서 마귀의 일을 했습니다. 여러분은 영적으로 죽어 있고 왜곡되어 있으며, 거룩한 생활과 본성과 하나님의 형상이 결핍되어 있었습니다. 여러분은 거룩한 사역에 적합하지 않으며, 진정으로 하나님을 기쁘시게 할 만한 것을 전혀 할 수 없었습니다.

여러분은 어떤 약속이나 하나님의 보호에 대한 아무런 확신도 없이, 계속 하나님의 심판의 위험 아래 살고 있었습니다. 언제 지옥에 떨어질지는 모르지만, 가장 분명한 것은 여러분이 이런 상태에서 죽게 되면 지옥에 가게 되리라는 것입니다. 회심하지 않고서는 그 어떤 것도 이것을 막을 수 없습니다. 어떤 교양이나 법률이나 윤리도 참된 회심을 만들어 내지는 못하며, 결코 여러분의 영혼을 구원하지 못합니다. 여러분의 마음속에 이러한 본성적 비참함과 회심의 필요성에 대한 바른 감각을 계속해서 잘 유지하십시오.

2) 회심의 본질

또한 당신은 회심한다는 것이 무엇인지 반드시 이해해야 합니다. 회심이란 새로운 마음이나 성향, 새로운 교제를 가지는 것입니다.

질문 1. 왜 우리가 반드시 회심해야만 합니까?

왜냐하면 회심하면 다음의 것들을 얻게 되기 때문입니다.

(1) 살아서 이 세상에서 얻게 되는 것

여러분은 회심하는 즉시 그리스도의 지체로 살아가게 되며, 그리스도에 대해 관심을 가지게 됩니다. 또 하나님의 형상을 따라 새로워지며, 하나님의 모든 은혜를 입게 되고, 새롭고도 천상적인 삶을 살게 되며, 사탄과 죄의 지배로부터 구원받게 되고, 율법의 저주로부터 의롭다함을 받게 됩니다.

또한 여러분은 생애 동안 지었던 모든 죄를 용서받게 되고, 하나님께 받아들여지며, 하나님의 자녀가 되어 담대하게 하나님을 아버지라고 부르는 자유를 누리게 되고, 응답의 약속을 가지고 모든 필요를 기도로 아뢰면서 하나님께 나아가게 됩니다. 또한 여러분 안에 성령께서 내주하시게 되고, 성령께서 여러분을 성화시키고 인도하게 됩니다. 여러분은 성도의 형제 됨과 교제와 기도에도 동참하게 됩니다. 여러분은 하나님께 예배하기에 적합하게 되고, 죄의 지배에서 해방되며, 여러분이 살아가는 곳에서 유용하고 복된 존재가 되며, 이생과 내세의 약속을 가지게 됩니다. 여러분에게 참으로 유익한 것은 조금도 부족하지 않으며, 필요한 고통들을 잘 감당할 수 있게 됩니다.

또한 여러분은 성령 안에서 하나님과 나누는 교제를 맛보게 됩니다. 특히 하나님께서 여러분의 영혼을 위해 준비하신 모든 성례식을 통해 교제합니다. 여러분은 이 땅에서 사는 동안에도 천국의 상속자가 되며, 믿음으로 영원한 영광을 바라보며 평안히 살고 평안히 죽습니다. 그리고 나서 여러분은 결코 지옥에 가지 않으며, 여러분의 비참함과는 비교할 수도 없이 큰 평화와 행복을 누리게 될 것입니다.

이러한 복들 하나하나가 얼마나 귀중한지요! 여러분은 지금 제가 간략히 설명한 이러한 것들을 이 세상에서 누릴 것입니다.

(2) 죽은 후에 천국에서 얻게 되는 것

그런 다음 죽을 때 여러분의 영혼은 그리스도에게로 가며, 심판 날에 몸과 영혼이 모두 의롭다함을 받고 영화롭게 되며, 여러분의 주인의 기쁨에 참여하게 될 것입니다. 거기에서 여러분의 행복은 다음의 개별적인 것들과 조화를 이룰 것입니다.

첫째, 여러분은 완전한 인간이 될 것입니다. 여러분의 죽을 몸은 불멸의 몸이 될 것이며, 썩을 것은 썩지 않을 것을 입게 될 것입니다. 여러분에게는 더 이상 배고픔과 목마름과 피곤함과 질병이 없을 것입니다. 또한 수치나 슬픔이나 죽음과 지옥에 대한 두려움도 없을 것입니다. 여러분의 영혼이 죄에서 완전히 해방되어, 하나님을 알고 사랑하고 찬양하기에 완전히 적합하게 될 것입니다.

둘째, 여러분은 모든 천국의 동료 백성들과 함께 영화로운 구세주를 보고, 가장 복되신 하나님의 영광을 보며, 하나님을 완전하게 사랑하고, 또한 하나님으로부터 사랑을 받으며, 영원토록 하나님을 찬양하게 될 것입니다.

셋째, 여러분의 영광은 살아 계신 하나님의 도시인 새 예루살렘의 영광에 기여하게 될 것입니다. 이것은 개인적인 축복 이상의 것입니다.

넷째, 여러분의 영광은 영원토록 여러분 안에서 존귀함과 기쁨이 되실 여러분의 구세주의 영광에 공헌하게 될 것입니다. 이것은 여러분 자신을 영화롭게 하는 것 이상의 것입니다.

다섯째, 영원히 찬양 받으시기에 합당하신 살아 계신 하나님께서 여러분의 영광 안에서 영광을 받으실 것입니다. 하나님께서는 여러분의 찬양을 통해 영광 받으실 뿐 아니라 자신의 영광과 선하심을 여러분에게 보여 주실 것입니다. 또한 하나님께서는 여러분 안에서, 그리고 자신의 영광스러운 사역의 성취와 새 예루살렘의 영광과 자기 아들의 영광 안에서 크게 영광 받으실 것입니다.

여러분이 회심했다면, 여러분 중 가장 가난한 거지라도 이 모든 것을 확실하게, 그리고 끝없이 누리게 될 것입니다.

질문 2. 무엇으로부터 회심해야 합니까?

여러분은 왜 여러분이 반드시 회심해야만 하는지를 보았습니다. 다음으로 여러분은 무엇으로부터 회심해야 하는지를 진정으로 깨달아야만 합니다. 간단히 말하자면, 여러분은 모든 회심하지 않은 사람의 목표인 탐욕적인 자신으로부터 회심해야 합니다. 또 즐기려 하고 여러분을 미혹하려 하는 육신으로부터 회심해야 합니다. 또 미끼인 세상과 영혼의 낚시꾼이자 사기꾼인 마귀로부터 회심해야 합니다. 그리고 모든 알려지고 고의적인 죄악들로부터 회심해야 합니다.

질문 3. 회심의 목표가 무엇입니까?

다음으로 여러분은 무엇으로 회심해야 하는지를 알아야만 합니다. 여러분은 여러분의 목표이신 하나님에게로, 아버지께 가는 길이신 그리스도에게로, 그리스도께서 여러분에게 지정한 길인 거룩함으로 회심해야 합니다. 또한 하나님께서 여러분에게 제공해 주신 모든 은혜의 도움과 수단들을 사용하도록 회심해야 합니다.

> 질문 4. 회심의 수단은 무엇입니까?

마지막으로 주와 중보자이신 그리스도, 거룩하게 하시는 성령, 성령의 도구와 수단인 말씀이 바로 회심의 수단입니다. 그리고 여러분이 수행해야 할 수단과 의무로는 믿음과 회개가 있습니다. 여러분은 무엇에 의해서 회심해야 하는지를 알아야만 합니다. 바로 이 모든 것들이 필요합니다.

지침 2. 진지하게 묵상하라

만일 여러분이 회심하여 구원받고 싶다면, 조용하고 진지하게 많이 묵상하십시오. 경박함이 세상을 망칩니다. 한적한 곳으로 가서 여러분이 창조된 목적과 여러분이 살아온 삶과 여러분이 실패했던 때와 여러분이 범했던 죄악들을 생각해 보십시오. 또한 그리스도의 사랑과 고난과 충만하심을 묵상해 보십시오. 여러분이 처해 있는 위험, 죽음과 심판의 임박함, 확실하고도 탁월한 천국의 기쁨, 확실하고도 두려운 지옥의 고통, 천국과 지옥의 영원함, 그리고 회심과 거룩한 삶의 필요성 등에 대해서 묵상하십시오. 여러분의 마음을 이와 같은 묵상들로 채우십시오.

지침 3. 하나님의 말씀에 주목하라

만일 여러분이 회심하고 구원받기를 원한다면, 통상적인 수단인 하나님의 말씀에 주목하십시오. 성경을 읽거나 적용하는 다른 신앙 서적들을 읽으십시오. 계속해서 공적인 설교에 주목하십시오. 하나님께서 자신이 직접 하시지만 않고 태양으로 세상을 비추시듯이, 세상의 빛인 사역자들을 통해서도 사람들을 회개시키고 구원하실 것입니다.

"이스라엘과 이방인들에게서 내가 너를 구원하여 그들에게 보내어 그 눈을 뜨게 하여 어둠에서 빛으로, 사탄의 권세에서 하나님께로 돌아오게 하고 죄 사함과 나를 믿어 거룩하게 된 무리 가운데서 기업을 얻게 하리라 하더이다"(행 26:17,18).

"너희는 세상의 빛이라. 산 위에 있는 동네가 숨겨지지 못할 것이요"(마 5:14).

하나님께서는 기적적으로 바울을 겸손하게 만드신 후에 그에게 아나니아를 보내셨습니다(행 9:10,11 참고). 또한 고넬료에게 천사를 보내시고는 그에게 무엇을 믿고 어떻게 행해야 할지를 가르쳐 줄 베드로를 부르러 사람을 보내라고 명령하셨습니다(행 10:3-5 참고).

지침 4. 부단히 지속적으로 기도하라

하나님께 간절히, 그리고 지속적으로 기도하십시오. 여러분의 이전 생활을 고백하고 통회하십시오. 그리고 여러분을 조명해 주시고 회심시키시도록 하나님의 은혜를 구하십시오. 지난날을 용서해 주고 여러분에게 성령을 주시도록, 여러분의 마음과 생활을 변화시키시며 여러분을 하나님의 길로 인도해 주시도록, 여러분을 유혹에서 건져 주시도록 하나님께 구하십시오. 날마다 부단히 기도하고, 지치지 말고 기도하십시오.

지침 5. 지은 죄를 회개하고 다시는 범하지 말라

지금 여러분이 알고 있는 고의적으로 지은 모든 죄를 버리십시오. 분명하게 결심하고, 다시는 그런 죄를 짓지 마십시오. 더 이상 술 취하지 말고, 술 마실 장소와 기회를 피하십시오. 여러분의 탐욕과 죄악된 즐거움을 혐오하면서 던져 버리십시오. 더 이상 저주하거나 맹세하거나 비난하지 마십시오. 만일 여러분이 어떤 잘못을 했다면 삭개오처럼 보상하십시오. 만일 여러분이 또다시 옛 죄들을 짓는다면, 여러분이 어떤 복을 기대할 수 있겠습니까?

지침 6. 믿지 않는 친구를 버리고 믿음의 친구를 사귀라

가능하다면 여러분의 친구를 바꾸십시오. 여러분에게 필요한 친구를 버리라는 것이 아니라, 불필요하고 함께 죄를 짓는 친구들을 버리라는 것입니다. 그리고 하나님을 두려워하는 친구들과 사귀고, 그들에게 천국으로 가는 길을 물으십시오.

"사울이 다메섹에 있는 제자들과 함께 며칠 있을새"(행 9:19).

"사울이 예루살렘에 가서 제자들을 사귀고자 하나 다 두려워하여 그가 제자 됨을 믿지 아니하니"(행 9:26).

"그의 눈은 망령된 자를 멸시하며 여호와를 두려워하는 자들을 존대하며 그의 마음에 서원한 것은 해로울지라도 변하지 아니하며"(시 15:4).

지침 7. 자신을 주 예수님께 맡기라

영혼의 의사이신 주 예수님께 여러분 자신을 맡기십시오. 그러면 예수님께서 자신의 피로 여러분을 용서해 주시고, 성령과 말씀과 사역자들과 성령의 도구를 통해 여러분을 거룩하게 하실 것입니다. 예수 그리스도는 길이요 진리요 생명이십니다. 예수님으로 말미암지 않고는 아버지께로 갈 수 없습니다(요 14:6 참고).

"다른 이로써는 구원을 받을 수 없나니 천하 사람 중에 구원을 받을 만한 다른 이름을 우리에게 주신 일이 없음이라 하였더라"(행 4:12).

그러므로 그리스도의 품격과 본성과 그리스도께서 여러분을 위해서 행하신 일과 받으신 고난을 연구하십시오. 그리고 그리스도께서 여러분에게 어떤 분이시고 어떤 분이 되실지에 대해, 또한 그리스도께서 어떻게 여러분의 모든 필요를 채워 주기에 적합하신지에 대해 연구하십시오.

지침 8. 지체하지 말고 회심하라

만일 여러분이 참으로 회심하여 살고자 한다면 지체하지 말고 속히 행하십시오. 만일 여러분에게 오늘 회심할 마음이 없다면, 여러분은 전혀 회개할 마음이 없는 것입니다.

지금까지 여러분이 얼마나 위험한 상태에 있었는지를 깨달으십시오. 여러분은 수많은 죄책과 하나님의 진노 아래 있으며, 바로 지옥 문턱에 서 있습니다. 여러분과 죽음 사이의 거리가 한 걸음밖에 안 됩니다. 여러분의 머리 위에서 모든 것이 불타고 있는 불난 집에서 빠져나오려고 하듯이, 지금 곧 그렇게 여러분의 삶에서 벗어나십시오. 오, 만일 여러분이 지금 살아가면서 계속 어떤 위험에 처해 있는지, 날마다 여러분이 얼마나 많은 것을 잃어버리고 있는지, 여러분이 얼마나 더 안전하고도 달콤한 삶을 살 수 있는지를 알고 있다면, 여러분은 사소한 것에 매달리지 않고 회심할 것입니다.

여러분의 삶은 짧고 불확실합니다. 만일 여러분이 철저하게 회개하기 전에 죽는다면 여러분에게 어떤 일이 일어날까요? 여러분은 이미 너무 오랫동안 지체해 왔습니다. 또한 하나님께서 너무 오랫동안 기다려 오셨습니다. 죄가 강해지고 뿌리를 깊이 내리고 있습니다. 여러분이 지체할수록 여러분의 회심이 점점 더 어려워지고 의심스러워집니다. 여러분에게는 해야 할 일이 많습니다. 그러므로 하나님께 여러분이 잃어버리고 포기된 바 되어 여러분이 영원히 멸망당하지 않도록, 모든 것을 마지막까지 미루지 마십시오.

지침 9. 온전히 회심하라

여러분이 회심하고 살고자 한다면, 제한 없이 절대적으로, 총체적으로 회심하십시오. 그리스도에게 항복하지 않고 그리스도와 세상 사이에 양다리를 걸치거나, 몇 가지 죄는 버리고 나머지 죄는 계속 지으면서 육신이 아끼는 것들을 하는 것은 자기기만입니다. 여러분은 반드시 마음과 의지 속에서 여러분이 가진 모든 것을 버려야 합니다. 그렇지 않으면 여러분은 그리스도의 제자가 될 수 없습니다.

"무릇 내게 오는 자가 자기 부모와 처자와 형제와 자매와 더욱이 자기 목숨까지 미워하지 아니하면 능히 내 제자가 되지 못하고, 누구든지 자기 십자가를 지고 나를 따르지 않는 자도 능히 내 제자가 되지 못하리라. 너희 중의 누가 망대를 세우고자 할진대 자기의 가진 것이 준공하기까지에 족할는지 먼저 앉아 그 비용을 계산하지 아니하겠느냐. 그렇게 아니하여 그 기초만 쌓고 능히 이루지 못하면 보는 자가 다 비웃어 이르되 이 사람이 공사를 시작하고 능히 이루지 못하였다 하리라. 또 어떤 임금이 다른 임금과 싸우러 갈 때에 먼저 앉아 일만 명으로써 저 이만 명을 거느리고 오는 자를 대적할 수 있을까 헤아리지 아니하겠느냐. 만일 못할 터이면 그가 아직 멀리 있을 때에 사신을 보내어 화친을 청할지니라. 이와 같이 너희 중의 누구든지 자기의 모든 소유를 버리지 아니하면 능히 내 제자가 되지 못하리라"(눅 14:26-33).

만일 여러분이 하나님과 천국을 취하지 않고 모든 것을 그리스도의 발 앞에 내려놓지 않는다면, 오히려 이 세상에서 유익을 찾으려 하고 땅에 속한 몫에만 관심을 가진다면, 하나님과 영광은 여러분을 위해서 충분한 것이 될 수 없습니다. 이러한 관점에서 구원을 바라는 것은 헛됩니다. 왜냐하면 구원은 그런 차원의 것이 아니기 때문입니다. 만일 여러분이 전혀 신앙적이지 않거나 단지 세속적인 의와 육신적인 성공이나 즐거움이나 안전함과 관련하여 아직도 여러분이 하나님께 헌신되어 있지 않다면, 비록 이것이 더욱 그럴듯하다 하더라도 공개적인 불신자만큼이나 확실히 지옥에 이르는 길입니다.

지침 10. 결심을 분명히 하라

여러분이 회심하고 살고자 한다면, 결단하십시오. 그것이 의심스러운 것인 양 계속해서 망설이지 마십시오. 아직도 하나님과 육신 중에서 어느 쪽이 더 나은 주인인지, 천국과 지옥 중에서 어느 쪽이 더 나은 종말인지, 죄와 거룩 중에서 어느 쪽이 더 나은 길인지를 확신하지 못하는 사람처럼 흔들리지 마십시오.

이전의 정욕을 버리고 지금 분명하게 결심하십시오. 오늘은 이 마음을 품었다가 내일은 저 마음을 품지 마십시오. 마음의 중심을 분명히 잡으십시오. 분명히 결단하고, 여러분과 여러분의 모든 소유를 하나님께 바치십시오. 여러분이 이 말을 듣거나 이 글을 읽는 지금 결심하십시오. 하루가 또 지나가기 전에 결심하십시오. 장소를 옮겨서 마음이 흔들리기 전에 결심하십시오. 사탄이 여러분에게 미루라고 속삭이기 전에 결심하십시오. 여러분이 진정으로 결심하기 전까지 여러분은 절대로 회심하지 못할 것입니다. 확고불변의 결심을 하십시오.

이제 저는 제가 해야 할 일을 다 했습니다. 결과가 어떻게 될지 저는 모릅니다. 그저 하나님의 명령에 따라 씨를 뿌렸습니다. 자라게 하는 것은 제 능력이 아닙니다. 저는 메시지를 전했을 뿐 더 할 수 있는 일이 없습니다. 저는 그 메시지를 여러분의 마음밭에 심을 수도, 그 메시지가 역사하도록 할 수도 없습니다. 저는 여러분 편에 서서 여러분이 그 메시지를 받아들여 심사숙고하도록 강압할 수도 없습니다. 또한 하나님 편에 서서 여러분에게 천국과 지옥을 보여 주거나 부드러운 새 마음을 줄 수도 없습니다. 만일 제가 여러분의 회심을 위해서 더 할 것이 있었더라면 그것을 했을 것입니다.

"오, 은혜로우신 아버지,
당신께서는 악인들의 죽음을 기뻐하지 않으신다고 맹세하셨습니다.
오히려 당신은 그들이 회개하고 살기를 바라십니다.

이러한 설득과 지침에 당신의 복을 허락하시고,
원수들이 당신의 목전에서 승리하지 못하게 하시며,
영혼의 가장 큰 사기꾼이 당신의 아들과 성령과 말씀을 이기지 못하게 하옵소서.

자신을 불쌍히 여기지도, 돕지도 못하는 비회심자들을 긍휼히 여겨 주옵소서.
눈먼 자들이 보며, 듣지 못하던 자들이 들으며, 죽은 자가 살아나고,
죄와 죽음이 당신을 거스르지 못하게 해 주옵소서.

자만한 자들을 깨우쳐 주시고, 결심하지 못하는 자들에게 결단을 주시고,
흔들리는 자들에게 견고함을 주옵소서.

이 글을 읽고 죄인들의 눈이 자기 죄를 발견하여 통곡하게 해 주옵소서.
그리하여 그들의 죄가 그들을 지옥으로 데리고 가기 전에 그들을 당신에게로,

당신의 아들에게로 데려가시옵소서.

당신이 말씀만 하시면 이러한 애처로운 노력들이 열매를 맺을 것이며,
수많은 영혼들이 구원을 얻어 영원한 기쁨을 누리게 될 것이고,
당신의 영원한 영광이 빛날 것입니다. 아멘."

부록

다섯 편의 기도문

1. 아침과 저녁에 가족들을 위해 드리는 기도
2. 회개하였으나 다시 죄지은 자가 드리는 기도
3. 주일에 드리는 찬양과 기도
4. 젊은이와 종들을 위한 짧은 기도
5. 주기도문을 강해하면서 주기도문 형식으로 아침에 드리는 기도

이 책의 부록인 '다섯 편의 기도문'은 저자의 원저에, 저자의 뜻에 따라 실려 있는 것으로 그 내용상 앞 글의 저술 목적을 완결시키는 효과를 내고 있습니다. 저자가 살아 있을 때에도 기도의 형식에 대한 논쟁이 있었고 기도문으로 기도를 드릴 수 있는가에 대한 논란이 있었던 것을 부록의 저자의 글에서 알 수 있습니다. 부록 끝부분에 사도신경과 십계명을 게재한 것도 원저의 형태를 존중하는 뜻에서이나, 더 깊이 생각해 보면 이는 저자가 회심한 분들에게 이 이상의 신앙 지침이 따로 없다는 견고한 못 박음을 하고 있음이 확실하기에 저자의 의도를 십분 살린 것입니다. 덧붙일 말은, 저자는 물론 기도의 맺음말로 예수 그리스도의 이름으로 기도드렸지만 기록에서는 이를 생략하고 있음을 밝혀 둡니다.

저는 두 가지 이유 때문에 이 기도문들을 부록으로 덧붙입니다.

첫째, 저는 상당히 많은 사람들이 아주 좋은 의도를 가지고 있으면서도 가정에서 하나님께 예배하는 것을 꺼려하는 모습을 보게 되었습니다. 만일 그들이 어떤 도움을 받았더라면, 아마 그들이 가정 예배를 드렸으리라고 저는 생각합니다. 그들에게 도움을 줄 수 있는 문서가 상당히 많이 있겠지만, 이 가난한 가족들 가운데 소수만이 책을 가지고 있습니다. 그래서 저는 그들에게 다른 책을 사서 주는 것보다 싼값으로 저의 책을 주려고 합니다.

둘째, 하나님의 은혜로 참된 회개와 새 생명을 경험한 어떤 사람들이 이 책을 읽으면서 저에게 아주 간곡하게 그들의 가족들을 위한 기도문을 써 달라고 부탁했습니다. 왜냐하면 그들이 너무 오랫동안 기도를 해 보지 않아서 다른 사람 앞에서 기도할 수가 없었기 때문입니다.

하나님께 대한 예배와 사람들의 유익을 위해서, 저는 무엇이든지 기도서를 가지고 기도하는 것을 죄로 간주하는 사람들의 모든 비난을 감수하려고 합니다. 그들은 교만(아버지)과 무지(어머니)가 미신(딸)을 낳은 시대에 살면서, 사람들로 하여금 하나님께서 그들의 여러 종류의 기도 방식만을 맹목적으로 좋아하시는 것인 양 가르치고, 그들과는 반대되는 생각을 가진 사람들을 경멸했습니다.

형식이 있는 것이 좋으냐 아니면 형식이 없는 것이 좋으냐, 또는 기도서를 이용하는 것이 좋으냐 아니면 기도서를 이용하지 않는 것이 좋으냐 하는 문제가 이와 같은 비극적이고도 두려운 결과를 초래했지만, 저는 그러한 비난에 개의치 않고 다음 기도문을 소개합니다.

· 첫 번째 기도 ·
아침과 저녁에
　가족들을 위해 드리는 기도

전능하시고 전지하시며 은혜가 무한하신 하나님,

천지 만물이 당신에 의해서 창조되었고 유지되며, 또한 질서 있게 존재하고 있습니다. 당신은 편재(偏在)하시며 온 세상의 영혼보다 더 먼저 존재하신 분이십니다. 비록 당신은 천국에 있는 자들에게 당신의 영광 가운데 계시되는 분이시지만, 당신의 은혜는 사람들로 하여금 당신의 그 영광을 준비하게 하기 위해 여전히 이 땅에서 역사하고 있습니다.

당신은 우리를 사라질 짐승과 같이 만들지 않고 이성과 불멸의 영혼을 가진 존재로 만드셔서, 당신을 알고 구하며 섬기게 하셨습니다. 또한 당신의 천국 영광을 영원히 볼 수 있는 모든 복과 당신의 완전한 사랑과 영광을 기뻐하면서 사는 존재로 만드셨습니다. 그러나 우리가 심히 어리석고 악하게도 하나님과 우리 영혼, 그리고 복된 불멸의 소망을 잊어버리고 무시해 버렸으며, 이 눈에 보이고 일시적인 세상의 것들과 필히 썩어 먼지로 돌아가고 말 이 부패한 육신의 번영과 쾌락에 너무나 마음을 빼앗겼다는 것을 생각하면 참으로 부끄럽습니다.

당신은 우리에게 선하고 의로운 율법을 주셔서 우리를 생명에 이르는 유일한 길로 인도하셨습니다. 그리고 죄로 말미암아 우리가 타락하게 되었을 때에 우리에게 구세주를 주셨습니다.

인간을 만드신 영원한 말씀이신 그분은 자신의 거룩한 삶과 엄청난 고난으로 우리를 당신과 화해시키셨습니다. 또한 우리를 위해 구원을 이루시고 우리에게 구원을 계시해 주셨습니다. 하나님께서 우리 죄인들에게 그분을 보내어 그런 메시지를 전하도록 하신 것은 하늘로부터 천사가 온 것보다 더 나은 것입니다.

그러나 아, 슬픕니다. 우리는 우리의 구세주와 당신께서 그를 통해 나타내신 그 모든 사랑을 얼마나 가볍게 취급했는지 모릅니다. 또한 당신께서 그를 통해 타락한 죄인들과 맺으신 은혜 언약에 대해서 얼마나 공부하지 않고, 깨닫지 못하며, 적게 순종했는지 모릅니다.

그러나 오, 하나님!

우리 악하고 비참한 죄인들을 불쌍히 여겨 주옵소서. 우리의 본성적 타락과 어릴 때의 어리석음으로 인한 죄들과 우리 삶의 모든 무지와 무관심, 그리고 행함으로 지은 죄와 행하지 않음으로 지은 모든 죄를 용서해 주옵소서. 또한 이 죄들에 대해 진실로 회개하게 하옵소서. 우리 자신이 회개하지 않는다면 당신께서도 용서해 주시지 않는다는 것을 우리는 압니다.

우리의 생명은 사라져 버리는 그림자에 불과합니다. 또한 잠시 후면 이 세상을 떠나 당신 앞에 서서 이 세상에서 살았던 삶을 계산하게 될 것입니다. 당신께서 우리 마음을 참된 믿음과 회개를 통하여 이 죄악된 육신과 세상으로부터 당신께로 돌이켜 주시기 전에 우리가 죽는다면, 우리는 영원히 멸망 받게 될 것입니다. 이 짧고 불확실한 삶이 끝나기 전에 당신께서 우리 죄를 용서해 주시지 않고, 우리를 거룩하게 만들어 주시지 않는다면, 우리가 태어난 것은 얼마나 우리에게 저주가 되는 것인지요! 우리가 이 세상의 모든 부와 쾌락을 가졌다 한들 이것들은 곧 큰 슬픔 가운데 우리를 떠나게 될 것입니다.

우리의 삶 전체는 단지 죽음을 준비하기 위해서 당신의 자비로 우리에게 할당해 주신 시간일 뿐이라는 것을 우리는 압니다. 그러므로 우리는 회개와 병상에 대한 준비를 미룰 수 없습니다.

그러나 하나님, 우리 구주의 공로와 중보 안에서 지금 마지막 유언처럼 간절히 당신의 용서와 거룩하게 하시는 은혜를 간구합니다. 오, 당신께서 수백만의 비참한 죄인들을 불쌍히 여기셔서 구원해 주셨던 것처럼, 우리를 불쌍히 여기사 구원해 주셔서 당신의 은혜를 영원토록 찬양하게 해 주옵소서.

당신은 분명히 죄인의 죽음을 기뻐하지 않으시며, 죄인이 회개하고 사는 것을 기뻐하십니다. 당신이 자비를 베풀지 않으려고 하셨다면, 우리를 그렇게 비싼 값을 지불해서 구속하지도, 우리를 당신과 화목하게 하지도 않으셨을 것입니다.

우리에게는 당신의 진리와 선하심을 불신할 아무런 이유가 없습니다. 그러나 우리는 불신과 교만과 위선이나 세속적이고 육신적인 마음으로도 멸망되지 않기를 바라고 있습니다. 오, 우리를 사탄과 이 유혹적인 세상과 특히 우리 자신으로부터 구원해 주십시오. 모든 불경건과 육신의 정욕을 부인하며, 이 세상에서 진지하고 의롭고 경건하게 살도록 가르쳐 주옵소서. 당신을 기뻐하고, 하늘에 보화를 쌓아 두며, 그리스도와 함께 복된 삶을 확신하며, 몸과 마음을 다해 당신을 신뢰하는 것이 날마다 우리의 가장 즐거운 일이 되게 해 주십시오.

우리의 소명과 서로에 대한 의무와 모든 사람, 우리의 상급자나 동료나 하급자에 대한 의무에 신실하게 해 주옵소서. 여왕과 모든 공직자에게 복을 주셔서 우리가 경건하고 정직한 가운데 조용하고 평안한 삶을 살게 해 주십시오. 그리스도의 모든 교회에 지혜롭고 거룩하며 평화를 사랑하는 목회자를 주시고, 성도들에게는 거룩하고 평화를 사랑하는 마음을 주옵소서.

이방의 믿지 않는 나라들이 회개하게 해 주십시오. 우리와 모든 당신의 백성들이 먼저 당신의 이름과 당신의 나라가 임하기를, 그리고 당신의 뜻이 하늘에서와 같이 땅에서도 이루어지기를 구하게 하옵소서. 우리에게 일용할 양식을 주시고, 삶과 경건에 필요한 모든 것을 주시며, 당신이 주신 이 모든 것들에 대해 만족하게 하옵소서.

날마다 우리의 죄를 용서해 주시고, 당신의 사랑과 자비로 인해서 우리가 무엇보다 당신을 사랑하게 해 주옵소서.

당신을 위해서 우리의 이웃을 우리 자신처럼 사랑하게 하옵소서. 우리가 다른 사람에게 바라는 것처럼, 우리가 하는 모든 일에서 의롭고 자비롭게 하게 해 주옵소서.

우리를 해로운 유혹들과 죄와 당신의 심판, 그리고 우리의 악한 영적 혹은 물질적인 원수들로부터 지켜 주옵소서. 또한 우리의 모든 생각과 감정, 의지와 말과 행동이 당신의 영광을 위하여 당신의 말씀과 성령의 지배를 받게 해 주옵소서. 우리의 모든 신앙과 순종이 우리에게 즐거운 것이 되게 해 주시고, 우리의 영혼이 매우 기쁘게 당신의 나라와 능력과 영광을 찬송하게 해 주옵소서. 그리하여 낮에는 우리의 일하는 것이 안전하며 달콤하게 해 주시고, 밤에는 안식하게 하옵소서.

계속해서 하늘의 영광을 위하여 즐겁게 기다리게 하옵소서. 우리 주 예수 그리스도의 은혜와 하나님 아버지의 사랑과 성령의 교제가 지금, 그리고 영원토록 우리에게 있게 해 주옵소서. 아멘.

· 두 번째 기도 ·

회개하였으나
다시 죄지은 자가 드리는 기도

가장 위대하며, 지혜로우시며 은혜로우신 하나님,

비록 당신은 모든 불의한 자들을 미워하시며 죄와 타협할 수 없는 분이시지만, 당신의 복된 아들의 중보를 통해서 긍휼하심으로 당신의 은혜의 발앞에 엎드린 이 비천한 죄인을 붙들어 주옵소서.

만일 제가 창조되고 구원받은 그 고상하고도 거룩한 목적대로 살았더라면, 지금 저는 당신의 사랑과 호의를 확신하면서 어린아이 같은 담대함과 믿음으로 당신에게 나아갈 수 있을 것입니다. 그러나 저는 당신에게 어리석고도 반역적인 행동을 해 왔습니다. 저는 저를 창조하신 하나님, 저를 구속해 주신 구세주, 그리고 제 앞에 두셨던 끝없는 영광을 고의로 무시했습니다. 저는 태어날 때 제게 주신 사명을 무시했습니다. 그리고 마치 아무런 목적도 없이 만들어진 것처럼 행동했으며, 육신적인 쾌락을 위해서 며칠씩 낭비하기도 하였습니다. 저는, 자기 육신을 다스리며 자신의 하나님을 알고 자신의 죽음과 불멸의 상태를 알도록 이성을 부여받은 인간이 된다는 것이 무엇인지를 고의적으로 무시했습니다. 또한 이성을 감각의 노예로 만들어 너무나 짐승처럼 살았습니다.

오, 저는 귀중한 시간을 잃어버렸고, 그 시간을 돌이킬 수도 없습니다! 오, 그 은혜의 부름을 저는 무시했습니다! 오, 하나님의 부르심을 저는 거부했습니다! 그 놀라운 사랑을 저는 거절했습니다! 저는 그 많은 자비들을 낭비했고 죄 속에 빠지고 말았습니다! 제가 범한 죄의 깊이가 얼마나 깊은지요! 제가 잃어버린 위로가 얼마나 큰 것이었는지요!

만일 제가 당신의 의로운 법의 지배를 받았더라면, 이 모든 시간 동안 저는 은혜로우신 하나님의 사랑 안에서 살 수도 있었습니다. 또한 당신의 거룩한 말씀과 법칙 안에서 날마다 천국을 달콤하게 맛보면서, 성령의 기쁨 안에서 살 수도 있었습니다. 그러나 저는 육신과 이 악하고도 거짓된 세상의 소리에 귀를 기울였고, 당신의 사랑과 끝없는 영광보다 이 짧고도 죄악된 삶을 더 좋아했습니다.

아, 비참합니다. 제가 이 세상에 태어난 이후 제가 한 것이 무엇입니까? 어리석음과 죄지은 것밖에 없습니다. 지난 세월을 돌아보며 넘어갔던 유혹들을 생각하면 부끄럽습니다. 아, 비참합니다. 얼마나 사소한 것들이 나를 유혹해서 하나님으로부터 멀어지게 했는지요! 거룩한 즐거움을 얼마나 많이 잃어버렸는지 이제 저에게는 너무나 조금만 남아 있습니다. 에서처럼 저의 유흥과 식욕과 탐욕을 만족시키기 위해 망령되게 장자의 명분을 팔아 버렸습니다.

저는 천국의 모든 기쁨에 대해서 무지했으며, 버릇없게도 저의 창조주의 선하심을 무시했습니다. 저는 저의 구세주의 사랑과 은혜를 가볍게 여겼습니다. 저는 성령을 거스렸고 저의 양심을 침묵시켰으며, 목회자들과 저의 신실한 친구들을 슬프게 했고, 제 자신을 불행에 빠트렸습니다. 저는 이제 부끄럽고 제 자신에게도 짐이 되며, 저의 유일한 소망이요 기쁨이 되셔야 할 하나님을 공포스러운 분으로 여기는 불행에 처해 있습니다.

당신은 사람들에게는 알려지지 않은 저의 은밀한 죄들을 알고 계십니다. 당신은 그 모든 죄들의 악함을 아십니다. 오, 하나님, 저의 죄악들이 저의 정체를 드러냈습니다. 두려움과 슬픔이 저를 뒤덮고 있습니다. 뒤를 돌아보면 저의 약함이 저를 쫓아와 군대처럼 저를 공격해서 삼키려고 하는 것이 보입니다. 앞을 바라보면 공의롭고도 두려운 심판이 보입니다. 또한 저는 당신이 그 죄책을 면해 주시지 않으리라는 것을 알고 있습니다. 저의 속을 들여다보면 검고도 더러운 마음이 보입니다. 저의 밖을 내다보면 세상이 여전히 저를 속이기 위해 새로운 유혹으로 공격하고 있는 것이 보입니다. 위를 바라보면 당신의 성난 두려운 위엄이 보이고, 아래를 바라보면 끝없는 고통의 지옥과 저와 더불어 마땅히 고통을 겪어야 할 친구들이 보입니다. 저는 사는 것이 두렵습니다. 그러나 죽는 것은 더욱 두렵습니다.

그러나 지금 당신의 풍성한 자비와 당신의 아들과 당신의 언약을 바라보면서 소망을 가집니다. 여전히 당신은 선하고 위대하십니다. 당신은 사랑 자체이시며, 당신의 자비가 당신의 모든 사역 위에 넘칩니다.

너무나 놀랍게도 당신의 아들이 겸손하게 죄인처럼 되셨고, 죄인들을 구원하시기 위해 행하시고 고난받으셨습니다. 그러므로 아직까지 저를 용서하시려는 당신의 뜻을 제가 의심한다면, 그것은 비할 데 없는 당신의 자비를 무시함으로써 저의 모든 죄에 또 다른 죄를 더하는 격입니다.

더욱이 저는 당신의 기록된 말씀을 통해서 당신께서 예수 그리스도를 통해 은혜 언약을 세우셨으며, 이미 조건적으로, 그러나 값없이 모든 사람을 용서하신 대사면령을 내리셨다는 것을 알고 있습니다. 또한 예수 그리스도 안에서 거짓 없는 믿음과 회개로 회개하고 당신에게로 돌이키는 모든 사람들을 예외 없이 그 모든 죄에서 용서해 주신다는 것을 알고 있습니다.

당신은 저를 잘라 버리거나 완악한 마음 상태로 완전히 버려두지 않고, 치료할 수 없는 상태에 이르기 전에 저의 죄와 위험을 보여 주고 계십니다. 이러한 당신의 자비로 말미암아 저의 소망이 넘칩니다.

그러하기에 자기 가슴을 치며 부끄러워 하늘도 제대로 쳐다보지 못하고 '오, 하나님! 이 죄인을 불쌍히 여겨 주옵소서'라고 고백했던 세리처럼 엎드려 회개하는 이 죄인을 붙잡아 주옵소서.

저는 자연의 법이나 은혜와 당신 아들의 복음의 법에 대해서 저지른 원죄뿐만 아니라, 어릴 때 지은 어리석은 죄들, 그리고 알고 지은 죄와 모르고 지은 죄, 무심코 지은 죄와 의도적으로 지은 죄, 해야 할 것을 안한 죄와 하지 말아야 할 것을 한 죄 등 수많은 죄악들을 고백합니다.

오, 하나님! 당신의 풍성한 자비를 위해, 당신 아들의 희생과 공로를 위해, 당신께서 당신의 아들을 통해서 하신 용서의 약속을 위해 저를 용서해 주시고 구원해 주옵소서. 이것만이 제가 믿는 전부입니다. 자신을 정죄하고 있는 저를 정죄하지 말아 주옵소서. 죄와 더러운 것들을 씻을 수 있는 이 귀중한 샘을 열어 주신 당신께서 저의 악함으로부터 철저하게 저를 씻어 주시고, 저의 죄로부터 저를 깨끗하게 하옵소서. 비록 당신의 공의는 당장이라도 저를 지옥으로 보낼 수 있겠지만 당신의 자비로 저를 구원해 주옵소서.

당신은 죄인들의 죽음을 기뻐하지 않으시고 그들이 회개하고 살기를 바라십니다. 만일 저의 회개가 당신이 요구하는 정도에 미치지 못한다면, 이 단단하고도 굳어진 마음을 부드럽게 하셔서 생명에 이르는 회개를 하게 해 주옵소서.

오, 저의 구원의 하나님이시여, 제가 당신께로 돌아갈 수 있도록 당신의 얼굴빛을 제게 비추어 주옵소서. '제 속에 정한 마음을 창조하시고, 제 안에 정직한 영을 새롭게 하옵소서'(시 51:10 참고). 회개하고 돌아가는 이 불쌍한 탕자에게 당신의 진노로 맞이하지 마시고, 당신의 부드러운 자비로 안아 주옵소서. 당신의 임재에서 저를 쫓아내지 마시고, 죄악으로 인해 당신으로부터 떨어지지 않게 해 주옵소서. 제가 당신을 무시했을 때도 인내로 저를 기다려 주신 당신께서, 지금 당신을 찾으면서 여기 진흙탕에서 자비를 구하는 저를 거절하지 마옵소서.

당신은 악한 므낫세와 박해자 사울도 회개시키시고 용서해 주셨습니다. 또한 천국에는 한때 당신의 원수였던 자들이 수없이 많습니다. 이처럼 저의 엄청난 죄도 용서해 주셔서 당신의 비교할 수 없이 엄청난 은혜를 영화롭게 하옵소서.

저는 다시금 죄에서 자유롭기를 바라는 것이 아니라 죄짓게 하는 본성으로부터 해방되기를 바랍니다. 저에게 제 영혼의 모든 기능들을 거룩하고도 새롭게 하시는 성령을 주옵소서. 저에게 천국에 속한 새로운 출생과 본성을 주시며, 저를 당신의 형상으로 변화시킬 수 있는 양자(養子)의 영을 주셔서 당신이 거룩하신 것처럼 저도 거룩하게 하옵소서. 당신의 구원의 지식을 당신의 아들 예수 그리스도를 통해서 저에게 비추어 주옵소서.

오, 저를 당신의 사랑으로 채워 주시사 제 마음이 전적으로 당신을 향하며, 당신을 바라보는 것이 저의 가장 큰 기쁨이 되게 해 주옵소서. 당신을 추구하는 것이 저에게 가장 기쁘고도 달콤한 생각이요, 당신과 당신의 영광과 나라와 말씀과 길에 대해 대화하는 것이 가장 기쁘고도 달콤한 대화가 되게 해 주옵소서. 제 보물을 천국에 쌓게 하시고, 날마다 기쁘게 그것을 생각하게 해 주옵소서. 당신을 기쁘고도 영화롭게 하고, 당신의 나라를 확장하는 것과 당신의 뜻을 행하는 것이 날마다 헌신된 제 영혼의 가장 큰 관심사가 되게 해 주옵소서.

이미 이 세상이 제 마음속에 너무나 많은 자리를 차지하고 있습니다. 이제 그리스도의 십자가로 말미암아 세상이 저에 대해 못 박히고, 제가 세상에 대해 못 박히게 해 주옵소서. 세상이나 세상에 있는 것들을 사랑하지 말고, 먹을 것과 입을 것이 있은즉 만족하게 하옵소서. 제 안에 있는 온갖 육신적인 욕심을 죽여 육체를 따라 살지 않고 성령을 따라 살게 하옵소서. 악한 친구들의 미혹과 불신자들의 생각과 행동으로부터 저를 지켜 주옵소서. 유익한 성도의 교제와 성화와 구원을 위해 당신께서 주신 모든 방편들을 통해 저에게 복을 내려 주옵소서.

오, 저의 길을 곧게 하셔서 당신의 법을 지키게 하옵소서. 저로 결코 다시 어리석음으로 돌아가지 말게 하시고, 하나님의 언약을 잊지 않게 하옵소서. 저를 도우사 죄의 첫 시도를 꺾어 버리며, 모든 죄악된 욕구와 생각을 미워하게 하옵소서. 또한 성령께서 저에게 힘을 주사 모든 유혹을 물리치게 하옵소서. 그리하여 끝까지 승리하며 인내하게 하옵소서.

고난과 죽음과 심판을 잘 준비하게 하옵소서. 이 죄악된 세상을 떠날 때, 사랑하는 구세주의 신실하신 손에 기쁨으로 저의 영혼을 맡기게 하옵소서. 그리고 죄를 용서받지 못한 채 죽어 영원한 지옥으로 들어가는 불신자 중 하나가 되지 않게 하옵소서. 저를 그리스도 안에 있는 자로 발견되어 믿음으로 하나님께 속한 의를 소유한 자로 삼으시고, 의인의 부활을 얻을 자가 되게 하옵소서. 죄와 비참함에서 저를 구원해 주신 당신으로 인하여 제가 더욱 저의 창조주와 구세주와 저를 거룩하게 하시는 분께 영원토록 감사와 찬송을 드리게 하옵소서.

오, 우상숭배와 불충에 빠져 있는 비참한 민족들과 그리스도인이라는 이름은 가졌으나 진리와 능력과 생명이 없는 수많은 불경건한 외식자들을 불러 회개시키옵소서. 오, 일꾼들을 보내어 추수하게 하시며, 사탄이 방해하지 못하게 하옵소서. 당신의 복음과 당신 아들의 나라가 번성하여 더욱 많은 죄인들이 당신께로 회개하고, 이 땅이 천국처럼 되게 하옵소서.

당신께서 저희 모두를 함께 모아 그리스도와 연합시키셨으므로, 모두 완전한 사랑과 기쁨으로 당신께 나라와 권세와 영광을 세세무궁토록 돌리나이다. 아멘.

· 세 번째 기도 ·
주일에 드리는 찬양과 기도

영화로우신 여호와 하나님,

천사들과 완전해진 영혼들이 당신의 영광스러운 임재 안에서 당신을 찬양하는 동안, 당신은 우리에게 당신의 은혜의 임재 안에 참여하도록 허락하셨습니다. 또한 그렇게 하라고 우리에게 명령하셨습니다.

우리에게는 가장 거룩하며 언제나 한결같은 찬양받으실 하나님이 계십니다. 비록 우리는 당신을 보지 못하지만, 우리의 머리이신 구세주는 당신을 보고 계십니다. 또한 우리의 믿음이 당신의 거룩한 말씀과 사역이라는 안경을 통해서 당신을 분별합니다.

비록 우리가 죄인이요 무가치한 자이며, 거룩한 것을 만지기만 해도 오염시키는 자들이지만, 우리에게는 당신과 함께 있는 위대한 대제사장이 있습니다. 그분은 죄인들과는 다르며 거룩하고 무해하며 더럽혀지지 않은 분으로서 우리를 위해 나타나셨습니다. 그분의 흠 없는 삶과 희생적 죽음의 공로로 말미암아 그리고 그분의 손으로 말미암아 우리가 감히 가장 거룩하신 하나님께 제물을 드릴 수 있습니다.

당신은 우리가 바라고 열망하는 승리한 교회와 더불어 누리는 천국 안식의 모형과 통로로 오늘을 거룩한 주님의 날로 정하셨습니다. 당신은 승리한 교회가 영광 중에 당신을 찬양하기 전에 그들이 이 세상에서 드렸던 낮은 수준의 찬양도 받아 주셨습니다. 그처럼 동일한 중보자에 의해 우리의 찬양도 받아 주옵소서.

지극히 높은 곳에서는 하나님께 영광이요 땅에서는 사람들에게 평화와 은혜가 있기를 원합니다. 당신은 거룩, 거룩, 거룩하신 주 하나님, 곧 전능하신 분이시며, 전에도 계셨고 지금도 계시며 장차 오실 분이십니다. 또한 당신은 시작도 없고 끝도 없는 영원한 분이시며, 한계도 없고 측량할 수도 없는 무한한 분이시며, 아버지와 말씀과 성령이신 무한한 영이십니다. 당신은 무한한 생명과 이해와 의지를 가진 전능하고도 전지하시며 선하신 분이십니다.

만물이 당신께로부터 나서 당신으로 말미암아 존재하며 다 당신께로 돌아갑니다. 당신에게 영광이 영원히 있습니다. 당신께서 행하신 모든 일들이 당신의 영광을 선포합니다. 왜냐하면 당신의 영광스러운 완전하심이 모든 만물에 나타나 있고, 당신의 영광과 거룩한 뜻을 위해 만물을 창조하셨기 때문입니다.

하늘과 하늘에 속한 모든 것들, 곧 해와 모든 빛나는 별들, 불과 빛과 열, 땅과 온갖 향기와 색채를 가진 땅에 거하는 모든 것, 공기와 무지개와 번개와 눈 등의 모든 대기 현상들, 깊은 바다와 그 속에서 헤엄치는 모든 것들, 이 모든 것들이 당신을 찬양하는 설교자들이며, 위대한 창조주의 영광을 나타내고 있습니다.

무(無)에서부터 이토록 위대한 세상을 만드신 그 능력이 얼마나 위대한지요! 그 능력이 얼마나 장엄한지요! 그 능력은 순식간에 저 크고도 영광스러운 발광체들을 움직여 모든 하늘과 땅과 바다에 순식간에 빛과 열을 줍니다. 당신의 능력 있는 생명이 만물에 생명을 주며, 당신이 만드신 이 세계를 보존하고 있습니다. 만물에 질서를 부여하시고, 만물에 위치와 직무를 부여하시며, 완전한 법으로 만물을 아름답고 조화롭게 유지하시는 그 지혜가 얼마나 영광스러운지요! 그 지혜가 얼마나 보배로운지요! 만물을 유익하게 하시는 그 선하심과 사랑이 얼마나 영광스러운지요!

우리는 우리의 주님이시요 주인이신 당신을 찬양하고 영광을 돌립니다. 왜냐하면 우리와 모든 만물이 당신의 것이기 때문입니다. 우리는 왕이시며 통치자이신 당신을 찬양하고 영광을 돌립니다. 왜냐하면 우리가 당신의 신하이며, 당신이 우리의 완전한 순종을 받으시기에 마땅하기 때문입니다. 당신의 모든 법과 심판이 지극히 의로우며, 당신의 모든 말씀이 지극히 진실하고도 확실합니다.

우리는 만복의 근원이신 당신을 찬양하고 영광을 돌립니다. 우리는 당신 안에서 살고 움직이며 존재합니다. 우리의 우리 됨과 우리의 소유와 우리가 할 수 있는 모든 것이 전적으로 모든 것의 근원이신 당신에게서 비롯됩니다. 만물이 당신을 위하여 존재하는 것은, 당신이 우리의 목적이기 때문입니다. 기쁨으로 당신을 사랑하는 것이 우리의 가장 큰 의무요 우리의 유일한 행복입니다. 왜냐하면 당신은 사랑 자체이며, 무한히 사랑받으실 만한 분이시기 때문입니다.

사람이 죄로 인해 당신에게서 마음을 돌려 당신의 진리에 반대하여 사탄을 믿고, 당신의 권위와 지혜에 반대하여 자신의 감각이 이끄는 대로 순종하고, 당신의 아버지 같은 사랑과 선하심을 저버리고 자기 자신이 자신에게 우상이 되었을 때도, 당신은 사람의 자격에 따라 그를 대접하지 않았습니다. 우리는 당신을 잊어버렸지만, 당신은 우리를 완전히 잊어버리지 않으셨습니다. 우리가 타락하여 죄로 말미암아 당신의 원수가 되고, 당신의 법에 의해 정죄받게 되었을 때에도 당신은 자비로 우리를 불쌍히 여기시고 구세주를 약속하셨습니다.

그 구세주가 때가 차매 우리의 본성을 취하시고 당신의 율법을 성취하시며, 우리의 죄를 위해 십자가에서 고난받으셨습니다. 그러나 그는 죽음을 정복하사 다시 부활하시고 승천하셔서 우리의 영광스러운 머리이자 중보자가 되셨습니다. 우리에게 회개와 죄 용서를 주시기 위해 당신은 그를 주와 구세주로 높이셨습니다. 그 안에서 당신은 은혜 언약으로 회개하고 믿는 모든 자에게 용서와 칭의와 화해와 양자 됨을 주셨습니다. 당신은 원수요 죽음의 상속자였던 우리를 자녀와 생명의 상속자로 만드셨습니다.

우리는 당신이 불 속에서 끄집어낸 그루터기입니다. 우리는 사탄의 포로였다가 당신께 구원받은 자들입니다. 우리는 당신께서 용서해 주신 정죄받았던 죄인들입니다. 우리의 자비로우신 하나님, 그리고 우리의 구세주께 찬양과 영광을 돌립니다.

우리의 영혼은 지금 당신의 진노에서 건짐을 받았습니다. 그리고 당신의 약속은 확실합니다. 사탄과 세상과 죽음이 정복되었습니다. 또 우리의 주님이 부활하셨습니다. 그가 부활하셨듯이, 우리도 장차 그를 통해 부활하게 될 것입니다.

오, 사망아, 네가 쏘는 것이 어디 있느냐! 오, 무덤아, 너의 승리가 어디 있느냐!(고전 15:55 참고) 우리의 구세주께서는 그의 아버지이자 우리의 아버지, 그의 하나님이자 우리의 하나님께로 올라가 계십니다. 또한 우리도 그렇게 될 것입니다. 우리는 떠나가는 우리의 영혼을 그의 손에 맡길 수 있습니다. 우리의 머리는 영화롭게 되고, 우리가 영광스런 그곳에서 그와 함께 있으리라는 것이 그의 뜻이요 약속입니다.

그는 성령으로 우리를 인치셨습니다. 우리가 죄로 인하여 죽었으나 그가 우리를 살리셨습니다. 우리가 무지와 불신으로 인하여 흑암 가운데 있었으나 그가 우리에게 빛을 비추어 주셨습니다. 우리가 속되고 탐욕적이며 죄 아래 팔린 자였으나, 그가 우리의 의지를 성결하게 하며, 우리의 현세에 대한 욕망을 죽이셨습니다.

우리는 생명의 성령께 찬송과 영광을 돌립니다. 성령은 아버지와 아들과 함께 계셨으며, 우리의 죽어 있고 어둡고 무감각한 영혼에 생명과 빛과 사랑이 되기 위해서 보냄 받으신 분입니다. 우리는 당신을 사랑하고 찬송하고 섬기기 위해서 창조되었고, 구속되었으며 거룩하게 되었습니다. 오, 이것들이 우리 영혼의 참된 특성이며 우리 모든 삶의 일이요 즐거움이 되게 해 주옵소서. 오, 당신의 은혜가 우리 안에서 더욱 완전해져, 우리의 사랑과 찬양이 더욱 완전해지게 하옵소서.

당신의 말씀과 거룩한 예식들, 성도들의 위로와 성도의 교제, 당신이 이 거룩한 날에 베푸신 자비로 인해 당신께 감사합니다. 그러나 우리의 찬양이 이것으로 제한되지 않고 날마다 우리의 삶과 음식과 일들을 통해서 드려지게 하옵소서.

기꺼이 우리는 더욱 거룩하고 더욱 기뻐하는 영혼들과 함께 당신을 찬양할 것입니다. 그러나 당신을 향한 이렇게 약한 믿음과 큰 무지로 어떻게 그렇게 할 수 있겠습니까? 또한 당신의 은혜와 우리의 구원에 대한 이렇게 작은 확신으로 어떻게 그렇게 할 수 있겠습니까? 아직까지 은혜를 의심하면서 어떻게 우리가 바르게 감사할 수 있겠습니까? 우리는 이런 두려움과 무감각함 없이 기꺼이 당신을 찬양하는 복 받은 영혼들처럼 되기를 원합니다.

그런데 우리가 당신을 이토록 적게 사랑하고 당신의 사랑을 아주 조금밖에 맛보지 못하고 있는 동안 어떻게 그렇게 될 수 있겠습니까? 또한 이 죄의 짐이 우리를 무겁게 누르고 있고, 우리 안에 남아 있는 육적인 감정들의 노예가 되어 있는 동안 어떻게 그렇게 될 수 있겠습니까? 오, 이 교만과 이기심, 이 탐욕과 걱정들을 죽여 주십시오. 이 불신과 어둠, 그리고 우리의 원수요 당신을 찬양하는 데 원수가 되는 우리의 모든 죄들을 제거해 주옵소서. 우리를 더욱 거룩하게 하셔서 천국에 합당한 사람들로 만들어 주옵소서. 오, 우리가 믿음과 사랑 안에서 더욱 당신께로 가까이 가 당신을 찬양하는 천국의 일에 더 적합해지게 하옵소서.

세상에 있는 당신의 모든 교회와 종들에게 당신의 성령이 더욱 충만하게 하옵소서. 그들의 어둠과 이기심과 불완전함이 그들을 더럽히고 분열시키고 약화시키며 불신자들에게 장애물과 걸림돌이 되는 것처럼, 그들의 지식과 자기 부인(否認)과 공평한 사랑이 참으로 그들을 개혁하고 연합시키며 힘 있게 할 것입니다. 또한 거룩하게 된 그들의 영혼이 불신 세상을 그리스도에게로 인도할 것입니다.

오, 사탄이 계속해서 지상에서 이렇게 큰 독재와 무지와 악의 왕국을 유지하면서 이 세상을 지옥의 변방으로 만들지 못하게 하옵소서. 오히려 이 세상이 점점 천국으로 변화되어 당신의 거룩한 이름이 영화롭게 되며, 당신의 나라가 확장되며, 당신의 의롭고도 거룩한 뜻이 이루어지게 하옵소서. 당신의 뜻이 세상에 알려지며, 당신의 구원이 모든 나라를 치료하게 하옵소서.

오, 하나님! 사람들이 당신을 찬양하며, 모든 백성들이 당신을 찬양하게 하옵소서. 그렇습니다. 당신의 아들에게 그의 기업으로 만국을 주시며, 그의 복음이 땅의 모든 무지하고도 패역한 민족을 밝히게 하옵소서. 모든 사람이 그리스도에게 무릎을 꿇고 절하며 모든 입술이 그를 그리스도로 고백하여 구원받고, 당신께 영광 돌리게 하옵소서. 온 세상 방방곡곡에 당신의 은혜의 사역자들을 보내 주옵소서. 온 교회가 죄와 분열과 압제에서 벗어나게 하옵소서. 이 세상이 유지되는 동안 세상 나라들 속에서 당신의 거룩한 말씀과 당신에 대한 예배가 끊임없이 계속되게 하옵소서.

여왕과 공직을 맡은 모든 사람들에게 지혜와 정의와 거룩함으로 복 주옵소서. 이런 것들은 여왕 자신과 백성들의 안전과 평화와 복지에 필요한 것들입니다.

우리 모든 회중들이 빛을 비추어 무지하고도 불경건한 교구민들에게 가르침과 권면이 부족하지 않게 하옵소서. 그리하여 사람들이 마음을 열어 당신의 말씀을 받아들이게 하옵소서. 당신의 선하심과 그들의 필요를 따라 고통받고 병들고 위험과 가난과 슬픔 가운데 있는 자들을 불쌍히 여겨 주옵소서.

오늘 우리 중보자의 이름으로 전 세계에서 드려지는 신자들의 모든 기도와 찬송이 그를 통하여 당신께 상달되게 하옵소서. 사람들의 불완전함과 결함들, 서로에게 죄를 짓는 비난과 분열과 상처를 주는 행위가 있더라도 우리의 머리이신 그리스도 안에서 하나가 되게 하옵소서. 우주적 사랑이 조화를 이루게 하옵소서. 죄와 슬픔과 두려움과 불일치 때문에 사랑이 절대 중단되지 않게 하시고, 우리의 영화로우신 중보자를 통하여 우리의 기쁨과 당신의 영광이 영원토록 완벽해질 평화의 세상을 위하여 우리를 준비시켜 주옵소서.

그 중보자께서는 우리에게 이렇게 기도하라고 가르치십니다.

"하늘에 계신 우리 아버지여, 이름이 거룩히 여김을 받으시오며, 나라이 임하옵시며, 뜻이 하늘에서 이룬 것같이 땅에서도 이루어지이다. 오늘날 우리에게 일용할 양식을 주옵시고, 우리가 우리에게 죄지은 자를 사하여 준 것같이 우리 죄를 사하여 주옵시고, 우리를 시험에 들게 하지 마옵시고, 다만 악에서 구하옵소서. 대개 나라와 권세와 영광이 아버지께 영원히 있사옵나이다. 아멘."

· 네 번째 기도 ·

젊은이와 종들을 위한
짧은 기도

영원히 살아 계시며, 가장 은혜로우신 하나님,

성부, 성자, 성령님! 당신의 능력과 지혜와 선하심은 무한하십니다. 당신은 온 세상의 창조주이시며, 타락한 죄인의 구세주이시요, 택함받은 자들을 거룩하게 하시는 분이십니다.

당신은 저를 살아 있는 이성적인 영혼으로 만드시고, 이 육신을 가지고 이 세상에서 사는 동안 장차 천국 영광의 상급을 받도록 창조주이신 당신을 온 마음과 생각과 힘을 다해 알고 사랑하고 섬기게 하셨습니다. 일평생 이러한 일들이 저의 가장 큰 관심사요 기쁨이어야 마땅합니다. 저는 당신의 법에 따라 살아야 하며 당신의 은혜로 초대된 존재이기 때문입니다.

세례 받을 때에 저는 이 거룩한 삶에 헌신하기로 확고하게 맹세하고 약속했습니다. 그러나 불행히도 저는 그러한 언약에 너무나 불성실한 자로 증명되었습니다. 저는 하나님과 구세주와 거룩하게 하시는 성령을 잊어버리고 무시했습니다. 그리고 마귀와 세상과 육신을 너무 많이 섬겼습니다. 저는 죄 가운데 태어났으며, 죄를 지으면서 살아왔습니다.

저는 제 불멸의 영혼과 제가 창조되고 구원받은 위대한 일에 대해 너무 무관심했습니다. 저는 귀중한 시간의 대부분을 썩을 육신의 쾌락을 위해서 헛되게 사용했습니다. 저는 성령님과 선생님들과 저의 양심이 회개하고 당신에게 돌이키라고 설득하는 가르침에 대해서 제 마음을 완고하게 닫아 버렸습니다.

주님, 이제 저의 영혼은 제가 당신에게 버림받아 마땅하며, 저의 정욕과 어리석음에 넘겨준 바 되어 마땅하며, 당신의 영광스러운 임재를 떠나 멸망당해도 마땅하다고 고백합니다. 그러나 저는 당신께서 세상에 구세주를 주시고, 구세주의 공로를 통하여 진실로 회개한 모든 믿는 사람들에게 죄 용서와 구원을 주시겠다고 약속하시며, 사죄와 은혜의 법을 주셨다는 것을 압니다. 그래서 저는 기쁘게 그리스도 안에 있는 당신의 은혜로운 언약을 받아들입니다.

저는 겸손하게 저의 죄악을 고백합니다. 저의 비천한 영혼을 당신의 은혜와 구세주의 공로와 희생과 중보에 맡깁니다. 오, 저의 부패한 마음과 삶의 모든 죄를 용서해 주옵소서. 화해한 아버지여, 저를 당신의 자녀로 받아 주시고 새롭게 하는 성령을 주셔서 제 안에서 거룩한 삶과 빛과 사랑의 원리가 되게 하시며, 제가 당신의 것임을 인치고 증거하게 하옵소서.

성령을 통하여 죽어 있고 완고한 저의 마음을 각성시켜 주옵소서. 성령을 통하여 더 분명한 지식과 확고한 믿음으로 어둡고도 불신앙적인 저의 생각을 밝혀 주옵소서. 성령을 통하여 저의 의지를 당신의 거룩한 뜻에 순종할 수 있게 하옵소서. 성령을 통하여 제 영혼에 그리스도 안에 있는 놀라운 당신의 사랑을 계시해 주시사, 죄 많고 육적인 저의 모든 사랑이 제 안에서 소멸되기까지, 그리고 제 죄악적인 쾌락이 하나님 안에서 얻게 되는 달콤한 기쁨으로 변하기까지 제 영혼을 당신과 구세주와 당신의 모든 말씀과 행동에 대한 사랑으로 채워 주옵소서.

저로 하여금 자기를 부인하고 겸손해지고 겸비하게 하시며, 이기심과 세속화와 교만의 크고도 혐오스러운 죄에서 벗어나게 하옵소서. 제 마음을 천국의 영광에 두게 하시고, 천국에서 영원토록 기쁨과 사랑과 사랑의 하나님이신 당신께 찬양하며 그리스도와 모든 성도들과 함께 살게 하옵소서.

제 성화와 구원에 필요한 어떠한 도움과 은혜도 거절하지 않게 하시고, 안전하고도 편안한 죽음을 맞도록 항상 준비된 삶을 살게 하옵소서. 온 세상을 얻고도 제 영혼과 구세주와 하나님을 잃어버린다면 무슨 유익이 있겠습니까?

젊은이들을 위한 기도 내용 첨가

저의 부모님들과 국가 지도자들에게 복을 주셔서 그들이 저에게 당신을 경외하도록 가르치며 교육하게 하옵소서. 또한 제가 감사함으로 그들의 가르침을 받아들이며, 하나님께 순종함으로 그들을 사랑하며 존경하며 순종하게 하옵소서.

저를 악한 친구들과 시험들과 젊은이가 빠지기 쉬운 쾌락으로부터 보호해 주시고 당신을 경외하는 사람들의 친구가 되게 해 주옵소서.

당신의 말씀으로 날마다 저의 빛을 삼아 불경건한 삶을 살지 않고, 하나님보다 쾌락을 더 사랑하는 자가 되지 않게 해 주옵소서. 지혜와 성결함이 날마다 자라서 당신의 영광을 위해서 사용되게 하시며, 이러한 지혜와 성결함으로 저의 젊음을 갈고 닦게 하옵소서.

종들을 위한 기도 내용 첨가

제 위치와 의무를 수행하는 데 지혜롭고도 신실하며, 제 주인의 재산과 사업을 관리하는 데 신중하게 하옵소서. 저의 주인에게 순종하며 복종하는 자가 되게 하옵소서. 저를 자기 고집과 교만, 불평과 불만, 거짓과 게으름과 속임수로부터 지켜 주옵소서.

제가 정욕과 육체적 편리함만을 추구하며 눈가림만 하는 종이 되지 않게 하시고, 하나님께서 모든 불충한 것들을 심판하시는 분이심을 믿는 자로서,

즐겁고 기쁘게 제 의무를 수행하는 자가 되게 해 주옵소서. 또한 하나님께서 저에게 모든 것을 보상해 주시는 분임을 기대하면서 사람에게만이 아니라, 하나님께 하듯이 제 의무를 수행하게 해 주옵소서.

예수님께서 우리에게 가르쳐 주신 주기도문의 내용을 결론 삼아서 이 모든 것을 예수 그리스도의 공로와 중보에 의지함으로 간구하고 바라옵니다.
"하늘에 계신 우리 아버지여, 이름이 거룩히 여김을 받으시오며, 나라이 임하옵시며, 뜻이 하늘에서 이룬 것같이 땅에서도 이루어지이다. 오늘날 우리에게 일용할 양식을 주옵시고, 우리가 우리에게 죄지은 자를 사하여 준 것같이 우리 죄를 사하여 주옵시고, 우리를 시험에 들게 하지 마옵시고, 다만 악에서 구하옵소서. 대개 나라와 권세와 영광이 아버지께 영원히 있사옵나이다. 아멘."

· 다섯 번째 기도 ·

주기도문을 강해하면서
주기도문 형식으로 아침에 드리는 기도

지극히 영화로우신 하나님,

당신은 능력과 지혜와 선이시며 만물의 창조주이십니다. 당신은 세상의, 그러나 특별히 교회의 주인이시며, 통치자이시요 복의 근원이십니다.

비록 원죄와 자범죄로 인해 우리는 당신의 진노와 율법의 정죄 아래서 당신의 원수와 사탄과 우리 육신의 노예였지만, 지금은 당신의 아들 예수 그리스도로 말미암아 구속받고, 성령으로 말미암아 거듭났으며, 당신과 화목된 당신의 자녀입니다.

은혜 언약으로 말미암아 당신은 당신의 아들을 우리에게 머리요 교사요 구세주로 주셨습니다. 당신은 아들 안에서 우리를 용서하시고 양자로 삼으셨으며 거룩하게 하셨습니다. 또한 하나님의 나라를 위해 성령으로 우리를 인치시고 준비시켜 주시며, 당신과 함께 영원한 나라에서 완성될 거룩한 삶과 빛과 사랑이 시작되도록 하셨습니다.

오, 당신은 얼마나 놀라운 사랑으로 우리를 사랑하사, 반역자였던 우리를 하나님의 자녀로 만드셨습니까! 당신은 우리를 이렇게 존귀하게 하셔서 우리로 하여금 전적으로 당신에게 헌신하며 기쁘게 순종하고, 우리의 마음을 다하여 온전히 당신을 사랑하게 하셨습니다. 또한 이 세상에서는 물론 영원토록 당신에게 영광을 돌리게 하셨습니다.

우리와 온 교회와 모든 세상이 당신의 크고도 거룩한 이름을 거룩히 여기게 하옵소서! 우리의 궁극적 목적이 당신을 위해 사는 것이 되게 하옵소서! 거룩한 영혼들 위에 있는 당신의 빛나는 형상이 당신의 신적 완전함을 영화롭게 하도록 말입니다. 우리와 온 세상이 사탄과 육신의 독재의 사슬에서 벗어나 당신의 절대 권위를 인정하게 하시고, 자발적이고도 절대적 순종을 통해 당신과 당신의 아들 예수 그리스도의 나라 백성이 되게 하옵소서. 우리와 이 세상 안에서 당신의 은혜의 나라가 완전해지게 하시고, 영광의 나라가 속히 임하게 하옵소서. 우리와 당신의 교회들과 땅 위의 모든 백성들이 더 이상 육신의 정욕과 정욕의 엄청난 속임수와 악인들의 우상인 자기 의지에 지배당하지 않게 해 주옵소서.

당신의 율법 안에 계시될 당신의 완전한 지혜와 거룩으로 당신의 말씀이 온 세상에 드러나게 하사, 은혜와 평화의 사자를 보내셔서 사람들로 하여금 구원의 복음을 깨닫고 믿고 순종하게 하옵소서.

이와 같은 거룩함과 통일성과 사랑을 가지고 지금은 너무나 지옥같은 이 땅이 천국같이 되게 하옵소서. 당신의 흩어지고 불완전한 양무리뿐만 아니라 지금 거룩한 삶을 거부하면서 당신의 말씀과 길을 너무 엄격하게 여기는 세속적이고도 불경건한 사람들도 하늘에 있는 천국 백성을 닮고 싶다는 소원을 가지게 해 주옵소서. 하늘에서는 당신이 완전한 조화 속에서 큰 기쁨으로 순종과 사랑과 찬양을 받고 계십니다.

우리는 행복을 바라는 존재입니다. 이 세상에서 맡겨 주신 사역이 끝날 때까지 당신이 여기 이 세상에서 주신 삶이 유지되게 해 주옵소서. 우리의 의무를 수행하는 데 가장 적합한 정도로 우리의 몸과 마음을 건강하게 하시고 우리를 보호하시며, 우리에게 필요한 것들을 공급해 주옵소서.

또한 우리에게 일용할 양식을 주시며, 이러한 것이 부족할 때에도 인내할 수 있는 힘을 주옵소서. 이 세상의 부와 명예와 쾌락을 사랑하는 마음과 여기에서 비롯되는 교만과 나태와 정욕으로부터 구원해 주옵소서.

　부지런히 최선을 다하여 당신의 뜻을 이루게 하시며, 우리에게 주신 모든 것을 가지고 충성스럽게 당신을 섬기게 하옵소서. 우리의 육신에게 기회를 주지 않으며 육신의 욕구와 정욕을 만족시키지 않게 하옵소서.

　당신의 사랑하는 아들의 희생과 화목을 통하여 당신의 자비를 간구합니다. 태어날 때부터 지금까지 원죄나 자범죄에 속한 우리의 모든 죄를 용서해 주옵소서. 마땅히 해야 할 일을 행하지 않은 것들, 해서는 안 될 것을 행한 것, 마음과 말과 행동으로 지은 죄들, 우리의 죄악된 생각과 감정들, 우리의 죄악된 격정과 불평불만들, 알려지거나 알려지지 않은 죄들, 무관심과 무지와 성급함의 죄들, 특히 가장 깊은 죄책감과 상처를 주었던 지식과 양심을 배반한 죄들을 모두 용서해 주옵소서.

　오, 주님! 우리를 용서해 주옵소서. 우리 죄가 우리를 파멸시키도록 내버려두지 마옵소서. 진실로 회개하고 당신께 돌아갈 정도로 죄를 발견하게 하옵소서. 특별히 당신의 은혜를 잃어버릴 정도로 우리를 벌하지 마소서. 우리에게서 성령을 거두지 마옵소서. 성령의 도움과 역사를 제하지 마옵소서. 우리 죄를 용서해 주시는 성령으로 우리를 인치시고, 당신의 얼굴빛을 우리에게 비추시며, 당신의 은혜와 구원의 기쁨을 우리에게 주옵소서.

　우리에게 당신의 사랑과 자비로 충만하게 하사 당신에게만 감사할 뿐만 아니라, 우리 형제와 원수들에게 사랑과 자비로 대하며, 당신의 은혜를 통해서 우리가 당신에게 용서를 바라는 것처럼, 우리도 진심으로 우리에게 해를 입히는 자들을 용서하게 하옵소서.

　장차 올 세상을 위해 고난을 견디게 해 주시되 의식중에 유혹에 빠지지 않게 해 주시고, 오히려 조심스럽게 유혹을 피하며, 피할 수 없는 유혹들에 대해서는 단호하게 대적해서 승리하게 해 주옵소서. 당신이 주신 은혜로 우리가 감당할 수 있는 범위 이상으로 사탄이나 세상에 의해서 유혹받지 않게 해 주옵소서. 우리 자신의 힘만 믿고 두려워할 줄 모르는 상태에 있는 거짓된 확신에서 우리를 건져 주옵소서. 날마다 함정 속에 빠지지 않고 유혹을 맛보지 않으며, 진노의 불길 속에서 놀지 않게 해 주옵소서. 우리가 두려워하며 악을 떠나게 하옵소서.

무의식중에 우리가 죄에 빠져서 죄책감과 당신의 진노에 시달리며, 우리의 종말이 우리의 처음보다 더 나빠지는 상황이 되지 않게 해 주옵소서. 특히 우리를 실수와 불신앙, 교만, 외식, 완고함, 정욕, 나태함, 이 세상을 사랑함, 그리고 당신과 당신의 나라와 뜻에 대한 사랑을 잃어버리는 무서운 죄악으로부터 건져 주옵소서. 우리를 사탄과 악인들과 우리의 죄악으로부터 건져 주옵소서.

우리는 이 모든 것들을 주신 당신을 겸손히 찬양하며, 영원토록 당신을 섬길 것입니다. 당신은 온 세상의 왕이시며, 모든 피조물보다 먼저 계신 분이십니다. 당신의 나라는 영원합니다. 당신의 통치는 지혜롭고 공의로우며 자비롭습니다.

충성스러운 신하들은 복이 있습니다. 누가 당신에게 적대하는 마음을 가지고서 번성할 수 있겠습니까? 지상에서는 모든 피조물이 당신의 완전하심을 선포합니다. 천국에서는 복 받은 자들이 당신의 영광과 우리 구주의 영광을 보고 있습니다. 또한 천국에서 천사들과 성도들이 당신을 보고 당신을 사모하며, 당신을 높이고 당신을 사랑하며 당신을 찬양합니다. 거룩, 거룩, 거룩, 거룩하시며 전에도 계셨고 지금도 계시며, 장차 오실 성부 하나님과 성자 하나님과 성령 하나님께 승리와 기쁨의 노래로 찬양을 드립니다.

만물이 당신의 것이며 당신으로 말미암고 당신에게로 돌아갑니다. 당신에게 영광이 영원히 있을 것입니다. 아멘.

십계명

The Ten Commandments

하나님이 이 모든 말씀으로 말씀하여 이르시되 나는 너를 애굽 땅 종 되었던 집에서 인도하여 낸 네 하나님 여호와니라.

제일은, 너는 나 외에는 다른 신들을 네게 두지 말라.

제이는, 너를 위하여 새긴 우상을 만들지 말고, 또 위로 하늘에 있는 것이나 아래로 땅에 있는 것이나 땅 아래 물속에 있는 것의 어떤 형상도 만들지 말며, 그것들에게 절하지 말며, 그것들을 섬기지 말라.

나 네 하나님 여호와는 질투하는 하나님인즉 나를 미워하는 자의 죄를 갚되 아버지로부터 아들에게로 삼사 대까지 이르게 하거니와 나를 사랑하고 내 계명을 지키는 자에게는 천 대까지 은혜를 베푸느니라.

제삼은, 너는 네 하나님 여호와의 이름을 망령되게 부르지 말라.

여호와는 그의 이름을 망령되게 부르는 자를 죄 없다 하지 아니하리라.

제사는, 안식일을 기억하여 거룩하게 지키라.

엿새 동안은 힘써 네 모든 일을 행할 것이나, 일곱째 날은 네 하나님 여호와의 안식일인즉, 너나 네 아들이나 네 딸이나 네 남종이나 네 여종이나 네 가축이나 네 문 안에 머무는 객이라도 아무 일도 하지 말라. 이는 엿새 동안에 나 여호와가 하늘과 땅과 바다와 그 가운데 모든 것을 만들고 일곱째 날에 쉬었음이라. 그러므로 나 여호와가 안식일을 복되게 하여 그날을 거룩하게 하였느니라.

제오는, 네 부모를 공경하라.

그리하면 네 하나님 여호와가 네게 준 땅에서 네 생명이 길리라.

제육은, 살인하지 말라.

제칠은, 간음하지 말라.

제팔은, 도둑질하지 말라.

제구는, 네 이웃에 대하여 거짓 증거하지 말라.

제십은, 네 이웃의 집을 탐내지 말라.

네 이웃의 아내나 그의 남종이나 그의 여종이나 그의 소나 그의 나귀나 무릇 네 이웃의 소유를 탐내지 말라(출 20:1-17).

사도신경
The Apostles' Creed

전능하사 천지를 만드신 하나님 아버지를 내가 믿사오며, 그 외아들 우리 주 예수 그리스도를 믿사오니, 이는 성령으로 잉태하사 동정녀 마리아에게 나시고 본디오 빌라도에게 고난을 받으사 십자가에 못 박혀 죽으시고 장사한 지 사흘 만에 죽은 자 가운데서 다시 살아나시며, 하늘에 오르사 전능하신 하나님 우편에 앉아 계시다가, 저리로서 산 자와 죽은 자를 심판하러 오시리라. 성령을 믿사오며, 거룩한 공회와 성도가 서로 교통하는 것과 죄를 사하여 주시는 것과 몸이 다시 사는 것과 영원히 사는 것을 믿사옵나이다. 아멘.

옮긴이 **백금산** 목사는 고려대를 거쳐 총신대 신대원(M. Div., Th.M.)에서 공부했습니다. 그는 현재 미전도 종족 선교와 대학 복음화의 꿈을 가지고 '예수가족교회'를 개척하여 섬기고 있습니다. 목회와 병행하여, 그는 한국교회의 부흥과 개혁에 대한 비전을 가지고 '도서출판 부흥과 개혁사'를 설립, 운영하고 있습니다. 또한 목회자들과 신학생들의 평생 공부를 돕기 위한 소망을 품고 '평공목'(평생 공부하는 목회자 모임)을 인도하고 있습니다. 저서로는 『성경, 이렇게 읽읍시다』, 역서로는 『조나단 에드워즈처럼 살 수는 없을까?』(부흥과 개혁사) 등이 있습니다.

잉글랜드 P&R 시리즈 2
회심

지은이 | 리차드 백스터
옮긴이 | 백금산

펴낸곳 | 지평서원
펴낸이 | 박명규

편 집 | 정 은, 이윤경
디자인 | 안소영

펴낸날 | 2001년 4월 20일 초판
        2010년 12월 30일 개정2판 1쇄
        2019년 04월 25일 개정2판 4쇄

서울 강남구 역삼동 684-26 지평빌딩 135-916

☎ 538-9640,1   Fax. 538-9642
등 록 | 1978. 3. 22. 제 1-129

값 11,000원
ISBN 978-89-6497-006-5-94230
ISBN 978-89-86681-78-9(세트)

메일주소 jipyung@jpbook.kr
홈페이지 www.jpbook.kr
페이스북 www.facebook.com/jipyung
트 위 터 @_jipyung